偽史と奇書の日本史

佐伯修

現代書館

偽史と奇書の日本史＊目次

Ⅰ　原始・奈良……9

Ⅱ　平安……37

Ⅳ　室町・戦国……85

Ⅴ　戦国・安土桃山……111

Ⅶ　江戸２……161

Ⅷ　江戸３……195

Ⅸ 江戸 4

X　近代・明治

装丁・中山銀士

I　原始・奈良

全人類は天皇家の子孫である！　「竹内文書」とその支持者たち

考古学によって裏付けられ、歴史学によって〝公認〟された日本の古代像や、「記紀」以下の文献の記述、地質学の提示する日本列島の科学的な生成史……といったものとは、まったく異なる日本の「古代史」を綴った一群の書物がある。いわゆる「超古代史」の文献と総称されるものだが、もとより正統な歴史学からは、フィクション、ファンタジーとして一笑に付され、無視されてきた。しかし、一方でそんな「歴史」を真面目に信じる人々が常にあり、たび重なる否定にあいながら、この手の「歴史」が再生産されてきたことも事実である。

さて、数ある「超古代史」の中でも過去へのさかのぼり方という点から群を抜いているのは、「竹《たけ》内文書《うちもんじょ》」（竹内文献）であろう。編集公表されたものが『神代の万国史』と名づけられているように、その記述は、実に三一七六億年近い昔という、気の遠くなるような過去に始まっている。これは、「史書」に具体的に示された年代としては、世界的に見てもトップクラスといえるだろう。「竹内文書」は、このとき、「天地身一大神《あめつちまひとつのおおかみ》」によって全宇宙は創られた、と説くのである。

そして、約二〇〇〇億年前に、日本で生まれた神の子が世界に散らばって世界の各人種になった、というのだが、天地を創造した「天神」、初代の「天地身一大神」は天皇家の遠い祖先ということになっている。すなわち、全人類は天皇家の子孫であり、地球上には最初から天皇の統治する日本があり、日本こそ本来の世界の中心だった、というとんでもないことになる。ちなみに、「竹内文書」は、神武帝以後現在にいたる「神倭朝《かみやまと》」の天皇家以前に、七十三代の「不合朝《ふきあえず》」、さらに以前に二十五代の「上古《じょうこ》」、そして「天神」七代があったとする。その間の時間の流れ方も、現代科学の地球の年齢である約四六億年という数字には、まったくとらわれていない。

この「竹内文書」の非科学性を指摘し、荒唐さを嗤《わら》うのはたやすい。しかし、昭和三年（一九二八）、この文書が「天津《あまつ》教」（現・皇祖皇太神宮天津教）教祖、竹内巨麿《きよまろ》（一八七四〜一九六五）によって「発見」された当時、高級軍人を中心に支持者が絶えなかったという。当初、「御嶽《みたけ》教」信者だった竹内は、「天津教」という分派活動ゆえに御嶽教を破門されるが、昭和六年（一九三一）、「合資会社天津教大司庁」を興し、「竹内文書」の宣伝と信者獲得に本腰を入れだす。同年、日本は「満洲事変」を起こし、それをきっかけに同八年（一九三三）に国際連盟を脱退する。世界に見放されたかのような現実の中で、「皇国日本」が世界の中心に立つ「竹内文書」のものがたる「歴史」は、その支持者たちにとって「あってほしい歴史」だったのだろう。「あってほしい歴史」が求められる限り、この手の「歴史」は今後も跡を絶つまい。

さて、昭和十一年（一九三六）、竹内は「不敬罪」により逮捕された。「竹内文書」をはじめとする天津教の「御神宝」も押収され、「文書」の真贋が問われることになる。安藤昌益発掘などで著名な狩野亨吉《こうきち》らも鑑定に加わり、「天津教古文書の批判」を著して「竹内文書」が近代の創作であると断定した。裁判は長びいたが、結局昭和十九年（一九四四）になって、証拠不十分で竹内は無罪となる。しかし、その間に押収されていた「竹内文書」は空襲で灰になってしまった。

そんな「竹内文書」の内容の一部を、戦前、酒井勝軍《かつとき》（一八七四〜一九四〇）がまとめた『神代秘史』全四巻の中から拾ってみよう。同書は、いわば「文書」の「皇統譜」にあたるものである。

「天日豊本黄人皇主神天皇即位三十億万歳詔シテ大海原乗舟知尊天豊舟乗知王尊天日龍舟工知主尊海川舟造大舟八艘小舟十六艘造リテ万国御巡幸天皇自身天ノ浮艘ニ乗リ阿支胃州乃鎮江《チンイ》着保《ツクホ》定《テ》御臨幸

支那王盤那王民天皇御膳ニ唐ミシテ献ス天皇詔シテ支那国主ニ命ズ次ニ天支予母都州《アメイダヨホツクニ》ウエネチカ浜ニ着ヨイモツアタムイブヒアカヒ女氏五色人早刻ニ来リテ黄人皇主天皇ヒ草花ヲ奉献天日豊本黄人皇主天皇詔シテアカヒ女氏別五色人居ル所ノ国主に命ズ次ニ天支天夫利降キネアホマ浜ニ御臨幸アフリアビシアムス民王アスカリトキンコンコク主民王天日豊本黄人皇主天皇ヘキバナヲ奉献詔シテ国主ニ命ズ次ニ天支尾世阿児安州《オセアニア》メルボルンボ浜ニ臨幸クロ人ハウライムタイ尊者ダイビ民王天皇大前ヒ礼ヲス天皇詔して国主に命ズ次ニ天支日前多天恵比須州ラフラタ浜に天皇御臨幸ヒウケイヒロコブラシルコ民王ヒウケフラジルバラ民王天皇大前ヒ参朝シテ地面図を奉献天皇詔シテ二人リニ国主ニ命ズ次ニ天支日後天恵比須州カナタ天日ニトユクリ浜ニ天皇御臨幸御人幸此時ヨリアヒヲマアクリ名付ル天皇ヒアヒイタマヲ王アカ民王エキスマルカス民王参朝拝礼シ天皇詔シテ国主ニ命ズ此時ヨリカナイシ国ト云フ万国巡幸始メヨリ千九百五十年目ノカナメツキマドノミツヒ万国依リ吉道路《ヨチシ》常磐国《トキハノクニオ》大付《ツキノスイモン》 浜帰来《カヒル》 其所ヲ唐加ラ《カラカ》帰 里《カヒルサト》ト名付ル……」（『神代秘史1』より）

「天日豊本黄人皇主神天皇」が、世界各地に散った天皇家の子孫（民王《ミツトソン》）のもとを巡幸するくだりであるが、正直言って、書き写しているうちに頭がくらくらしてくる。当初、固有名詞以外は平仮名にして、句読点を打とうとしたが、それすら困難な箇所があるので、漢字の字体を改めた以外、振り仮名も含めて原文のままにしておいた。

こうした「文書」は、刀剣や鏡、石像など天津教の「御神宝」もろとも、すべて茨城県磯原町（北茨城市）の「皇祖皇太神宮」に安置された「不開瓶《あかずのかめ》」から出てきたとされ、竹内自身は、それを「記紀」に出てくる伝説的人物・武内宿禰《たけのうちのすくね》の遺宝と称していた。だが、熱心なキリスト教信者から「日猶《ユ》同祖論」（日本人は古代ユダヤ人の子孫とする説で大正時代に流行した）を経て、「竹内文書」の熱烈な宣伝者となった酒井勝軍が、竹内に「御神宝」の中に「モーゼの十戒石」は無いかと尋ねると、しばらくして、それが「不開瓶」から現れるといった具合で、信者が期待する「御神宝」が次々に現れてその数を増していった。天津教は、戦後も一時占領軍から弾圧されるが、昭和二十七年（一九五二）、宗教法人として活動を再開する。

ところで、「竹内文書」は、それにとりつかれた人々を介して新たな妄想を生み出してもいる。例えば、酒井は昭和九年（一九三四）に吉備（岡山県）の葦嶽山が「ピラミッド」だと主張してセンセーションを起こしたし、一部では今も信じられている「青森県にキリストとその弟の墓がある」という説に火を点けたのは、竹内と画家の鳥山幡山である。また「竹内文書」には「ヒヒイロガネ」という〝謎の金属〟が登場するが、かの「オウム真理教」の麻原彰晃（松本千津夫）は、この金属を本気で入手すべく躍起になったという。その他、「ベントラ、ベントラ」という〝空飛ぶ円盤を呼ぶ呪文〟でマスコミをにぎわせた高坂剋魅《かつみ》も、「竹内文書」の中の「天《アメ》ノ浮艘《ウキフネ》」をもとに、「ＵＦＯ」実在論を展開したという。

〔参考〕

・『神代秘史　全４』国教宣明団、一九三五～三六年
・吾郷清彦『竹内文書・但馬故事記』新国民社、一九八四年
・長山靖生『偽史冒険世界――カルト本の百年』筑摩書房、一九九六年
・原田実『幻想の超古代史――『竹内文献』と神代史論の源流』批評社、一九八九年
・狩野亨吉「天津教古文書の批判」　安倍能成編『狩野亨吉遺文集』岩波書店、一九五八年
・『別冊歴史読本77　徹底検証古史古伝と偽書の謎』（29巻9号）新人物往来社、二〇〇四年
・四方田犬彦「偽史と情熱」、『新潮』（83巻3号）新潮社、一九八六年

邪馬台国「南九州説」を論じた鶴峯戊申『襲国偽僣考』の飛躍

「邪馬台国《やまたいこく》」や「卑弥呼《ひみこ》」が、義務教育の授業で取り上げられるようになったのは戦後のことである。しかし、それらの正体をめぐる論議は明治以前から行われ、戦後の「邪馬台国論争」に通じる主要な見解は、明治維新までにほぼ出そろっていたのである。

『魏志《ぎし》』の一節「倭人伝《わじんでん》」中の「邪馬台国」や「卑弥呼」に関する記述への言及は、すでに『日本書紀』に現れる。『日本書紀』は、邪馬台＝大和《やまと》とする見地から「邪馬台国」を大和朝廷の治めていた国家の一名称ととらえ、「卑弥呼」は神功《じんぐう》皇后であるとした。これは、むしろ『魏志』の記述を利用することで、天皇制がいかに古くから続くかをアピールしようとしたものと考えられる。

それから約一〇〇〇年後の安永《あんえい》七年（一七七八）、国学者の本居宣長は『馭戎慨言《ぎょじゅうがいげん》』（『からをさめのうれたみこと』）の中で「邪馬台国」を大和民族とは別の「熊襲《くまそ》（襲《そ》人）」が築いた大和朝廷とは別の王朝で、所在地は九州の筑紫《つくし》だったとする説を発表した。彼は、この襲人の王朝こそ、大和朝廷をよそおって（偽僣して）魏に使節を送った張本人で、「卑弥呼」も神功皇后の盛名ぶりにあやかった襲人の王朝の女帝とみなす「熊襲偽僣《ぎせん》説」を唱えた。

そんな宣長の「熊襲偽僣説」をもう一歩進めたのが、鶴峯戊申《つるみねしげのぶ》（一七八八～一八五九）が文政《ぶんせい》三年（一八二〇）に著した『襲国偽僣考《そのくにぎせんこう》』である。戊申は、「倭」も「襲」も同じものの別称ととらえ、「邪馬台国」（戊申は「やまと国」と読む）はすなわち「襲国」で、所在地は『魏志』の記述から大隅《おおすみ》国囎《そ》唹《お》郡（鹿児島県国分《こくぶ》市付近）とした。

戊申は「襲」のルーツを次のように中国大陸から渡来した人々と考えた。

「襲は、呉王夫差《ごおうふさ》の後裔であり、すなわち、姫《き》姓の国である。その子孫は、ついに、身分をこえて王と称し、国号をたて、倭といった。開化《かいか》天皇のときになると、使者を遣《つか》わして漢に通じた」（中村明蔵訳、安本美典編著『江戸の「邪馬台国」』より）

さらに戊申の推理は、「卑弥呼」とは神功皇后に擬して「姫尊《ひめのみこと》」と名乗ったものの転訛《てんか》であり、「襲国」は、「善記《ぜんき》」から「大長《だいちょう》」にいたる独自の「九州年号」を用いて、養老《ようろう》四年（七二〇）まで続いた、とする。

『襲国偽僣考』には飛躍や想像による記述も少なくないが、戊申は宣長の説を発展的にうけ継ぎつつ、宣長の排除した、中国や朝鮮の史書の記述を、日本の文献と比較検討したところがユニークであった。そして彼の説は、明治以後も吉田東伍や那珂《なか》通世《みちよ》に引き継がれて、「邪馬台国」論争の「九州説」のひとつ「南九州説（噌唹郡説）」の祖《ルーツ》となった。

ところで戊申その人は、豊後国臼杵《うすき》（現・臼杵市）の神官の子として生まれ、宣長に心酔して国学に志したが、のち「究理学」（物理・天文学）も並行して学び、地動説などにも通じていた。興味深いのは、一時平田篤胤に接近するなど復古神道に惹かれ、藤田東湖、会沢安（正志斎）、そして水戸烈公こと徳川斉昭という水戸の攘夷派から絶大に信頼されながら、戊申自身は独特の開国論者で、キリスト教をいちがいに邪教視はしていなかった点だ。復古で尊皇だが排外主義ではない、戊申は幕末の思想界の異才の一人であった。

〔参考〕

・中村明蔵訳『襲国偽僣考』、安本美典編著『江戸の「邪馬台国」』柏書房、一九九一年

・藤原暹《のぼる》『鶴峯戊申の基礎的研究』桜楓社、一九七三年
・鈴木暎一『国学思想の史的研究』吉川弘文館、二〇〇二年

ミルンの北方先住民への仮説・「コロポックル論争」を惹起！

北海道から千島列島にかけて、何者かが地面を掘ったおびただしい竪穴の跡がある。古代人の住居跡ともいわれるが、一体、いつ、誰が掘ったのか？　明治十一年（一八七八）、火山の研究と、考古学、人類学の調査のためにこの地域を訪ねた満二十八歳の英国人のジョン・ミルン（一八五〇〜一九一三）も、この謎の前ではたと立ちどまったが、そんな彼が見出したひとつの解決のヒントは、アイヌの語る「コロポックル」伝承だった。

コロポックル（コロポクグル、コロボックル）は、現在のアイヌの土地にかつて住んでいた先住民族で、竪穴の上に円錐形の小屋を建てた住居に住み、当地に自生する大型のフキの葉の下に数人が身を寄せ合って雨宿りできるほど身体が小さく、石器や彫刻をほどこした土器を用いたが、アイヌに圧迫されて離島に逃れ、ついには滅んでしまった、と伝承はいう。ミルンは、このコロポックルこそが竪穴の遺跡群を造り、「オホーツク式土器」の生産も行っていたのではないかと考えた。

そして彼は、明治十三年（一八八〇）に発表した論文「コロポクグルすなわち蝦夷《えぞ》および千島列島の竪穴住民に関する考察」で、日本列島の民族の変遷に関する、コロポックルをも含めた大胆な仮説を提唱した。ミルンによれば、北海道の本来の先住民族はコロポックル、本州以南の日本本土のそれはアイヌだったが、たぶん朝鮮半島あたりから本州以南に渡ってきた「モンゴロイド族」に圧される

かたちで北上したアイヌが、〝玉突き〟の原理のように北海道のコロポックルを駆逐したのではないかという。

ミルンの説は、日本の学界に衝撃を与え、明治二十年代に日本列島の先住民族をめぐる「コロポックル論争」が起こった。これは、日本全土の石器および縄文文化の担い手はコロポックルだとする坪井正五郎らと、アイヌだとする白井光太郎らの大論争である。ただし、ミルンの説は坪井説とも白井説とも違っていて、本州以南の先住民族はあくまでもアイヌであり、『日本書紀』や『風土記』に登場する「土蜘蛛《つちぐも》」と呼ばれる洞窟や竪穴住居に住んだ人々も、ミルンによればアイヌだという。北海道に限っていえば、厳密にはアイヌもいたかもしれないが、本来の主流はコロポックル、というのが彼の立場だった。

なお、ミルンは右の論文で、アイヌを「ニューギニアからフィリピンを経て日本まで広が」っていた「パプア人」の一部と考え、日本の本州で彼らが朝鮮半島から来た「モンゴロイド族」に圧迫されたのと同様の現象が、「フィリピンおよび台湾では、マレー族の祖先によって」起こっていると見ていた（『ミルンの日本人種論』による）。

そして、のちに坪井の「コロポックル説」は、千島における鳥居龍蔵の調査結果によって覆されたとされ、白井の後を受けた小金井良精らの「アイヌ説」一色になってゆく。ただ、注目したいのは、坪井にしろ、白井にしろ、小金井にしろ、ミルンにしろ、アイヌやコロポックルを、現在の「日本人」のルーツとして検討する視点がまったく無かったことである。

大正二年（一九一三）、坪井とミルンは共に死去。あれほど学界を騒がせたコロポックルの名は、もはや真剣に口にされなくなった。なお、ミルンは函館出身の堀川とねを妻とし、共に英国にねむる。今日、ミルンの名はむしろ、日本近代地震学の祖として記憶されている。

〔参考〕

- 吉岡郁夫・長谷部学『ミルンの日本人種論――アイヌとコロポクグル』雄山閣、一九九三年
- 坂野徹『帝国日本と人類学者　一八八四―一九五二』勁草書房、二〇〇五年
- 森本貞子『女の海溝　トネ・ミルンの青春』文藝春秋、一九八一年

〝東北の正統性〟を訴える物語・「物部文書」の饒速日命「西征」

「饒速日命《にぎはやひのみこと》其の大命のまにまに天《あま》の鳥船《とりふね》に打乗り天つ日の御国を久支《くし》出て天降《あまくだ》りましまして四方大空を翔廻《かけめぐ》り国地を尋求《たずね》て言上　曰《ことあげしてのたまわ》く、豊葦原《とよあしはら》の中つ地に国は多なれ共《ども》（中つ地は大地を言う）、此処《ここ》はしも千樹五百樹生繁茂《おいしげり》て伊《い》賀《か》志《し》美《はし》き国処なりと鳥見《とりみ》山上潮の処《ところ》に天降り玉《たま》う、此《こ》れより国名を繁木か之本と号《なづけ》り、此の山を鳥海山《ちょうかいさん》と号り」

秋田県仙北《せんぼく》郡協和《きょうわ》町の唐松《からまつ》神社に、「物部文書《もののべもんじょ》」（「物部秘史」）と呼ばれる一群の文書が保管されている。右は、その中の中心的な一篇『韓服宮《からまつのみや》　物部氏記録』から、同神社の宮司を代々務《つと》める物部家（秋田・物部氏）の遠い祖先とされる饒速日命が、天神の命を受け「天の鳥船」に乗って鳥見山（鳥海山）に降り立つくだり。あたかも『古事記』の中の、邇邇芸命《ににぎのみこと》が高千穂の峰に降臨する場面を連想させる（引用は、進藤孝一『秋田「物部文書」伝承』より）。

地上に降りた饒速日命は、現在の協和町の境地区を流れる逆合《さかい》川（淀《よど》川＝雄物《おもの》川の支流）西岸の日《ひ》殿《どの》山（唐松岳）の山上に「日の宮」を建てて、大神《おおみかみ》、祖神、国神《くにつかみ》を祀《まつ》ったという。この「日の宮」の

場所は、現在、同川の東岸にある唐松神社のもとの所在地とされる。そして、この地に住みついた饒速日命は、地元民に、祭祀《さいし》、呪術、民間療法などをほどこした後、大和めざして「西征」を開始、「長髄彦《ながすねひこ》」と和睦し、さらにそれと離反して神武天皇の「東征」軍に帰順した、と『韓服宮　物部氏記録』には綴られている。

興味深いのは、以上述べたような秋田・物部氏の朝廷への帰順の物語は、平安時代初期に成立した偽書とされる『先代《せんだい》旧事《くじ》本紀《ほんぎ》』（『旧事紀《くじき》』）のものがたる大和・物部氏の出自とそっくり対をなすことである。『先代旧事本紀』の中で、大和・物部氏の祖先とされた天忍穂耳尊《あめのおしほみみのみこと》は河内国の哮峰《いかるがのみね》（現・大阪府交野《かたの》市私市《きさいち》）に降臨し、長髄彦との和睦と離反、神武天皇への帰順という軌跡をたどる。この二書の記述を合わせれば、朝廷への帰順すなわち東西物部氏の合体となるのだが……。

また、前記文書の題名にある「韓服宮《からまつのみや》」は唐松神社の旧称とされるが、その名の由来に関しては、伝説的な神功皇后の「三韓征伐」の帰途、皇后は実は蝦夷を平定するための「北海征伐」を行い、雄鹿嶋（男鹿半島）に上陸して雄物川沿いに攻め上った。このとき、物部家の〝鼻祖〟（直接の先祖）である膽咋連《いくいのむらじ》が皇后の腹帯を祀ったのが「韓服宮」の始まりで、その名は「韓」（朝鮮半島）平定を記念したもの、と「物部文書」には書いてある。

「物部文書」には、これ以外にも、天神《あまつかみ》から直接授けられたとされ、独自の「神代文字《じんだいもじ》」で記された「天津《あまつ》祝《よ》詞《ごと》乃《の》太詞《ふとことば》」などが含まれるが、後世の再編や補足の事実を文書みずからが認めている。現存する文書は、享保《きょうほう》六年（一七二一）に、火災で焼損した残片からまとめ直したものだという。史実性はともかく、「物部文書」が訴えるものが、西国《さいごく》中心の「歴史」に対する東北の正統性であることは確かだろう。しかし、注意深く読むと、「物部文書」の記述には、常に大和王権を意識した、逆説的な中央志向があるともいわれている。それは、「前九年の役」で朝廷方に味方したという、秋田・物部氏の歴史上の身の処し方に対応しているのだろうか？　こうした中央に対する地方の歴史的正統性を主張した文書のもつアンビバレントな側面も見落とせないところである。

〔参考〕

・進藤孝一『秋田「物部文書」伝承』無明舎出版、一九八四年
・原田実『幻想の超古代史』批評社、一九八九年
・田中聡「新釈古史古伝物語」、『別冊歴史読本77　徹底検証古史古伝と偽書の謎』（29巻9号）新人物往来社、二〇〇四年

時代を超えて出現する予言書群・「聖徳太子未来記」の内容の変

聖徳太子は、その死後早くから聖人化が進み、「聖徳太子信仰」の対象とされてきた。また、明らかに後世の人の手になるものでありながら、太子の作とされる書物は『先代旧事本紀《せんだいくじほんぎ》』以下十数種以上におよぶ。

そして、ここに「聖徳太子未来記」と称するものがある。これは『日本書紀』に「未然の事を識《し》る」とされた太子が、その予知能力によって書きしるした予言の書といわれるものだが、特定の書物の名称ではなく、様々な時代に、様々な形態で出現した一群の文書をさしている。

和田英松「聖徳太子未来記の研究」によると、一連の「未来記」には、太子ゆかりの天王寺（四天王寺）にまつわるものが目につく。このうち、最古の「未来記」とされる同寺の『本願縁起《ほんがんえんぎ》』（『御手《ごしゅ》

印記《いんき》』）は、太子が、みずから建立した同寺再興を願って、死後も貴賤様々な人に転生して力をつくすことを予言するかたちをとっている。どうやら平安時代の同寺再興のための勧進唱導《かんじんしょうどう》を、太子の名で権威づけようとする目的で作られた文書のようである。

物語文学作品の中にも「未来記」は登場する。例えば『栄花物語《えいが》』には、「天王寺の聖徳太子の御日記」に「王城《おうじょう》より東に仏法《ぶっぽう》を弘《ひろ》めん人」として予言されている人物が、藤原道長であるかのような記述がある。

また『太平記』巻六には、元弘《げんこう》二年（一三三二）、天王寺に詣でた楠木正成が、そこで見た「日本一州の未来記」の記述に確信を得て、反鎌倉幕府の兵をあげるくだりがある。

『太平記』に引用されているその内容は、「東魚」（北条高時ら）が「四海を呑み」（天下を支配し）、「日は西天に没す」（後醍醐天皇が隠岐へ流される）が、「三百七十余ケ日」にして、還幸・復位され、「西鳥」が現れて「東魚を食う」というものである。正成たちは、自分たちこその「西鳥」であると宣言して挙兵したのだが、「太子の予言」によって味方の勝利への確信を高めることを狙ったものとも考えられる。

そして、面白いことに、この正成の見た「未来記」の全文とその解読と称するものが、わざわざ楠木正成の名と、正慶二年（一三三三）二月二十九日の日付入りで存在している。この書『太子未来記伝義』には、正成の時代どころか、はるか後世の江戸幕府による全国統一に相当する記述（予言）も見られるが、もとより後世の偽作で、あたかも、『太平記』の記述の元になったかのように装っているのである。

天王寺にまつわる「未来記」には、ほかにも、太子みずからが瑪瑙《めのう》に刻んだとされる『天王寺馬碯《めのう》（瑙）記碑文』や、慶安《けいあん》元年（一六四八）に現れ世間にも流布した『聖徳太子日本国未来記題』一巻があり、後者には翌年『偽書未来記破誤』なる反論・批判の書も出版された。
今日までに知られる「聖徳太子未来記」は、たった一行のものから数十巻のものまで約二〇種類をかぞえる。その成立年代も、奈良時代から江戸時代までと様々だが、平安以前のものはおもに寺社の縁起にまつわる内容であるのに対し、鎌倉・南北朝以後のものは、政治や社会、とりわけ動乱に関するものが多くなる。各時代の人々の願望、理想その他を歴史上のヒーローの名を借りて正当づけた文書、それが「未来記」だといえる。

〔参考〕

・和田英松「聖徳太子未来記の研究」（「存疑」の「未来記」の項）、『皇室御撰之研究』明治書院、一九三三年
・石川透「『太子未来記伝義』解題・翻刻・校異」、長谷川端編『太平記とその周辺』新典社、一九九四年

請安の口を借りた〝理想社会〟『南淵書』出版にひそむ葛藤！

南淵《みなぶちの》 請安《しょうあん》といえば、小野妹子《おののいもこ》に従って隋《ずい》に渡り、三〇年以上学問を修めて帰国、「大化改新」の中心人物である中大兄皇子《なかのおおえのおうじ》や中臣鎌足《なかとみのかまたり》に影響を与えたといわれる七世紀の大学者である。
大正十一年（一九二二）、その請安の幻の著書といわれる『南淵書《なんえんしょ》』が「日本最古の書（『古事記』に先だつこと六十余年）にして大化改新の原動力」という鳴り物入りで出版された。その内容は、中大兄皇子と中臣鎌足の二人が南淵請安の許を訪ねての質疑応答を記録したものとされ、請安は、まず

二人に理想とすべき「大同社会《だいどう》」の像を説いた後、蘇我入鹿《そがのいるか》の害悪を数えあげ、彼を倒して社会変革を断行すべきことを二人に力説する。

『南淵書』刊行を企てたのは、農本主義思想家の権藤成卿《せいきょう》（一八六八～一九三七）で、当時彼は数えで五十五歳であった。その説くところによれば、『南淵書』は、中臣家の秘伝だったものが元禄時代に流出して、自分（成卿）の先祖だった漢学者、権藤宕山《とうざん》が入手して以来、権藤家に伝えられてきたという。その本を、自分は父の遺言によって、友人の小沢打魚《だぎょ》と校訂、修訂して世に出したのである、と。

だが、請安の著作はひとつも現存せず、彼が「大化改新」に具体的な役割を果たした証拠もない、というのが今日までの定説である。『南淵書』に対しても、刊行当初から、その素姓を疑う声が相次いだが、権藤成卿の研究家である滝沢誠は、『南淵書』は、成卿と、アジア主義団体「黒竜会《こくりゅう》」きっての博識家だった小沢安左衛門（打魚）の合作になる創作と断定している（『権藤成卿覚え書』など）。

権藤成卿は、「右翼」でありながら、強権による「国家主義」を排し、自然発生的な生活共同体である「社稷《しゃしょく》」の自治と、それを見守り、模範を示す君主による「自治主義」を唱えた。彼は、みずからの主張を『南淵書』で「大同社会」を説く請安の口を借りて語らせたわけだ。また、彼は公刊に先立って『南淵書』を摂政宮《せっしょうのみや》（昭和天皇）に献上しており、天皇にも、「自治主義」的な君主になってほしいと願っていたのであろう。

滝沢誠は、『権藤成卿覚え書』で、権藤が摂政宮を「大化改新の中大兄皇子と見做して、上からの改革に大きな期待を寄せていた」のであろうと推定している。また、過去の人物の著作に仮託して自分の考えを世に示すという『南淵書』の発表形式を、権藤は、康有為や章炳麟といった清末の中国の思想家たちや、江戸時代に急進的な幕府批判を展開した、山県大弐《だいに》の『柳子新論《りゅうし》』からヒントを得ているのではないかという。権藤は大弐に深く傾倒していたが、大弐は当局からの追及を躱《かわ》すために、『柳子新論』が、土中から発掘された先祖の著作ということにしていたのであった。

ただ、成卿は、主義主張のために、あえて学者としての良心を捨て、真実を枉《ま》げて、先祖を利用した罪を自覚していたといわれ、「墳を修して告げんと要す心中の事。索ねて苔壇に愕す涙濺然たり」という詩句を遺している。これは、先祖の墓前に涙ながらに打ち明けねばならない秘事がある、といった意だが、『南淵書』捏造を懺悔したものとも受けとれるものである。

なお、「七〇年安保」後、成卿の思想は、逆に「新左翼」の一部から再評価され、『南淵書』も無政府主義者の手で覆刻版が出版された。「偽書」の運命と生命力を考えるうえで興味深い。

〔参考〕
・『南淵書』、『権藤成卿著作集4 自治民政理／訓訳南淵書』黒色戦線社、一九七七年
・滝沢誠『権藤成卿覚え書』(私家版)、一九六三年
・同『権藤成卿その人と思想』ぺりかん社、一九九六年

徐福伝説と富士信仰が結合！「富士文書」が描く超古代王朝

『史記《しき》』『後漢書《ごかんじょ》』など、中国の史書に名が見える徐福《じょふく》は、秦《しん》の始皇帝の命を受け、不老不死の仙薬《せんやく》を求めて、蓬莱山《ほうらいさん》をめざし、東の海へ船出して行ったと伝えられる。

そんな徐福が日本に上陸したとする言い伝えは古くからあり、その上陸地点と称する場所も各地に

点在する。

この徐福渡来伝説と本邦随一の「霊峰」として信仰を集めてきた富士山の二つの接点を背景に、独自の「超古代史」をものがたったのが、ここに紹介する「富士文書」（「宮下文書」）である。

「富士文書」は、山梨県富士吉田市にある浅間《せんげん》神社の宮司を代々務めてきた宮下家に、七十七代にわたって秘蔵されてきたという古文書群で、同家では「開けたら目がつぶれる」として厳封されてきたと伝えられる。

とはいっても、原本は延暦《えんりやく》十九年（八〇〇）の富士山の噴火で失われ、副本から転写されたものも、寛文《かんぶん》年間（一六六一～七三）に焼けたり散逸したという。その焼け残りの断片を整理、再編集して、「富士文書」の主要部分の復元を試みたのは三輪義凞《みわよしひろ》（一八六七～一九三三）という人物である。三輪は、この作業の成果を『神皇記《じんのうき》』として大正十年（一九二一）に出版、「富士文書」は一躍、世に知れわたった。

さて、三輪の『神皇記』の記述から「富士文書」の内容をのぞいてみると、秦の始皇帝の三年（紀元前二一九）に中国本土を出帆した徐福は、二年余をかけて蓬萊山にたどりつく。実は、そこが日本で、蓬萊山とは富士山なのであった。そればかりか、日本神話の「高天原《たかまがはら》」は、ここ富士山北麓にあり、そこは、もともと大陸から渡来した高皇産霊神《たかみむすびのかみ》と国狭槌尊《くにさずちのみこと》という父子の神が拓《ひら》いたものだった。

三輪の『神皇紀』第四編「徐福之巻」より、徐福一行の富士到着のくだり、

「孝霊天皇七十四年九月十三日、一行亦舟に分乗し、其見附けたりし不二蓬萊山を目標として、東に航しけり。十有余日にして、遂に住留家《するが》の宇記島原に上陸したりけり。即ち松岡駅より水久保駅を越へ、山村を経て不二蓬萊山の中央高天原に登り、川口駅より阿祖谷小室家基都駅に着しけるは、十月五日なりき。先づ阿祖山太神宮初め、各七廟に拝礼をなしぬ。更に大室の原に止り、後、中室に移

りぬ。童男童女五百余人、或は中室に、或は大室に居を占めにけり。

一行中には、或は農夫・大工・壁塗・猟人あり。或は紙師・紙漉・笠張・楽人・仙人あり。或は衣類仕立工女・酒製造夫・油製造夫・塩製造夫あり。或は鍛冶夫・鋳物師・諸細工夫・石工夫あり。或は医師・医者あり。其他各種の諸職夫ありて、各其職業に従事したりけり。徐福は、童男童女を督して、先づ蚕を養はしめ、婦女等をして、糸を製せしめ、以て機を織らしめけり。（以上、徐福来記、神代記、勅状集、五十一代記、徐子記）

武内宿禰、偶々《たまたま》、不二山元宮七廟惣名阿祖山太神宮に奉幣し来りき。即ち徐福の来朝を聞き、大に悦び、後、遂に其門に入りて、徐福及び其子福永等に従ひて、教を受け、徐福学を信すること特に厚なりき」（『神皇記』より、文中の（ ）の中は、そのような文書にもとづく記述との意）

富士に住みついた徐福とその一行は、文化や技術を伝えるとともに、そこにあった阿祖山太神宮《あそやまだいじんぐう》に伝わる古代文字で記された伝承などを漢文に書き直した。それが「富士文書」の原本だという。「富士文書」によると、神武天皇以前にも、日本には「宇家潤不二合須世《ウガヤフキアエズノヨ》」（ウガヤ朝、フキアエズ朝）という王朝五一代二〇〇〇年があったという。この王朝の名は、「竹内文書」や『上記《うえつふみ》』といった他の「超古代史」文書にも登場する。「富士文書」は、そのさらに以前にも「豊阿始原世地神《トヨアシハラノヨ》」五代など五〇〇〇年間におよぶ、諸王朝があったとしている。

なお、『神皇記』の編者、三輪義凞は、愛知県一宮の生まれで、祖先は一宮真澄田神社の宮司だったという。彼は山梨県南都留郡の公証人役場に勤務しながら、毎朝四時半に起床して本書を執筆、二九年の歳月をかけて清貧の中で作業を完成させたという。

〔参考〕

・三輪義凞『富士古文書資料（神皇記）』八幡書店、一九八四年
・同『富士古文献考証』同、一九八七年
・同『富士古文書資料（解説篇）』同、一九八四年
・田中聡「新釈古史古伝物語」、『別冊歴史読本77　徹底検証古史古伝と偽書の謎』（29巻9号）新人物往来社、二〇〇四年
・小山真人「富士山延暦噴火の謎と「宮下文書」」、同

日本・ユダヤ同祖論者が説く超古代文書「九鬼文書」の怪！

兵庫県の高砂・加古川両市の境界に位置する高御《たかみ》位山《くら》の山頂に、高御位神社がある。その宮司を代々務めてきた九鬼《くき》家は、瀬戸内の海賊として名高い「九鬼水軍」の長であると同時に、熊野修験をたばねる「熊野別当《べっとう》」をも兼ね、近世には綾部《あやべ》藩主、戦前は「子爵《ししゃく》」の位にあった。

九鬼家に、秘伝の史書があるという噂は古くからあったが、その内容が紹介されたのは、昭和十六年（一九四一）十一月、九鬼家から特に同家の秘蔵文書の閲読を許された青森県出身の三浦一郎（一九〇四〜七五）という人物が、『九鬼《くかみ》文書の研究』を出版してからである。

同書によると、九鬼家秘蔵の文書を集成した「九鬼《くかみ》文書」は全三〇巻あり、そのうち三巻に、神武天皇より前の天皇家の歴史を含む「超古代史」や、「春日《かすが》文字」と称する「神代文字」のことが書かれている。「竹内文書」や「富士文書」にも登場する「ウガヤ・フキアエズ朝」に関する記述もあり、昭和までの天皇家の歴史は「神紀一〇万五〇〇〇年　皇紀三万二〇〇〇年」だという。

また、天皇家の祖先を、「記紀神話」の伝える天照大神《あまてらすおおみかみ》ではなく、その弟の素戔嗚尊《すさのおのみこと》とするほか、「ヨイロバアダムイブヒ赤人女神」などという妙な名前の神が出てきたり、と首をかしげざるをえない内容も少なくない。ちなみに右の神名とそっくりなものが、「竹内文書」の『神代秘史』にも登場する。三浦は、日本人とユダヤ人の同祖《どうそ》論者でもあったが、『九鬼文書の研究』序文にも、「九鬼文書はノアやモウセやエイスや釈迦《(ママ)》も日本人と同じ血が流れていることを立証し」とか「大国主命《おおくにぬしのみこと》が黒人国に至って再び日本に還《かえ》った」などの記述が見える。

以下に、三浦の書中「九鬼文書に現れた神代日本の世界的発展」の項の一部を示す、

「又九鬼文書の神代系譜の中に「大国主天皇此神ハ素盞嗚《すさのお》皇子白人根国小登美命《さとみのみこと》ノ御子ニシテ黒人根国ニ到リ再ビ日本ニ還ル」とあるが、これは大国主神は素盞嗚尊の皇子の白人根国小登美命の御子で、黒人根国即ち印度の方にお出でになつて後再び日本にお還りになつたといふことである。即ち大国主神は素盞嗚尊の御孫に当り、小登美命の御子だといふことになるのである。そこで一つの問題は前記神史略に健速素盞嗚天皇…天佐登美命…野安押別命《ノアスワケノミコト》…母宇世《モウセ》…伊恵斯《イエス》とあつたが、今大国主天皇は天佐登美命の御子なりとあるが、此の関係が如何になるかといふことである。こゝに野安押別命とはノアのことであることは未発表の巻に依つて明かである。（中略）

従来の学者はギリシヤにでもエヂプトにでも、印度にでも、バビロンにでもイスラエルにでも南洋にでも朝鮮にでも満洲にでも、そこに少しでも日本と似たものがあれば、直ちにそれを取り上げて、かるが故に日本民族は、もと其地方から渡来して来たものだなど、言つてゐたが、今後はそれを逆説して、世界の各地に似たものがあつたら、太古に於て日本人が其地方に発展してゐた証拠だとせねばならないのである」

また、同時代に出現、流行した「古史古伝」である「物部文書」や「竹内（武内）文書」の記述と

の「九鬼文書」の内容の関係について、三浦は述べる。

「物部文書が最近秋田県から発見されたこと及守屋の一族が今日に至るまで同地に連綿と居住してゐた点から見て、九鬼文書に云ふところの「守屋ハ東北ノ国ニ逃レ」たといふことの真実が立証されたのである。

又天地言文記録の写文が守屋の一族、大中臣の一族、春日の一族、越前武内の一族が各所存したといふことに就ても、現に物部家からそれが発見されたし、武内（竹内）家からも発見されたし、今又大中臣の一族から九鬼文書として本古文書が出た訳であるから、是だけを以てしても本書の内容は相当の真実性を有し、又相当重大な文献記録であることが立証されると思ふ」（『九鬼文書の研究』より）

「竹内文書」をはじめ、昭和初期、日本の国際的孤立と対外膨張の時期になぜか相次いで出現した「超古代文書」には、日本の皇室の権威を世界的規模にまで拡張するという共通した性格がある。「九鬼文書」もまた、そうであったからこそ、一部の軍首脳をひきつけたのであろうし、三浦の本が日米開戦直前に出ている事実も、偶然ではないかもしれない。

だが、この一種の「天皇崇拝の国際主義」は、「記紀神話」による「皇民」教育を行ってきた文部省や警察を激怒させ、「記紀」を至上の古典と信奉する「日本浪曼派《ろうまん》」の一部をも巻きこんで「太古《たいこ》文献論争」が勃発する。天皇崇拝をめぐる〝国際主義〟と〝一国主義〟との、戦時下の「神学論争」だった。昭和十九年（一九四四）五月、三浦は警視庁に検挙され、特高警察の取り調べを受ける。調べはユダヤ人問題に関する言行と、陸軍の小磯国昭大将との関係についてだったという。七月、小磯が首相となるや釈放されたものの、まもなく兵庫県警に捕らわれ、今度は「九鬼文書」について六〇日間にわたって取り調べを受けたという。

肝心の「九鬼《くかみ》文書」の原本は、昭和二十年（一九四五）の米軍空襲により焼失したとされており、今や「九鬼文書」は三浦の著書の中だけに遺ることになった。

なお、東京大学史料編纂《へんさん》所などにある「九鬼《くき》文書」は、同じ九鬼家の古文書類だが、まったく別の内容である。

〔参考〕

・三浦一郎『九鬼文書の研究』八幡書店、一九八六年（原版一九四一年）
・島田春雄・藤澤親雄・三浦一郎・小寺小次郎「偽史を攘ふ――太古文献論争」、同
・森克明「『九鬼文献』の周辺」、同
・田中聡「新釈古史古伝物語」、『別冊歴史読本77　徹底検証古史古伝と偽書の謎』（29巻9号）新人物往来社、二〇〇四年

差別問題に人類学的視点を！　菊池山哉の危険視された研究

近代になって、地球規模の世界を意識せざるをえなくなったとき、日本人が直面したのは「自分たちは何者なのか？」という大疑問だった。この疑問は、歴史学者や人類学者の間では、主として「日本列島の先住民（民族）は誰だったか？」と「日本人（民族）はどこから来たか？」という二つの問いに置き換えられ、今日まで議論が続けられてきた。

この二つの問いに対し、一時期、きわめてユニークな説を公表しながら、ほとんど忘れられている人物に菊池《きくち》山哉《やまや》（一八九〇～一九六六）がいる。昭和二年（一九二七）に発行された『先住民族と賤《せん》民

族の研究』から、巻末に彼自身が要約した、この問題に関する一〇項目の問題提起の前半は次のとおり。

「一、我国の主要なる先住民族はアイヌ族ではない。

二、ツングウース族に属するイェツタ族とも称すべき一種族である。

三、那《こう》した先住民族は何処《どこ》へ逃走したものでなく、全く我が国家の主体をなした民族の中へ没了《ぼつりょう》したものである。

四、旧幕府時代まで久しきに亘《わた》つて、特別な取扱ひ（＝差別）を受けた人々は、かかる先住民族の直系部族である。

五、その亦《また》部族の一部の人々に冠せられて来たエタなる名義は、種族名イェツタの訛《なま》つたものである」（『先住民族と賤民族の研究』より、傍点原文）

菊池の視点の独自性は、前にあげた二つの問いを考えるにあたって、歴史的、社会的に差別を受けてきた人々の存在に注目したことだった。彼は、「エタ」「非人」「サンカ」などと呼ばれてきた人々や、古い記録に現れる「土蜘蛛《つちぐも》」「蝦夷《えみし》」「佐伯部」「エビス」などの実態を正面から考察した。それは、けっして差別を助長しようとする意図からではなく、むしろ理由なく人が差別されることへの疑問と憤慨からであった。

先の引用にもあるように、菊池は「穢多」として蔑まれてきた「イェツタ」（ウェッタ）こそ、日本の「先住民族」と呼ばれるにふさわしいと考えていた。そして、その「イェツタ」は、北方系民族「オロッコ」の一つの流れであると彼は思っていた。「オロッコ」とは、かつて「オロチョン」などと呼ばれたこともある、「ウィルタ」人のことである。

だが、差別問題を「社会問題」として解決すべきだとすることは、当時、すでに社会的な了解事項であり、差別問題に多少なりとも人類学的な視点を持ちこもうとする菊池の主張は危険視された。『先住民族と賤民族の研究』の原型となった『穢多族に関する研究』（一九二三年）は発禁となったが、「穢多」という差別的な表記を公然と用いたその広告が「官報」に掲載されてしまったことが大さわぎになったという（前田速夫『余多歩き菊池山哉の人と学問』）。そして菊池の「危険」な学説も、無視と忘却にまかされた。ただし、東北の「蝦夷」はアイヌ民族とイコールではない、といった彼の主張などには現在も是非《ぜひ》の決着はついていない。

土木工手となり、東京市などにつとめた菊池の歴史学は独学だったが、独創的な著書も多い。多摩の郷土史の大家でもあった。大正十二年（一九二三）の関東大震災後、東京市を退職してからも土木関係の事業に関わり、戦時中には東京市議会議員となって、地盤沈下問題ととり組んだ。『沈みゆく東京』（一九三五年）といった著書もある。また、『足跡六拾年』（一九六三年）は、いろいろな意味で型破りな半生の自伝としてとても面白い。

〔参考〕

・菊池山哉『先住民族と賤民族の研究』漫故書屋、一九二七年
・同『同』（覆刻）批評社、一九九五年
・同『穢多族に関する研究』三星社書店、一九二三年
・同『足跡六拾年』東京史談会、一九六三年
・前田速夫『余多歩き菊池山哉の人と学問』晶文社、二〇〇四年

「神代文字」で書かれた本文！『秀真伝』の五七調文の奇妙

『古事記』や『日本書紀』に記された以前の〝歴史〟を綴った、いわゆる「超古代史」文書には、太古の成立を謳《うた》いながらも、実際の出現は近代になってからのものが多い。

そんな中で、今回紹介する『秀真伝《ホツマツタヱ》』は、その全貌が明らかにされたのは戦後のこととはいえ、一応江戸時代の安永《あんえい》年間（一七七二〜八一）まで、その出現年代をさかのぼることができるとされる。

その書き出しは次のとおり。

「天地《あめつち》の　開けしときに／二神《ふたかみ》の　瓊矛《とほこ》に治《をさ》む／民増《たみま》して　天照神《あまてるかみ》の／御鏡《みかがみ》お（を）　足《た》して三種《みくさ》の／
御宝《みたから》お（を）　授《さず》く御孫《みまご》の／臣民《とみたみ》も　身安《みやす》ければや／臣《とみ》が親《をや》　強《し》いる諌《いさめ》の／畏《おそ》れ身《み》に　隠《かく》れ棲《す》みゆく／陶《すゑ》つ
身お（を）　今召《いまめ》さるれば／その恵《めぐ》み　天《あめ》に帰《かえ》りの／詣《もふ》で物《もの》　秀真伝《ほつまつたゑ》の／四十紋《よそあや》お（を）　編《あ》み奉《たてまつ》り／君《きみ》が代《よ》の
末《すえ》の例《ため》しと／ならんかと　畏《おそ》れみながら／つぼめ置《お》く　これ見《み》ん人《ひと》は／磯輪上《しはかみ》の　心秀真《こゝろほつま》と／なると
きは　花咲《はなさ》く御世《みよ》の／春や来ぬらん」（「秀真伝お述ぶ《ほつまつたゑ（を）の》」、鳥居礼『完訳秀真伝』より）

これは、天地の開闢《かいびゃく》から、二神（伊弉諾《いざなぎ》、伊弉冉《いざなみ》）による統治、天照《あまてらす》による「三種の神器」制定と、その孫・瓊瓊杵《ににぎ》への伝授と、下って大三輪《おおみわ》氏による『秀真伝』の宮中への献上までのくだり。瓊瓊杵の子孫である臣民の幸福を願うあまり、孝元《こうげん》天皇を諌《いさ》めた大三輪氏は、陶邑《すえのむら》（現・堺市《さかい》）に隠棲していたが、崇神《すじん》帝によって宮中への復帰が許されたため、感謝の意をこめて、大三輪氏の大田田根子《おおたたねこ》（大直根子）が『秀真伝』全四〇紋《あや》（巻）を編み、宮中に献上することになったという。

すぐ後続する箇所には、大田田根子は『秀真伝』献上のさい、一二三四歳で、『秀真伝』第四〇紋の末尾によれば、それは「時天鈴《ときあすゞ》 八百四十三穂《やもよそみほ》の 秋天日《あきあめか》」つまり、景行《けいこう》天皇五十六年（一二六）のことだったとあるのだが……。

その後、弓削道鏡《ゆげのどうきょう》（?～七七二）との抗争に敗れ、近江《おうみ》へ逃《のが》れた大三輪一族によって持ち出された『秀真伝』は、滋賀県高島郡にあった三尾《みお》神社の「神宝」となっていたが、安永四年（一七七五）になって、地元の井保勇之進《いほゆうのしん》（和仁估容聡《わにこやすとし》）が宮中に献上を試み、にわかに注目をあびる。井保は、「秀真」なる「神代文字《じんだいもじ》」で書かれていた本文のそばに漢字で訳を附している。また、京都の神道家、小《お》笠原《がさわら》氏は、通當《みちまさ》（一七九二～一八五四）以下三代にわたって本書を研究した。というのが、『秀真伝』を正統視する立場から説かれた、その来歴である。

そんな『秀真伝』は、引用したように、全篇御詠歌《ごえいか》を思わせる美しい五七調で綴られているが、そのリズムこそが古代にはありえず、後世に成立した証拠、ともいわれる。

右の小笠原通當の家系に連なる長武（一八五一～一九二二）も本書の研究に没頭したが、彼は、歌人の佐佐木信綱（一八七二～一九六三）に本書を贈り、佐佐木を通じてそれを天皇に献上せんと企てたという。が、佐佐木の『秀真伝』に対する評価は以下のようなもので、無論同書が宮中に献上されることもなかった。

「ほつまつたゑ　四冊

秀真伝なり。秀真体神代文字にて書ける十二巻四十章の長歌体神話伝説集にて、巻首に目録あり。また、「ほつまつたゑをのぶ」と題せる序歌一章、反歌三首を冠す。和歌の枕詞の章、秋津姫天児の章、稚彦伊勢鈴鹿の章、神鏡八咫の名の章等、題意歌意ほゞ分明なるもあれど、きつのなとほむしさるあやの如く、晦渋察し難きも少からず、故らに古伝を枉曲し難解の語を以て述べたるものにて、すべて長歌体にて叙し、概ね反歌両三首を添へ、文字に片仮名字もて左傍に訓を附したり」（『竹柏園蔵書志』）

古典研究家としても著名な歌人から見ての、この歌物語とも言うべき「古史古伝」への見方として興味深いものがある。

また、藤原明は「〈中世日本紀〉と〝古史古伝〟」において、『秀真伝』の内容には、「中世日本紀」の影響が強く現れている箇所がある、と指摘する。「中世日本紀」とは、中世（鎌倉・室町時代）に行われた「記紀」の解釈だが、平安時代初期の「平安日本紀」と同様、本来の『古事記』や『日本書紀』の記述からは大きく離れた独自の物語を生み出したもの。いわば〝曲解〟によって作られた〝新時代の神話〟だが、そこには「平安日本紀」の成立過程で出現した偽書『先代旧事本紀』への〝新解釈〟も加わっている。こうして生まれた中世独自の神話を「中世神話」と呼ぶが、この「神話」は近世に大きな影響をもたらした。『秀真伝』にその影響が認められるとすれば、この書が中世以降に成立したことを証すことになるだろう。

〔参考〕

・鳥居礼『完訳秀真伝（上・下）』八幡書店、一九八八年
・佐佐木信綱編『竹柏園蔵書志』巌松堂書店、一九三九年
・田中聡「新釈古史古伝物語」、『別冊歴史読本77　徹底検証古史古伝と偽書の謎』（29巻9号）新人物往来社、二〇〇四年
・藤原明「〈中世日本紀〉と〝古史古伝〟」、同
・山本ひろ子『中世神話』（岩波新書）岩波書店、一九九八年

Ⅱ　平安

『八幡宇佐宮御託宣集』が記録・和気清麻呂と〝お告げ〟の瞬間

延暦《えんりゃく》十八年（七九九）に六十七歳で世を去った和気清麻呂《わけのきよまろ》（七三三〜九九）は、恵美押勝《えみのおしかつ》の乱で功をたて、道鏡《どうきょう》失脚の端緒をつくり、最澄、空海を支援するなど、奈良から平安への時代の大転換期に活躍した公卿《くぎょう》である。彼の生涯で最も劇的な事件は、女帝・称徳《しょうとく》天皇の心を奪い、みずから天皇になろうとした道鏡の野心を挫《くじ》くような宇佐八幡宮《うさはちまんぐう》（大分県宇佐市）の大神《おおみかみ》の託宣《たくせん》（お告げ）を宮中にもたらしたことだろう。

このとき、清麻呂がどのようにして託宣を得るにいたったのか、巫女《みこ》である女禰宜《ねぎ》・辛嶋与曾女《からしまよそめ》を介しての、清麻呂と大神との一部始終が、『八幡宇佐宮御託宣集』という本の第八巻に記録されている。称徳天皇の命を受けた清麻呂が宇佐八幡に参宮《さんぐう》したのは、神護景雲《じんごけいうん》三年（七六九）七月十一日の巳《み》時（午前十時前後）のこと。その二カ月前、宇佐の大神から、道鏡を皇位につけることを望む託宣があったと耳にした天皇は、より確かな神意を得ようと清麻呂を勅使に仕立てたのである。

ところが、大神に伺いをたてる天皇の宣命《せんみょう》を清麻呂が誦《よ》みあげようとすると、大神は与曾女の口を借りて「汝《なんじ》が宣命をば、吾《われ》、聞くべからず」と拒否してきた。それに対し、清麻呂は、禰宜である与曾女が女性であることを理由に、彼女を介した大神の言葉など信じられないというと、与曾女は自分が神が天竺・震旦・日本国に修行につかわした菩薩に奉仕する四人の従者のうちの一人の子孫だと告げ、大神に姿を現すよう奉《たてまつ》った。すると、

「時に御宝殿《ごほうでん》の動揺すること、一時許《ひとときばか》りなり。御殿の上に、紫雲忽《しうんたちまち》に聳《たなび》き出でたり。満月の輪の如《ごと》

く、出《い》で御《まします》。和光《わこう》宮の中に満つ」（重松明久《しげまつあきひさ》の訓訳による）

といった具合に、宝殿が揺れ、紫の雲が湧き出たかと思うと、光の中に大神が姿を現した。大神は「止んごとなき僧形」で、その「御高三丈《たけじょう》（約九メートル）許り」だったという。大神は清麻呂に向かって与曾女が「弥陀《みだ》の変化《へんげ》の御身」であり、その口を通した託宣を信ずるように告げ、清麻呂は大神を三拝、落涙《らくるい》して、与曾女と二人で「真言並《まことのことばならび》に御託宣」を仰いだ「八幡大神託宣奏記《そうき》」という文書を作成し、一通を宮中に提出した。だが、その内容が道鏡の皇位を否定したものだったため、何としても道鏡を皇位に即けたかった天皇の怒りを買った清麻呂は姓《かばね》を剝奪されて「穢麻呂《きたな》」と改名させられ、一時、大隅《おおすみ》国へ流されてしまう。神託の内容に不満のあまり、女帝は清麻呂が「いと大きに悪《あし》く奸《かた》める妄語《いつわりごと》をつく」（『続日本紀』）ったと、つまり託宣を捏造したときめつけたのである。だが、清麻呂のもたらした託宣と、ために清麻呂が受けた処罰は、かえって貴族たちの道鏡および女帝への不信や反撥を誘い、道鏡を皇位から遠ざけることになった。

平野邦雄『和気清麻呂』や櫛木謙周「和気清麻呂」によると、この事件の背後には次のようなファクターがあったようだ。まず、当時、日本の皇室が天武天皇の系統から天智天皇の系統へと交替しようとしていた。天武系の最後の天皇だった称徳女帝は、皇位問題への貴族の介入を極度に嫌い、かつ恐れ、自分の皇位決定権の絶対性を正当化するためには、神仏の力をも用いようとしていた。奈良の大仏建立に加護をもたらしたと信じられ、伊勢神宮に次ぐ国家の「第二宗廟」と位置づけられていた宇佐八幡宮の託宣が引き合いに出される理由がそこにあった。

一方、和気氏は既存の貴族と無縁の土豪の出身で、皇室直属の侍者のような存在であったから、女帝は清麻呂を信頼して託宣を授かりに派遣したのだろう。ところが、彼は女帝の意に反した託宣を持ち帰り、結果的に天武系は終わることになった。そして清麻呂が中央に復権するのは、みずから天智系を強く意識したといわれる桓武天皇の時代に入ってであり、桓武帝のもと、彼は平安京の造営などの重職をまかされることになる、と思えば清麻呂の立場はなかなか微妙である。

ちなみに、清麻呂は中央への復帰以前に、一時豊前守になって、宇佐八幡宮の神職団に〝粛清〟を加えたといわれる。

なお『八幡宇佐宮御託宣集』全一六巻は、宇佐八幡宮の神宮寺《じんぐうじ》・弥《み》勒《ろく》寺の僧・神吽《じんうん》（一二三一～一三一四）が、二四年の歳月をついやし、正和《しょうわ》二年（一三一三）に完成させた書物である。その成立の背景としては、源平動乱のさい、同八幡が放火・掠奪に遭って、その歴史にまつわる文書などが散逸の危機にさらされたことや、二度の元寇によって「覚醒された神道思想の昂揚」（重松明久による「解題」）があったと考えられている。

〔参考〕

・重松明久『八幡宇佐宮御託宣集』現代思潮社、一九八六年
・平野邦雄『和気清麻呂』（人物叢書）吉川弘文館、一九六四年
・櫛木謙周「和気清麻呂――王権と寺院建立」、『古代の人物3　平城京の落日』清水堂出版、二〇〇五年
・野木邦夫「『八幡宇佐宮御託宣集』と偽文書の謎」、『別冊歴史読本77　徹底検証古史古伝と偽書の謎』（29巻9号）新人物往来社、二〇〇四年

天竺をめざした旅路のはて…『入唐略記』と高丘親王の客死

貞観《じょうがん》三年（八六一）三月十四日、完成以来一〇〇年以上を経て、六年前の斉衡《さいこう》二年（八五五）には頭部落下の憂き目すら見た東大寺の大仏の修復が完了し、盛大な再開眼《かいげん》の儀式が催された。この「供《く》養《よう》大仏会《え》」（無遮《むしゃ》大会）を執《と》りしきったのは当時おおよそ六十三歳の真如親王《しんにょしんのう》（七九九？〜八六五？）だが、一般には出家前の名である「高丘《たかおか》親王」としてのほうが知られていよう。唐から天竺へ向けての大旅行の途中で命を落としたといわれる伝説的旅行者で、澁澤龍彦《しぶさわたつひこ》の小説『高丘親王航海記』の主人公である。

親王の生涯には、今もって謎の部分が多いが、杉本直治郎の『真如親王伝研究』や佐伯有清《さえきありきよ》の『高丘親王入唐《にっとう》記』によると、平城《へいぜい》天皇の第三皇子《おうじ》として生まれた親王は十一歳で立太子《りったいし》ののち、一度は次の天皇に決まったが、翌弘仁《こうにん》元年（八一〇）九月の「薬子《くすこ》の変」に巻きこまれ、廃太子とされた。その後二十代で出家して空海の門弟となり、その一〇人の弟子の一人に数えられるまでになって、今回の大仏修復でも中心的役割を果たす。親王はまた、『伊勢物語』の在原業平《ありはらのなりひら》の叔父にもあたっている。

そんな親王が、頭陀《ずだ》（仏法を求める修行）のために唐をめざして太宰府《だざいふ》を出港したのは、大仏再開眼の翌年、貞観四年（八六二）七月のこと。同行した僧俗計六〇人の中の一人で、途中で親王と別れて同七年（八六五）に帰国した伊勢興房《おきふさ》による『頭陀親王入唐略記』という旅の記録が、東寺観智院に伝わる『入唐五家伝』に収録されて残っている。それによると、親王は大仏再開眼と同じ月の同三年（八六一）三月、すでに入唐の勅許《ちょっきょ》を得ていたという。この記述には疑問が残るものの、親王が同年の六月には自分の寺である奈良の池辺院《ちへんいん》超昇寺《ちょうしょうじ》を出発して、八月には太宰府の外国使節接待所である「鴻臚館《こうろかん》」に到着したのは事実らしい。そして翌年七月に出港した親王一行は、遠値嘉島《とおつちかしま》（五島《ごとう》列島か）を経て明州《めいしゅう》（浙江省《せっこうしょう》）に上陸、その西の越州《えつしゅう》で多くの経本の書写を行った後、唐の都・長安《ちょうあん》に入る許可を得て、揚子江、淮河《わいが》を越え、泗州《ししゅう》、汴州《べんしゅう》、洛陽《らくよう》を経て、同六年（八六四）五月、長安に着いた。

親王は長安の西明寺《さいみょう》に逗留《とうりゅう》し、阿闍梨《あじゃり》（高僧）に教えを乞うたが満足な結果を得られず、同七年十月、長安をたって広州から天竺をめざしたという。興房は、同六年十月に親王の命で揚州《ようしゅう》へ遣わされ、のちに帰国を命じられたので、その後の一行の運命には立ち会っていない。

親王が長安を出発してから一六年後の元慶五年（八八一）十月、唐に求法留学中の僧・中瓘《ちゅうかん》から、思いがけぬ親王の最期が伝えられた。それによると、親王は「流沙《りゅうさ》（中国の西北方の砂漠地帯）を度《わた》（渡）らん」として果たせず、「羅越《らえつ》国」（マレー半島南部）からの風聞では、同地の「逆旅《げきりょ》（旅の宿）に遷化（死去）」したという。親王の死は貞観七年中のことと推定されている。なお、親王の最期については、『閑居友』や『撰集抄』に記された「虎に喰われた」という説が広く信じられ、『大日本史』等にもそう書かれている。もとより事実無根とされるが、澁澤龍彦の幻想的な小説では、親王の最期はこの「虎害伝説」によって描かれている。

〔参考〕

・『頭陀親王入唐略記』、杉本直治郎『真如親王伝研究』吉川弘文館、一九六五年
・佐伯有清『高丘親王入唐記——廃太子と虎害伝説の真相』吉川弘文館、二〇〇二年

宮中の講義に登場した偽書！『先代旧事本紀』の捏造の目的

中世から近世にかけて、『古事記』や『日本書紀』と並ぶ、否、それらに先行する古代史書として重視されていた書物に『先代旧事本紀《せんだいくじほんぎ》』（『旧事紀《くじき》』）全一〇巻がある。今日では、この本は十世紀初頭に捏造された「偽書」とされているが、かつてはこの本は聖徳太子が推古《すいこ》二十八年（六二〇）に撰録した、『古事記』より九十二年も古い日本最古の書物と信じられていたのである。

この本が初めて記録に現れるのは、宮中における「日本紀講《ぎこう》（講筵《えん》）」の記録中である。これは、九世紀前半から十世紀後半にかけてほぼ三〇年に一回開催された、『日本書紀（日本紀）』についての講義・読書会で、『先代旧事本紀』に触れたのは、延喜《えんぎ》四年（九〇四）開講または承平《じようへい》六年（九三六）開講の回だという。

津田博幸「日本紀講と偽書」、斎藤英喜「『先代旧事本紀』の成立」を参考に、この「日本紀講」とは如何なるものであったかを簡単に述べておくと、平安時代の初期、多くの氏族による、自分たちの正統性を主張する様々な偽文書が乱作されたことがあったらしい。そこで、『古事記』や『日本書紀』といった「旧記」を学び直すことの必要が叫ばれ、『日本書紀』の〝正しい読み方〟を示す意味から「日本紀講」が始められたのである。

その運営は、斎藤によれば大学寮の儒学者たちが中心となり、神祇官らはまったく参加しなかったという。そして「日本紀講」では、漢文で書かれた『日本書紀』の本文の〝正しい〟訓読法《よみかた》と解釈が提示されたが、訓読法も解釈も、主宰者側の意向を反映したはなはだ恣意的なもので、もはや『日本書紀』という原テキストとは別の内容をもつ、「平安日本紀」と呼ばれる、ひとつの新しい「書物」のようなものになってしまった。さらに、「日本紀講」では、『日本書紀』を都合良く解釈する必要性から、本来の『古事記』や『日本書紀』には無い内容の書かれた〝史料〟や〝文献〟の必要性が生じてきた。『先代旧事本紀』が出現するのは、まさにそういった条件の下でのことであった。かくて十世紀の「日本紀講」では、博士・矢田部公望《きんもち》によって、『先代旧事本紀』の記述にもとづく『日本書紀』の読解が行われるにいたる。偽書封じのための「日本紀講」は、逆に偽書を導き寄せてしまったことになる。

さて、鎌田純一『先代舊事本紀の研究　校本の部』を見ると、実はこの本の主要部分が、『古事記』、『日本書紀』、『古語拾遺《こごしゅうい》』をコマ切れにして、パッチワークのようにつなぎ合わせたものであることが一目でわかる。

例えば『先代旧事本紀』の巻第三「天神本紀」に次のような箇所がある。

「高皇産霊尊《たかみむすびのみこと》　八百万《やほよろず》　神を天八湍河《あめのやすかは》の川原に召集《めしつど》へて、而《しかし》て思兼神《おもひかねのかみ》に問たまふに、「天照太神《あまてらすおほみかみ》詔《みことのり》を以《も》て曰《のたま》はく『此葦原中国《あしはらのなかつくに》は我御子《あがみこ》知可国《しらすへきくに》なり』と詔《のりこち》　賜国《たまふくに》なり而《しかる》に吾以為《あれおもふ》に多《さは》に道速振荒振国神《ちはやふるあらふるくにつかみ》あり。復《また》、磐根《いはね》木株草《このもとくさ》の垣葉《かきは》猶能《なほよ》く言語《ものいふこと》あり。夜は熛螢火若《ほべりのごとく》して喧響《なりとよ》み、昼は如五月蝿《さばへなし》て沸騰《わきあ》ぐ今、葦原中国の邪鬼《あしきもの》を撥平令《はらひむけしむ》と欲《おも》ふ、当《まさ》に誰を遣《また》さば宣《よから》む。是《これ》、何神《いづれのかみ》を使遣将《またしもち》い言趣《ことむけ》せむ……」」（大野七三『先代舊事本紀訓註』による）

この部分を、鎌田の書によって見ると、冒頭から「川原に召集て」あたりが『古語拾遺』、「思兼神」から「道速振荒振国神あり」が『古事記』、「磐根木株草」から「当に誰を遣さば宣む」が『日本書紀』、「是、何神を」以後は再び『古事記』からのそれぞれ引用ということになる。

が、それらの「種本《たね》」との共通部分を見て、人々はむしろ、それらの書物こそ『先代旧事本紀』を見て書かれたと思い、この本が「最古の書」との思いを強めたようだ。

さらに、津田の「聖徳太子と『先代旧事本紀』」によると、『日本書紀』の冒頭部分をアレンジしたことが明白な『先代旧事本紀』の冒頭は、難解な『日本書紀』の文章を、いかにも読者の疑問を解消させるようなかたちで明快に作り変えているという。それがまた、人々に「さすが天才・聖徳太子の文章だ」と思わせたらしい。
　では、何のためにこのような書物が作られたのか？　神野《こうの》志《し》隆光《たかみつ》は『古事記と日本書紀』などで、「神話の一元化」という言い方をしている。手短にいえば、必ずしもひとつの系譜の中に収まりきらない『日本書紀』の神々の「多元的」な物語を、「万世一系」の神＝天皇という「一元的」な物語に作り変えようとしたわけだ。例えば、『日本書紀』では所属不明の神「饒速日尊《ニギハヤヒノミコト》」は、『先代旧事本紀』では「天照太神《アマテラスオホミカミ》」の孫で「瓊瓊《ニニ》杵《ギノ》尊」の兄とされ、天皇家とその先祖とされる神々の「万世一系」の系図に取りこまれる。そして、実は宮中での「日本紀講」もまた、同じ方向性で『日本書紀』を「こう読め」と指導する意図を秘めていたのである。なお、物部《もののべ》氏の別格扱いも、『先代旧事本紀』の特徴のひとつである。

〔参考〕

・『神道大系　古典編8　先代旧事本紀』（原文）神道大系編纂会、一九八〇年
・大野七三編著『先代舊事本紀訓註』意富之舎《いほのや》（発売・新人物往来社）、一九八九年
・鎌田純一『先代舊事本紀の研究　校本の部』・『同　研究の部』吉川弘文館、一九六〇、六二年
・津田博幸「日本紀講と偽書」、『別冊歴史読本77　徹底検証古史古伝と偽書の謎』（29巻9号）新人物往来社、二〇〇四年
・同「聖徳太子と『先代旧事本紀』」、古代文学会編『祭儀と言説』森話社、一九九九年
・斎藤英喜「『先代旧事本紀』の成立」、『別冊歴史読本77』（既出）
・神野志隆光『古事記と日本書紀――「天皇神話」の歴史』（講談社現代新書）講談社、一九九九年
・上田正昭・鎌田純一『日本の神々――『先代旧事本紀』の復権』大和書房、二〇〇四年

超人・空海の〝奇蹟〟が総登場！『金剛峯寺建立修行縁起』と山人

弘法大師すなわち空海（七七四〜八三五）は、聖徳太子と並ぶ日本史上のスーパースターといってもいいだろう。その著述をはじめ、宗教者、思想者としての現実的な業績はもとより、庶民の許を人知れず訪れ、超人的な力を発揮して人々を救うといった、彼にまつわる伝承は、日本全国に残っている。また今日まで、空海を信仰する人々によって信じられてきた伝記には、多くの「奇蹟」が含まれる。

民俗学的な視点を取り入れた仏教史の第一人者だった五来重《ごらいしげる》の遺稿集『空海の足跡』によると、約六五〇種ある空海の伝記に超人的な奇蹟の記述が登場するのは、彼の死（入滅《にゅうめつ》）後数十年以上経ってからだという。中でも、入滅後一三四年の安和《あんな》元年（＝康保五年、九六八）に、僧・親教《しんきょう》あるいは仁《じん》海《かい》によって書かれたといわれる『金剛峯寺建立修行縁起《こんごうぶじこんりゅうしゅぎょうえんぎ》』には、弘法大師は入滅後も永遠に生き続けているとする「入定《にゅうじょう》説」が初めて現れるほか、「神泉苑祈雨《しんせんえんきう》」などその後の超人的空海伝の〝定番〟となる奇蹟がほぼ出そろう。

この『縁起』は、その名のとおり、空海が高野山に金剛峯寺を建てた経緯を述べたものだが、冒頭から空海の母親は「天竺《てんじく》の聖人が胎中《たいちゅう》に入り来るを夢見て」空海を妊《みごも》ったとか、五〜六歳の空海は「八葉《はちよう》の蓮花《れんげ》の中に坐して諸仏とともに語らう」夢を見たが、それを父母には内緒にしていた、など神秘的な記述が続出する。そして天長《てんちょう》元年（八二四）には、天皇の勅《みことのり》により、空海が神泉苑で雨乞いのための読経をしたところ、「長さ八寸ばかりの金色の龍王が九尺ばかりの蛇の（頭の）頂《いただき》に」のって現れたが、それは天竺の无熱池《むねっち》（無熱悩池《のうち》）の善女《ぜんにょ》龍王だったという、すでに寛平《かんぴょう》七年（八九五）成立の『贈大僧正《だいそうじょう》空海和上《わじょう》伝記』に見られる奇蹟が語られる。

以上の記事や、入滅後も「お大師様」は生きていて、いつどこへでも現れて信者の困難を救うという信仰のもとになった「入定説」は、空海の口述した遺言書とされる「御遺告《ごゆいごう》」の中にそっくり収められた。なお、数種ある「御遺告」について、五来は空海の入滅から一五〇年後前後に創作されたものと推測している。

一方、五来は『縁起』は「高野山の山岳宗教をささえた山人《やまびと》集団の縁起」ではないかといい、神秘的記述を含みながら、「辺地《へじ》修行」に励む山岳修行者という、空海の実像の一面を伝えているのではないかとする。一見荒唐無稽な「入定説」も、苦行により不死となり衆生《しゅじょう》を救う意味で、役小角《えんのおづの》のような山岳宗教者の発想に通じているわけだ。

伝説の中に埋没してしまっているかのような空海の生涯だが、その〝実像〟を伝えていると思われる文書は、『続日本後紀』の「空海卒伝」（「大僧都空海伝」）と、空海自身の手になる『三教指帰《ごうしいき》』、『性霊《しょうりょう》集』だと五来は言う。そして、これら信ずべき文書が伝える空海は、数え三十一歳まで、得度も受戒もせず、俗人のまま山林修行を行う「優婆塞《うばそく》」だったことがわかる。だが、空海の入滅後、「大僧正」の位を追贈され、教団の祖として崇められるようになると、この当時の僧侶としては異常な履歴は、ごく〝常識的〟なものに書き換えられて後世に定着してゆくのである。すなわち、この『縁起』に記された、延暦十二年（七九三）数え二十歳で得度、同十四年（七九五）二十二歳で受戒というのがそれである。

〔参考〕

・『金剛峯寺建立修行縁起』（原本覆刻）、『天理図書館善本叢書和書之部16　古楽書遺珠』八木書店、一九七四年
・同、『続群書類従28上　釈家部』続群書類従完成会、一九二四年
・五来重『空海の足跡』（角川選書）角川書店、一九九四年

放浪の芸人に〝自由〟を見た大知識人・大江匡房の『傀儡子記』

平安後期の京都の街頭には、大道芸人たちや彼らを見物する庶民の、一種猥雑《わいざつ》と好奇の入り交じったにぎわいがあったことは、例えば藤原明衡《ふじわらのあきひら》の『新猿楽記《さるがくき》』に活写されている。『新猿楽記』に登場する芸人たちには、呪師《しゅし》はしり、侏儒舞《ひきひとまい》、田楽《でんがく》や、大陸から渡ってきた手品などと並んで「傀儡子《くぐつまわし》」の名が見られる。

「傀儡子《くぐつし》」とは、字義どおりに解釈すれば操り人形（傀儡）による見世物を行う人々ということになるが、それだけでは説明し尽くせない。当時の大知識人・大江匡房《おおえのまさふさ》（一〇四一〜一一一一）は『傀《かい》儡子記《らいしき》』の中で彼らをこう描く（要約）。

「傀儡子は定った住居がなく、テントを持参して水草を追って移動してあるく。男は弓馬をつかって狩猟し、弄剣《ろうけん》の伎《わざ》をみせ、木人《にんぎょう》を舞わし、手品をしてみせる。女は厚化粧して淫《みだ》らな歌をうたう。彼らの生活は不安定であるが、税金から免れているのがこたえられないところ。夜は百神を祭って、はげしいダンスに興ずる」（川口久雄抄訳、人物叢書『大江匡房』より）

原文（漢文）はわずか三二〇字余りの短いものであり、平安後期の様々な人々の詩文を集めた『朝

野群載』に『遊女記《ゆうじょのき》』と共に収録されている。貴族階級としての著者の視点の制約や、好奇心からくる神秘化のにおいは否定できないが、「傀儡子」という都の普通の住人とも農民とも異なる生き方をする人々を、かなり冷静に観察し、その存在の不思議さと奇妙な魅力をよく伝えている。

また、ここに記された「傀儡子」の生き方には、今日の視点から見ると、西洋のロマニー民族（ジプシー）や朝鮮半島の「楊水尺《ようすいせき》」と呼ばれた人々などを非常に強く連想させるものがあることは事実だ。しかし、南方熊楠《みなかたくまぐす》が柳田國男への書簡の中で戒めたように、ロマニー民族などと日本の「傀儡子」とのルーツを短絡的に関連づけることには慎重であるべきだろう。匡房自身、「傀儡子」の生き方が「頗《すこぶ》る北狄《ほくてき》の俗《ならい》に類《に》たり」などと綴っているが、漢文的な教養のせいで筆がついロマンティシズムに流された、と見られている。

なお、大江匡房は、代々学者・文人の家系に生まれ、有職故実《ゆうそくこじつ》家として朝廷に重用される一方、漢詩人や歌人としても名をなし、知識人としての成功者であると同時に、「大宰権帥《だざいのごんのそち》」を二度務めるなど官僚としての出世も果たした。

そんな匡房が、同時に庶民や「傀儡子」のような「社会外社会」の人々に強い興味を示したのは面白い。『傀儡子記』と同時期の寛治《かんじ》年間（一〇八七〜九四）頃の作と思われる『遊女記』の中でも、匡房は「遊女《あそびめ》」をたたえこそすれ卑賤《ひせん》視はしていない。『傀儡子記』の記述にも、彼らが生活の不安定さと引き換えに持つ自由さへの賞讃さえ感じられるのだ。

右の引用では略されているが、匡房は「傀儡子」の女たちが、事実上「遊女」と同じ生き方をしていたことを明らかにしている。つまり、『傀儡子記』と『遊女記』は背中合わせになっているのだ。そして「遊女」としての「傀儡女《くぐつめ》」は、脇田晴子が詳しく述べているように、「今様」を謡って後白河院の『梁塵秘抄』編纂に協力する、といったような芸能者でもあった。

そんな「傀儡子」の「遊女」的側面は、操り人形師としての大道芸人とどのようにつながるのだろうか？　深沢徹が提起したように、「遊女」としての「傀儡女」自身が弄ばれる「人形《ドール》」と見るべきなのであろうか？　ちなみに、『遊女記』には、遊女たちが各自「百太夫」という木彫りの守護神の人形を所持していたとあるが、これは『傀儡子記』の「百神」と同じものであるという。

短いながら、限り無い深読みの余地を残す、『傀儡子記』はそんな文章である。

〔参考〕
・大曾根章介校注『傀儡子記』『遊女記』、『日本思想大系8　古代政治社会思想』岩波書店、一九七九年
・川口久雄『大江匡房』（人物叢書）吉川弘文館、一九六八年
・脇田晴子『女性芸能の源流』（角川選書）角川書店、二〇〇一年
・深沢徹「大江匡房著『傀儡子記』を〈読む〉」、『音と映像と文字による〔大系〕日本歴史と芸能11　形代・傀儡・人形』平凡社、一九九一年
・西田長男・鈴鹿千代乃「傀儡子舞い」、『講座日本の古代信仰5　呪禱と芸能』学生社、一九八〇年

「うがいの回数は六度なり！」『中外抄』に見る貴族のマナー

久安《きゅうあん》五年（一一四九）三月五日の朝、さきの関白、藤原忠実《ふじわらのただざね》（一〇七八～一一六二）は、かたわらに控える中原師元《なかはらのもろもと》（一一〇九～七五）に向かって、手水《ちょうず》を使いながら語りかけた。

「うがゐする数は知りたりや?」

天皇に奏覧に入れる文書の下見役である「内覧《ないらん》」の忠実は、当時七十二歳。摂関家の長として、息子で現・関白の忠通《ただみち》とライバル関係にある。一方、太政官《だじょうかん》の下の文書・儀式係で、詔勅《しょうちょく》の文案に手を入れたりする「大外記《だいげき》」の地位にあった師元は当時四十一歳で、保延《ほうえん》三年（一一三七）一月五日以来、藤原氏の〝ドン〟である忠実の発言を筆録している。

それにしても、うがいをする回数に正しい決まりなぞあるのだろうか？　おぼつかない返事をした師元に、忠実は「六度するなり」と自信ありげに教え、それは「六根《ろっこん》」（目、耳、鼻、口または舌、身、意の六つの感覚・器官）を清めるためだが、ある僧は四度でいいといっている、お前はなぜだと思うかと、再び問うた。

師元、今度は「六根の内、穴は四つなり。目・口・鼻・耳なり」、その点から考えると、六根のうちの穴の四根を清める、ということで四度なのでは、とそつのない返事を返すことができた。忠実は、これに満足したのか、自分は若い頃から六度だから、今も六度するのだ、といって話題を打ち切っている。

師元が筆録した、この忠実の発言集は、久寿《きゅうじゅ》元年（一一五四）十一月六日までの足かけ一八年分が『中外抄《ちゅうがいしょう》』全二巻として今に伝わっている。その中には、御所の内外や公卿の社会での作法や賢い身の処し方、忠実が祖父の師実《もろざね》らから伝え聞かされた過去の例や、今はすたれた旧習、ゴシップや風聞など、院政下の男性貴族たちの、社会生活上の公的な関心事が列挙されている。

例えば、宮中における礼装の着こなしのマナーと、それをわきまえぬ失敗例、官位の昇進のお祝いをいいに行った先に服喪中の人がいる場合のマナー、鰯《いわし》は体にいい食べ物だが天子の食膳にはそなえぬことになっているなど。興味深いのは、詳しい日記は無益で、他人の失敗を書いてはならず、「ただ公事《くじ》（宮廷行事）をうるはしく書くべき」だと忠実が述べていることで、彼にとって日記とは、自分の心情や事件を記すものでなく、しきたりを滞りなくこなす参考にする「先例集」だったようだ。

ちなみに、忠実は保元《ほうげん》元年（一一五六）の「保元の乱」で失脚、幽閉されるが、不遇な晩年の発言は高階仲行が筆録した『富家語《ふけご》（談）』に収録されている。

前述のような忠実の考え方からもわかるように、『中外抄』も『富家語』も物語集や文学作品を意図して記されたものではなかった。にもかかわらず、この二書の中の貴族社会のエピソードは、『古事談』に引用されたり、『宇治拾遺物語』その他の説話集に素材を提供することになった。二書が「説話の源泉」（田中宗博「『中外抄』『富家語』の世界」）と見做されるゆえんである。

面白いのは、『中外抄』には卑猥とも言える忠実の言行も記されているのに対し、『富家語』には、そういった記述が見られないことである。そこに、師元と仲行という二人の筆者と忠実の主従関係の質の違い、あるいは二人の筆者の記録姿勢の違い、忠実の心理状態の違いなどが透けて見えるようである。

〔参考〕
・山根對助・池上洵一校注『中外抄』『富家語』、『新日本古典文学大系32』岩波書店、一九九七年
・田中宗博「『中外抄』『富家語』の世界」、『説話講座4　説話集の世界』勉誠出版、一九九二年
・元木泰雄『藤原忠実』（人物叢書）吉川弘文館、二〇〇〇年

あの〝絶世の美女〟の末路を描く『玉造小町子壮衰書』と小野小町伝承

ある日のこと、そぞろ歩きの途中で、「予《われ》」（わたし）は一人の女人《にょにん》に出会った。女人といっても、その姿は次のようだった。（栃尾《とちお》武《たけし》の訓訳をもとに引用者よみ下す）

「容貌《かおいろ》は顦顇《かじ》け（痩《や》せ衰え）／身躰《すがた》は疲痩《つかれや》せ／頭《こうべ》（髪）は霜蓬《そうほう》（霜枯《しもが》れた蓬《よもぎ》）の如《ごと》く／膚《はだえ》は凍梨《とうり》（凍《こお》りしなびた梨《なし》の実）に似て／骨は竦《そばだ》ち（とび出て）筋は抗《あが》り（浮き出し）／面《おもて》（顔）は黒く歯は黄ばみ／裸形《あかはだか》にして衣《きもの》無く／徒跣《つるはぎ》（はだし）にして履《はきもの》無く／声《こえ》は振《ふる》ひ（ふるえ）て言《ものい》ふこと能《あた》はず／足は蹇《な》へ（萎《な》え）て歩むこと能はず／糇糧《こうりょう》（食物）は已《すで》に尽き／朝夕《ちょうせき》の飡《さん》（食事）も支へ難《がた》し。／糠粃《ぬかしいな》（糠や未熟な米）も悉《ことごと》く畢《お》へ（底をつき）／旦暮《たんぼ》の命（その日を生き延びること）も知らず」

　まさにこれでもかという老醜と零落の姿をさらすこの〝ホームレス〟の老婆に、語り手である「予」は、「汝《なんじ》は何《いず》れの郷《さと》の人ぞ、誰が家の子ぞ」、そして家族や肉親はおらぬのか？　と質問する。それに答えて、老婆は、かつて美貌を誇り、貴人にもてはやされ、贅沢な暮らしを送り、王妃にという声もあったが、両親や兄弟の死とともに没落し、財産も誇りも失って、今は死後の成仏だけを願う身であることを、切々とものがたる。

　というのが、十世紀の末から十一世紀にかけて成立したらしい、漢詩文による物語『玉造小町子《たまつくりこまちし》壮《そう》衰書《すいしょ》』前半のあらすじだが、この老婆＝玉造小町こそ、あの絶世の美女とされる小野小町の末路であるという説と、そうでないという説とが、物語の成立後まもない時代から存在した。その結着は、今もつかず、たぶん将来もつかぬものと思われるが、なぜかこの老婆こそ小野小町とる見方のほうが、古来広く受けいれられてきたことも事実である。そもそも、小野小町という女性の実像は、有名なわりにほとんど解明されていない。また、この物語の「予」を空海ととらえ、物語の作者は空海とする説もあるが、妄説とされる。

　ただ、この物語が、驕慢《きょうまん》や浪費や愛慾に耽る者の末路を戒めた仏教的な教訓のための物語であることは確かで、物語後半で「予」は老婆の極楽浄土への往生を謳いあげる。

しかし、「女性」という性への偏見か「美形」への嫉妬か、小野小町は、その後もイメージ上、生け贄《にえ》のように扱われてきた。例えば、中世に仏教の教訓用に普及した、人の死後の肉体の変化をリアルに描く「九相図《くそうず》」の腐乱《ふらん》死体のモデルは、しばしば彼女とされてきた。また、老残の小町というキャラクターは、三島由紀夫『卒塔婆《そとば》小町』、太田省吾『小町風伝』などに受け継がれている。

なお、東国に下った在原業平が陸奥の八十《やそ》島で、野ざらしとなって眼から薄《すすき》が生えた小町の髑髏が「秋風の　吹くにつけても　あなめあなめ」と歌うのに出あい、「をの（小野）とはいはじ　薄生ひたり」と下の句をつけてやったというエピソードは、大江匡房『江家次第』や鴨長明『無名抄』に記されているが、小野小町が東北地方で死んだとする伝承は数多い。中でも、秋田県南部の雄勝町は小町伝承の〝メッカ〟とまで言われるが、それは、江戸初期以来、地元の俳人や文人たちが行った「郷土愛にもとづく宣伝が功を奏し」た結果であると、錦仁は『浮遊する小野小町』で述べている。

〔参考〕
・杤尾武校注『玉造小町子壮衰書』（岩波文庫）岩波書店、一九九四年
・池田彌三郎「小野小町」「小町と業平」、『池田彌三郎著作集6　伝承の人物像』角川書店、一九七九年
・錦仁『浮遊する小野小町』笠間書院、二〇〇一年

奥浄瑠璃『常盤御前鞍馬破』に見る東北人にとっての〝歴史物語〟

かつて、東北地方では、「奥浄瑠璃《おくじょうるり》」と呼ばれる語り物の芸能が広く行われていた。「仙台浄瑠璃」「御国《おくに》浄瑠璃」「御国節《ぶし》」などとも呼ばれたその演目は幅広く、西国《さいごく》や江戸から伝わった古浄瑠璃や説経節《せっきょう》を大胆にアレンジしたもの以外に、ローカルな伝承を浄瑠璃風に仕立てた台本《ほん》も用いられた。その中には、塩竈《しおがま》神社、早池峰《はやちね》山、岩木《いわき》山など、東北の信仰上の〝聖地〟をめぐる本地《じ》物や、坂上田村麻呂《さかのうえのたむらまろ》とアテルイの死闘、奥州藤原氏、秋田佐竹氏などをめぐる軍記物と並んで、何かとみちのくとのゆかりの深い源義経にちなんだ判官《ほうがん》物も少なくなかった。

ここに紹介する『常盤御前鞍馬破《ときわごぜんくらまやぶり》』もそんな判官物のひとつ。情人《おっと》・源義朝を討たれて平清盛の寵《ちょう》を受けた常盤御前が、七歳になった牛若君つまり源義経を「学文《がくもん》のためニ、鞍馬山え登《のぼら》せん」と思いたち、牛若本人も源氏に縁のある鞍馬での修行を望むことを知るが、万一、鞍馬山の「別当《べっとう》の知恵うすくしてハ為登《のぼらせ》たる迚《とて》も益《やく》もなし」と考え、息子を託すにたる高僧がいるか否かを確かめに、女人禁制の山の掟を破り、みずから鞍馬山に乗りこむ話である。

鞍馬の別当・東光阿闍利《とうこうあじゃり》（梨）は、常盤が鳴らした金（鐘）の音色で女人が入山したことをさとり、常盤を睨《にら》みつけて「此《この》山へ女参詣《さんけい》仕《つかまつ》れば、たちまち御山にくらやみ入、都ニらんけき（乱戟《らんげき》＝争乱）をこる也《なり》」と脅して退去を迫るが、常盤は「跡かたなき偽《いつわ》り」とこれを一蹴、剣で「八つさきニせん」といわれれば、鞍馬は大慈大悲《だいじだいひ》の霊山のはずだが、「人の命をとらんとハ、慈悲の山ニハあらすして、殺生《せっしょう》の山ニハきわまりたり」と斬り返す。

その後も、「月に一度の障《さわり》」や「女三つの家なし」といわれることを理由に、女人の不浄を説く阿闍利に対し、常盤は一歩も退《ひ》かず、阿闍利を論破したうえで、自分の素姓をあかし、牛若を弟子にと申し出て逆に阿闍利を喜ばせ、女人参詣の許可も勝ちとった（「鞍馬破」とは、鞍馬山内の女人禁制戒を破る意）のである。

このストーリーは、古浄瑠璃『常盤物語』と重複しつつ、独自のものを含み、源義経（一一五九〜八九）十一歳頃とされる、鞍馬入山の史実とも喰い違っている。さらに、『常盤御前鞍馬破』の異本《バリエーション》とされるものの一つ『嘉応二年の春のころ』の末尾には、勝利を手に下山したはずの常盤が、鞍馬の別当を言い負かし、女人禁制戒を破った「つみとか（罪科）の因果」によって、のちに山賊に殺害されるという、荒唐無稽のエピソードがつけ加えられている。

だが、「史実」とは別のものであろうとも、つい半世紀前、第二次世界大戦の直後まで、「ボサマ（坊様）」や「イタコ」と呼ばれた盲目の法師や巫女《みこ》が東北弁で語る「奥浄瑠璃」によって、東北の人々が「歴史」を身近に所有しえたことはまぎれもない事実なのだ。

今日、「奥浄瑠璃」の伝承者は絶えてしまったが、かつての口演の記録によれば、「ローレン ローレン」という掛け声とともに、例えば

へさで、このごと／四方《よも》にかぐれなく広がり／帝《みかど》の耳まで入りたまい／帝こどのほが御心をいだめられ……（『田村三代記（初段）』、菊池敬一『北天鬼神』より）

などとみちのく方言の声色ゆたかに語られたという。この『常盤御前鞍馬破』もまた、そのような語られ方をしたのではなかろうか。

〔参考〕

・『常盤御前鞍馬破』『嘉応二年の春のころ』、阪口弘之編『奥浄瑠璃集　翻刻と解題』和泉書院、一九九四年
・阪口弘之「奥浄瑠璃」、『岩波講座歌舞伎・文楽7　浄瑠璃の誕生と古浄瑠璃』岩波書店、一九九八年
・菊池敬一『北天鬼神――阿弖流為・田村麻呂伝』岩手日報社出版部、一九九〇年

マレビトから仙人そして「太郎と乙姫」へ…「浦島」をめぐる物語の変容

浦島太郎の物語は、日本人に最も親しまれている伝承物語のひとつだが、その性格は時代によってかなり変化している。浦島伝承の原型は、いずれも八世紀に成立した『日本書紀』『万葉集』『丹後国風土記』（逸文）の中に見られるが、このうち、『日本書紀』には雄略《ゆうりやく》天皇二十二年（四七八）の七月に、「丹波国の余社郡管川《よざのこおりつつかわ》の人瑞江《みずのえ》の浦島の子」が海に出て、釣り上げた大亀が化身した「女《をみな》」と契りをかわし、「相逐《あいしたが》ひて海に入り、蓬萊山《とこよのくに》に到《いた》」ったと記されている。

勅撰《ちょくせん》の正史に、丹波の一住人「浦島の子」が海中に消えたことが、あたかも社会的な大事件のように記録されていることに異様の感をおぼえるが、さらに同じく勅撰の正史『日本後紀《こうき》』には、それから三四七年後の淳和《じゅんな》天皇の御世《みよ》、天長《てんちょう》二年（八二五）の出来事として「浦島子帰郷」を伝えているのである。このあたりからすると、浦島伝承には単なる「お話」以上の背景がありそうだ。

桂芳久は、論考「浦島伝承の原型を探る」の中で、「ウラシマコ」とは、占いを専門とする海人族系の「日置部《へき》」の集落の一員であり、特に選ばれて「たなばた」の儀礼を行ったのであろうと推定している。ここに言う「たなばた」とは、中国の織女星と牽牛星の星祭り「乞巧奠《きっこうてん》」の影響を強く受けた平安以後のそれではなく、七月六日の夜から翌朝にかけて、選ばれた「をとめ」が、選ばれた「をとこ」を迎えて媾合《まぐわい》するという秘儀である。すなわち、「浦島子《うらしまこ》」こそ「まれびと」として「をとめ」に迎えられる「をとこ」であり、「をとこ」は太陽神、「をとめ」は水神の役を負うのである、と。

さらには、「浦島子」入海の二月《ふたつき》後の九月、雄略天皇の夢にもとづき、丹波から伊勢へ豊受大神の遷座が行われたが、この遷座には「たなばた」の儀礼とパラレルなものがよみとれ、豊受大神の故地である丹波における「浦島子」入海の記述は、この遷座と何か関係がありそうだ、という。

平安時代になると、『浦島子伝』とか『続浦島子伝記』と称するものが幾つか現れる。重松明久《しげまつあきひさ》の『浦島子傳』によれば、このうち『群書類従《ぐんしょるいじゅう》』に収められた『浦島子伝』は、十一～十二世紀の成立らしい。

さて、平安時代の浦島の物語を見てみると、「丹後（旧丹波）国水江《みずのえ》浦島子」が海に出て、釣り上げた亀が「仙女《ひじりをとめ》」に変身するところまでは、『日本書紀』と同じだが、「仙女」の美しさは「楊妃《ようひ》西《せい》施《し》」にたとえられる。楊妃（楊貴妃）も西施も中国の美女だが、日本で楊貴妃が美女のたとえに用いられだすのは、十一世紀初頭成立の『源氏物語』以後のこととされる。

また、「仙女」と「浦島子」は、それぞれ「天仙《あまつひじり》」と「地仙《くにつひじり》」という仙人どうしで、二人は「仙女」の実家の「蓬莱仙宮《とこよのひじりのみや》」で暮らすが、「浦島子」は「金丹」などの仙薬を服用して若さを保つ、といった具合。かくのごとく、平安時代の浦島の物語は、中国の道教的神仙思想の影響を色濃く受け、もはや、「浦島子」本来の儀礼的役割など霞んでいる。

さらに、今日一般的な「浦島太郎」と「乙姫《おとひめ》」の「竜宮城」を舞台にした物語の出現は、室町時代以後のことである。

〔参考〕

・『浦島子伝』『続浦島子伝』（原文）、『群書類従9』続群書類従完成会、一九三二年
・『浦島子伝』『続浦島子伝』（原文、訓読）その他、重松明久『浦島子傳』（続日本古典全集）現代思潮社、一九八一年

・桂芳久「浦島伝承の原型を探る」、『水と火の伝承――古代日本文芸文化試論』三弥井書店、一九七八年

あの大学者が手がけた〝源平ポルノ絵巻〟・『はつはな』の刊行目的

平清盛と常盤《ときわ》御前、藤原定家《ふじわらのさだいえ》と式子内親王《しきしないしんのう》など、歴史上の有名人たちの男女関係を噂することを近世の人々は非常に好んだ。そうした伝説的スキャンダルの〝定番〟として、壇ノ浦で入水《じゅすい》しながら敵軍に救われた建礼門院徳子《けんれいもんいんとくこ》と、源氏の大将・義経との情事があった。

もとより確たる根拠のない風説にすぎないのだが、二人の情事をにおわせる記述は、すでに『源平盛衰記』に見え、近世の『大日本史』では「大原御幸《おおはらごこう》」のくだりにも憶測《おくそく》を誘うコメントがあって、かなり広く信じられたもののようである。この情事は川柳、戯作《げさく》から落語の題材にまで取り上げられたが、それらのうち、今日最もよく知られているものは、『壇ノ浦夜合戦』などいくつかの題名で呼ばれる春本であろう。

これは明治時代になってから、少部数の地下出版といったかたちで世間の眼から隠れながらも、かなり広く読まれたもので、原文は漢文、作は漢詩人の頼山陽《らいさんよう》といわれるが、疑わしい。ほかに擬古《ぎこ》文の和文調のものなどバリエーションも多く、題名も『一読三嘆基本戦術《いちどくさんたん》』などという、兵書を思わせるものなど様々である。しかし、「壇ノ浦もの」は、純国産ポルノグラフィーとしては、『四畳半襖《よじょうふすま》ノ下張《したばり》』などとともに、すでに古典的地位を占めているといえよう。

そんな「壇ノ浦もの」のルーツをたどってゆくと、文政《ぶんせい》の初年（一八一八）頃成立した『はつはな』という擬古文調の仮名で書かれた絵物語にたどりつく。その作者は、何と『群書類従《ぐんしょるいじゅう》』の編者と

して知られる塙保己一《はなわほきいち》で、林美一《よしかず》『江戸艶本《えほん》を読む』によると、彼は建久《けんきゅう》八年（一一九七）頃成立した『平太后快話《たいらのきさき》』なる春本をもとに、本文を練り直し、門人の屋代弘賢《やしろひろかた》や絵師・喜多武清《きたぶせい》に手伝わせて、これを極彩色の豪華な木版摺《もくはんずり》絵巻に仕立てさせたという。林の推測では、これは『群書類従』完成にさいし、その刊行援助者への贈答用に制作した限定私家版ではなかったかという。

さて、片や満で言えば三十一歳という女盛りの、夫（高倉《たかくら》上皇）と死別した、囚われの高貴な未亡人、片や男ばかりの陣中で血なまぐさい毎日を送る二十七歳の坂東武者というとり合わせは、エロティックな物語のヒロイン、ヒーローとしてはあまりにもかっこうの条件をそろえている。

「いまは心魂《たましひ》もなきやうにて、物もわきまへ侍《はべ》らず。さばれ御罰《ばち》に当りて身の滅びんことは何ならず。せめて許しおはしませ」と、強引に胸もとに手をさし入れてくる判官（義経）に、当初は「御目を閉て恥らひ給」うていた女院は、やがて「陰陽相和《くは》」すうちに「御心ならずも大に御気をやり」、ついには「御はだへは大雨にあひたるごとく汗に濡れうるほひ、御陰液は羅幃《らき》（綺）にあふれみなぎるばかりよがりつゞけによがりたまひ前後不覚に取乱し給」うのであった（引用は右の林氏の著書より）。

そんな二人の情事を、流麗な和語を駆使した、風雅なポルノグラフィーに仕立てたのが、塙保己一という堅実そのものの盲目の大学者だったことはきわめて面白い。

〔参考〕

・林美一「壇の浦合戦秘話『はつはな』」、『江戸艶本を読む』新潮社、一九八七年

Ⅲ　鎌倉・南北朝

元祖〝判官贔屓〟と大陸進出！『成吉思汗ハ源義経也』の波紋

古来、日本人は非業の死をとげたはずの英雄的人物が実は生きていて、別人として活躍するといった物語が大好きである。そして、この手の物語の最大の主人公といえば、九郎判官源義経、つまり「判官贔屓《びいき》」の元祖であることは疑いない。文治《ぶんじ》五年（一一八九）に、奥州・衣川《ころもがわ》で自刃《じじん》したとされる源義経が、実際には逃げ延びたのではないかとの説は、徳川光圀《みつくに》が編纂した『大日本史』にも書かれている。

しかし、義経生存説を最も広め、今なお半信半疑のうちに人々の脳裏にとどめさせているのは、大正十三年（一九二四）に小谷部《おやべ》全一郎《ぜんいちろう》（一八六七〜一九四一）という人が出版した『成吉思汗《ジンギスカン》ハ源義経也《なり》』なる書物の影響力だろう。その主張するところは、題名からもすぐわかるとおり、衣川を脱出した義経は、蝦夷を経てシベリアに渡り、ついにはモンゴルにたどりついて王位につき、かのジンギス・カン（チンギス・ハン）となった、というものである。

お話としては大変面白いが、あまりにも途方もないこの説を、小谷部は大真面目で信じ、実証的に裏付けようとした。そのために、彼は陸軍の通訳官となって、ロシア革命にともなう「シベリア出兵」下の大陸へ渡り、モンゴル人の居住地域でのフィールドワークも熱心に行った。

今回、そうした彼の調査旅行の記述を読んでみたが、妄想的な大言壮語や現地の人々に対する尊大な発言に満ちているのではないかと思いきや、モンゴル人に対する彼の態度は、むしろきわめて謙虚であった。しかし、「源義経」は「ゲン・ギ・ケイ」と読むと、「ジン（ゼン）・ギ・ス」に容易に転訛するとか、モンゴル人の口碑《こうひ》に出てくる武将「クロー」とは「九郎判官＝義経」で、「ニロン」という国名は「日本」のことだとする小谷部の主張には、こじつけのにおいが漂っている。義経とジンギス・カンが同一人物であってほしい、と強く思いこむあまり、強引に無理な解釈を小谷部は与えている。

問題は、こうした彼の思いこみに、世間の側が非常に大きく反応したことだ。彼の本は学界に賛否両論を巻き起こしただけでなく、一般にも広く読まれ、学術書の体裁にもかかわらず、発売後一カ月で六版に達している。

さらに、この本への賛否両論の反響があまりに大きかったためだろう。出版翌年の大正十四年（一九二五）、小谷部は『成吉思汗は源義経也　著述の動機と再論』を出版、寄せられた疑問や反論への弁明、再反論を行うとともに、読者から寄せられた手紙のいくつかも公表している。その多くは激励だが、一般市民のほか、現役軍人や新聞記者、大杉栄殺害事件で服役中の甘粕正彦元憲兵大尉からのものまであり、当時のこの本の受け入れられ方をある程度うかがうことができる。一方、人類学者鳥居龍蔵からの厳しい批判文など、自説への反対意見も収録されている。

この他、小谷部には、青年時代、単身渡米した体験をボストンで出版した『ア・ジャパニーズ・ロビンソン・クルーソー』（一八九八）や、義経の愛妾静御前について、静は義経が大陸へ脱出したことを知らぬまま、武蔵国で世を去ったとする『静御前の生涯』（一九三〇）などの著書もある。

秋田の没落士族で、アイヌ民族への支援活動なども行った小谷部だが、彼のこの著作は、維新後半世紀を経た日本人のナショナリズムに訴え、結果的に「大陸進出」を肯定する素材となったことは否定できない。

〔参考〕

・小谷部全一郎『成吉思汗ハ源義経也』冨山房、一九二四年
・同『成吉思汗は源義経也　著述の動機と再論──反対論者に答ふ』同、一九二五年
・同、生田俊彦訳『ジャパニーズ・ロビンソン・クルーソー』皆美社、一九九一年
・長山靖生『偽史冒険世界』筑摩書房、一九九六年

後鳥羽上皇発案の触れこみ！　江戸期成立の『和論語』の作者

江戸時代のロングセラーのひとつに、『和《わ》論語』（『倭論語』）という書物がある。正式には「やまとろんご」と訓《よ》むこの書物は一〇巻からなり、各地の有名な神社に伝わる託宣や、歴代の天皇、皇族、公家、武家、高貴な女性や高僧らの著作や発言から価値あるものを拾い集めた「金言集《きんげんしゅう》」の体裁をとっている。

この本の「序」と、武家で歌人だった木下長嘯子《ちょうしょうし》（一五六九～一六四九）の手になるとされる「結語」に書かれたことを総合すると、本書は次のようにして成立したという。

まず、皇室に仕える学者の家柄である清原家では、神武天皇の御代から後鳥羽院の御代にいたるまで「世世のおきての神託」を代々記録していたが、それを門外不出にしてきた。しかるに、清原良業《よしなり》がこれを後鳥羽院にお目にかけたところ、院はことのほか喜ばれて「これ本朝《ほんちょう》の論語なり」といわれ、以後、天子から庶民まで「銘言《めいげん》」を書き加えていくようにと命じられ、その作業が続けられてきたのである、と。

本書の冒頭に置かれた「代々撰者次第」によれば、清原良業が後鳥羽院に奉った本書の原型を完成させたのは、承久《じょうきゅう》元年（一二一九）一月十八日で、その編纂作業は、少なくとも前年の建保《けんぽう》六年（一二一八）以前から行われてきたと見てよかろう。ところが、清原家の系図では、本書の初代編者とされる良業は、承元《しょうげん》四年（一二一〇）十月五日に、すでに世を去っているのである。

さらに、「代々撰者次第」には、本書が寛永《かんえい》五年（一六二八）八月十五日まで、四〇九年間にわたって増補作業が続けられたとして、さきの木下長嘯子ら一七人の撰者の名があるが、これにも信憑性はほとんどない。

ならば、『和論語』の真の作者は誰かといえば、それは近江国雄琴《おごと》の住人、沢田喜太郎源内《きたろうげんない》なる者で、本書の成立は寛文《かんぶん》九年（一六六九）頃らしい。思想史家・勝部真長《かつべみたけ》の『『和論語』の研究』によれば、沢田源内は系図や軍記の偽作者として知られ、非常な勉強家だが、原典から「俗耳《ぞくじ》に入りやすいポイントだけを探り出す、ダイジェストの能力の所有者」だったという。沢田は吉田派の「唯一神道」の信奉者だったらしく、神々の託宣を集めた「神明部」には比較的彼自身の思想がダイレクトに表れているらしい。「唯一神道」とは、神道という〝根幹〟に対し、儒教や仏教は〝花実枝葉〟と見る、「本地垂迹説」の逆をいく思想である。一方、歴史上の女性たちの語録である「貴女部」には、信仰に篤く、貞淑で忍耐強いという、道徳教育上の近世〝婦道〟のステロタイプというべき発言が並んでいる。沢田自身の女性観が滲み出たものとみられる。

結果的に『和論語』は、神道、仏教、儒教をほどほどにブレンドした内容になり、それは当時、最も公儀から喜ばれた無難で穏健な思想のものになった。ところが、勝部によれば、本書には、かすかにキリシタンの影響も混入しているようだという。しかし、その影響も表面上目立たぬよう紛らされて、本書は江戸の大衆徳育《とくいく》用の教科書として、石門心学からも利用されたのである。

〔参考〕
・『和論語』、勝部真長『「和論語」の研究』至文堂、一九七〇年

源頼朝の庶子が編者とされる史書『上記』にこめられた意図

「記紀」の記述とは異なる日本古代史を伝える書物、といわれるもののひとつに『上記《ウエツフミ》』（『上つ文』）がある。源頼朝の庶子といわれ、豊前・豊後（福岡県、大分県）の守護職だった大友能直《おおともよしなお》（一一七二〜一二二三）が、一五種の原史料にもとづいて編纂し、その死の年である貞応《じょうおう》二年（一二二三）に完成させたものだという。全四一綴（冊）からなるかなり膨大なもので、しかも全篇が「豊国《とよくに》文字」なる「神代《かみよ》の文字」で記されたこの書物は、一般人には近寄りがたく、神秘のベールに包まれると同時に、素姓のいかがわしい書物として疑惑の目で見られてきた。

そもそも、『上記』のもとになったという『高千穂大宮司家文《たかちほおおみやつかさいえふみ》』だの『豊前後老 家文《とよのさきしりおいのいえふみ》』だのという一五種類の史料は、ひとつとして現存せず、実在していたという証拠すらないのである。

その一方、『上記』には複数の異本や写本が存在し、そのあるものは江戸後期あたりまでは成立をさかのぼれるかもしれないという。そして、それらの周辺には、豊後の国学者や神道家の影が濃厚にちらつく。また、明治七年（一八七四）には、豊後の民間の国学者・幸松《さきまつ》葉《は》枝《え》尺《さか》（一八一一〜七七）が中央政府に写本を献じ、現在も幾つかの官庁の旧蔵書の中に『上記』が見られる。

肝心のこの本の内容だが、「記紀」が一代の神名として扱う「ウガヤフキアエズ」を、七十二代も

の「鵜茅朝《ウガヤ》」という王朝のこととし、各代の事件から社会生活までを延々と詳述している点が最大の特徴といえるだろう。

ここからは、筆者の個人的な見解だが、『上記』とは、明治維新直後、新政府の方針に対し何らかの意見（異見?）を持つ、九州地方の国粋的な民間知識人たちが、古史書に擬して既存の断片的な〝素材〟を編むか、創作した、一種の「建白書」ではなかっただろうか。

そう感じるのは、幸松葉やその協力者たちの『上記』の政府への売りこみ方が熱心すぎたせいもある。が、より顕著にそのことが感じられるのは、『上記』が、対馬、佐渡、南西諸島など、離島に関する記述を多く含み、「越《こし》の国にオルシ軍の来攻す」とか「朝鮮三族軍が対島《（ママ）》（さでより）を侵《おか》す」など、「国境」の防衛を意識した内容が眼につく点である。そもそも、『上記』には「恵美《えみ》の国」と呼ぶ北海道から、「種子《たたね》島《しま》南方《ひなた》百里《ももさと》の島々」、「中津《なかつ》国《くに》の端辺《はしべ》島《しま》」と呼ぶ南西諸島までという日本の「国境」や「海岸線」に対する強いこだわりが見られる。だが、そういった近代の日本のそれに近い国家的な境界《ボーダー》が明瞭に意識されたのは、一般には近世も末のことであり、ましてや『上記』の述べようとする超古代にそのようなものがあったとは考えにくい。

さらに、『上記』が「鵜茅朝」の天皇たちの、民生や殖産面の施策を詳述していることは、それらの方面への中央政府の政策の充実と改善を要求しているようにも見受けられる。同書の記述にある、「鵜茅朝」の天皇たちの国民の健康や体位向上のための施策は、明治近代国家の保健衛生と体育という国民目標に重なるし、「高天《たかま》が原の言語《ことゝゐ》を普《ま》及き給う」べく全国レベルでの「言語《ことのかたこと》教育に当る」というところは、ずばり「標準語」による国語教育を連想させる。

このように、『上記』には、「豊国文字」の問題などをまったく考慮に入れなくても、その中央への出現時期、すなわち明治初期の国家目標や社会的関心が濃厚に反映されているように思われるのだ。

それは、つまりこの書物が〝出現〟からそう遠くない時期に成立したことを示している。
『上記』を、なぜか九州から集中的に起きた、西南戦争にいたる新政府への主張運動の一環として見るのは、うがちすぎだろうか。

〔参考〕
・吉田八郎訳『完訳上つ記（上・下）』国政記者会横浜特別室、一九九一年
・田中勝也『上記研究』八幡書店、一九八八年

素材は偽書だが影響力は本物だった！　度会家行『類聚神祇本源』の力

伊勢神宮の外宮《げくう》、豊受《とようけ》大神宮の禰宜《ねぎ》の家系に生まれながら、権《ごん》禰宜として修行の身に甘んじてきた度会《わたらい》（村松）家行《いえゆき》（一二五六？〜一三五一？）が、晴れて正規の禰宜に任命されたのは、徳治《とくじ》元年（一三〇六）三月である。

思えば、家行の生きた時代は、日本史全体から見ても、彼が生まれ育った伊勢神宮にとっても、波瀾万丈の時代だった。二度の「元寇《げんこう》」のさい、伊勢神宮でも「蒙古《もうこ》降伏《ごうぶく》」祈願が行われたが、元軍敗退は、あの祈願が「神風」を吹かせたと信じた者も多かった。外国軍来襲の衝撃と鎌倉幕府への失望は、ナショナリズムと王政復古願望を呼びさまし、まもなく討幕と「建武中興《けんむのちゅうこう》」が起こる。その一方では、親鸞、日蓮らの「鎌倉新仏教」が人心を熱くとらえつつある。
そんなとき、伊勢神宮を頂点とする神道に、そこにこそ向かうはずの人々のナショナリズムや復古

的情熱の受け皿となるだけの力があったかといえば、そうともいえなかった。特に、理論体系化の点で、当時の神道は仏教に完全に遅れをとっていた。そういった状況への危機感は、伊勢神宮でも、内《ない》宮《くう》と比較して権威が低いと思われがちな外宮から強く起こった。

特に、外宮の祠官《しかん》だった度会一族の度会行忠《ゆきただ》は、後世「神道五部書《ごぶしょ》」と呼ばれる『天照坐伊勢《あまてらしますいせ》二所《にしょ》皇太神宮御鎮座次第記《こうたいじんぐうごちんざしだいき》』以下五種類の、伊勢神宮の祭神の由緒を明かした文書にもとづいて「伊勢神道」（度会神道）を体系化させた。実は、家行が当時定員一〇人だった豊受大神宮の禰宜になれたのは、その前年、嘉元《かげん》三年（一三〇五）の暮れに、禰宜の主席だった行忠が世を去って空席が生じたためだったのである。

ちなみに「神道五部書」の残る四書とは、『伊勢二所皇太神宮御鎮座伝記』、『豊受皇太神宮御鎮座本紀』、『造伊勢二所太神宮宝基本記』、『倭姫命世記』だが、これらは当時は別にワン・セットでは扱われておらず、「神道五部書」という名称は、近世になってから生まれ、山崎闇斎《あんさい》（一六一八〜八二）によって広められたものらしい。

元応《げんおう》二年（一三二〇）、家行は行忠の思想をさらに体系化させた大著『類聚神祇本源《るいじゅじんぎほんげん》』全一五巻を完成させる。その核心部分の素材には、無論、さきの「神道五部書」が使われていた。が、実は「五部書」はことごとく偽書で、一部は行忠の創作かもしれないとされているのである。

けれど、偽書を素材にはしていても、『類聚神祇本源』が歴史上持った影響力は本物であった。それは、「伊勢神道」の体系化や、北畠親房《きたばたけちかふさ》の『神皇正統記《じんのうしょうとうき》』に決定的影響を与えたためばかりではない。後に引く文中に見られる「或《あるい》は正直《せいちょく》を以《もつ》て清浄《じょうじょう》と為《な》し、或は一心不乱を以て清浄と為す」といった文言は、動乱の世にあって、直接行動を誘発するものではなかったか。そして家行自身、南朝側に立って二度も武装蜂起に加わったのだった。

さて、『類聚神祇本源』の「神道玄義篇」は、次のような問答形式になっている。

「問ふ。何《いか》なるをか清浄と謂ふ乎。

答ふ。其の品、一に非ず。或は正直を以て清浄と為し、或は一心不乱を以て清浄と為す。或は生を超え死を出づるを以て清浄と為し、或は六色の禁法（喪を弔ひ病を問はず、完《しし》を食はず、刑殺を判らず、罪人を決罰せず、音楽を作《な》さず、穢悪の事に預らずの六つの精進）を以て潔斎の初門と為すもの也」

「問ふ。天照太神、天磐戸を閉ざし、天下常闇と為るの義は如何。

答ふ。其の説に多くの趣有り。或書に曰はく、「天地開闢の時、清きものを以て天を定め、濁れるものを以て地を定む。浄きものを以て上と為し、穢きものを以て下と為してより以降、迷悟有り、差別有り。有无（無）の見を立て、法性法尓の道を亡ふ」と。情欲を発するに依りて、自性の光明を失ふ。彼の時節を以て天磐戸を閉づるの由、本紀に載する所也。然る後、三光（日月星）出現の時を以て、磐戸を開くの旨、之を勅す。又明无・明有相立つの儀、又常途の如くなるの儀も有り。兼ねて之を存ずべし。磐戸を開く時《とき》、鋳造る御鏡を、内宮の御体と秘し崇《あが》め奉《たてまつ》る所也」（大隅和雄訳、『日本思想大系19』より。振り仮名、送り仮名を平仮名に統一した）

なお、久保田収は、『中世神道の研究』の「伊勢神道の形成」の章において、家行らによって形成された初期「伊勢神道」の「本義」を、「神器と神勅を中核とする神国思想の発揚」としたが、その「神国思想」は、従来のような日本が「神の擁護のある国といふやうな」観念に止まらず、「神道と国家が一体であり、神明と天皇とが一体であり、神器と皇位が一体であることに思ひを寄せて、これを強調したもの」だと指摘している。末木文美士《すえきふみひこ》が『日本宗教史』でも指摘するように、古くからある「日本神国論」の内容は、時代によって大きく変化するのだが、度会家行は、「神国」の内容を、より皇室中心主義的な方向へと求心化させた人物と言えるだろう。

〔参考〕

・『類聚神祇本源』（漢文、全文）、『神道大系　論説編5』神道大系編纂会、一九九三年
・大隅和雄訳注『類聚神祇本源』（訓読、抄）、『日本思想大系19　中世神道論』岩波書店、一九七七年
・久保田収『中世神道の研究』神道史学会、一九五九年
・高橋美由紀『伊勢神道の成立と展開』大明堂、一九九四年
・末木文美士『日本宗教史』（岩波新書）岩波書店、二〇〇六年

「三種の神器」の正統性と「大元の神」の主張　「元弘の変」と『旧事本紀玄義』

元徳《げんとく》二年（一三三〇）三月二十六日、後醍醐天皇は、比叡山延暦寺に行幸した。叡山に学んだ天台宗の僧・慈遍《じへん》の著者『神懐論《しんかいろん》』について、伊勢神宮外宮の長官だった檜垣《ひがき》常昌《つねよし》から奏聞《そうもん》を受けたことに対し、天皇が綸言《りんげん》、すなわちお言葉を下さったのは、その前日のことである。

天台密教を学んで不《ふ》惑《わく》をとうに超え、『密法相承審論要抄《みっぽうそうじょうしんろんようしょう》』の著書も成した慈遍が、にわかに夢の中で「神勅《しんちょく》」を受けたのは、前年に「元徳」と改元された後だったという。「神勅」によって神道への回心《かいしん》をとげた慈遍は、自身が『豊葦原神風和記《とよあしはらじんぷうわき》』で語っているところによれば、「仏神の冥顕《みょうげん》の理《ことわ》り、真俗の興廃《こうはい》を明ら」かにするために、『神懐論』全三巻を書きあげたが、この本は残っていない。

慈遍その人の生涯は、正確な生没年を含め不明な点が多いが、学者・神道家の家系である卜部《うらべ》（吉田）氏の出身ということから、神道に接近する素地はもともとあったのかもしれない。『尊卑分脈《そんぴぶんみゃく》』

によれば、彼は吉田兼好《けんこう》の兄（弟説もあり）にあたり、兼好法師が『徒然草』を完成させたのは、ほぼ、冒頭の出来事のあった時期に重なっている。

さて、慈遍の著作に綸言を賜った後醍醐帝は、翌年の元弘《げんこう》元年（元徳三年＝一三三一）、鎌倉幕府に対するクーデター「元弘の変」を企て、翌元弘二年（正慶《しょうきょう》元年＝一三三二）、隠岐へ流される。慈遍は、このような状況の中、「皇道《こうどう》の廃《すた》れん事を歎《なげ》いて」、友人の常昌からも勧められ、神道関係の著作に没頭しだす。その第一弾が、元弘二年に完成した『旧事本紀玄義《くじほんぎげんぎ》』全一〇巻（五つの巻のみ現存）だった。

『先代旧事本紀』（『旧事紀』）は、平安初期に成立した「偽書」とされるが、「伊勢神道」では、「記紀」と並ぶ教典と考えられてきた。慈遍の『玄義』は、その注釈書だが、彼は、この本に、単なる教理にとどまらない、政治的な主張をもりこんだ。それは、天皇の地位や「三種の神器」の正統性を主張した部分である。後者について、久保田収《おさむ》の『中世神道の研究』中の「伊勢神道の発展」の章を参考に述べれば、「三種の神器」は、神道的には「地の徳」を象《かたど》り、仏教的には、「玉は皇天の心珠《しんしゅ》、矛《ほこ》は覚王《かくおう》の独鈷《とっこ》、鏡は三身具足《さんしんぐそく》の相」の顕現《けんげん》であるという。

さらに、慈遍は『旧事本紀玄義』巻五で、「根葉花実論」というものを唱えている。

「抑《そもそ》も、和国は三界の根、余州を尋ぬればこの国の末なり。謂ふに日本は則ち種子の芽の如し。故、正和なるに依りて、人心幼きこと春の草木の未だ成就するを得ざるに似たり。その功用を論ずれば、本は神国に在り。唐は枝葉を掌り、梵は菓実を得。花落ちて根に帰す。菓は流れを受くるを謂ふ。故、当初は則ち皆託宣を用ひて天下を治む。梵漢の文伝はりて、神態転隠すること、先談に已に竟へたり」（高橋美由紀「慈遍の神道論」より）

つまり、唐や梵（中国やインド）の仏教、道教、儒教などは、草木で言えば花や実に相当するが、日本の神道は根に相当し、より根本的だというのである。なお、文中の「人心幼きこと」について、慈遍は日本人の〝美徳〟と考えていたようである。この「根葉花実論」は、必ずしも慈遍のオリジナルではなかったらしいが、のちの吉田兼倶《かねとも》らに影響を与えたといわれる。

さらに慈遍は、「神仏一如《いちにょ》」といいながら、より根本的なものは「神」で、「仏」が末世《まつせ》で堕落した今や、再び「神」が中心になるべきだと説き、仏は神の化身した仮の姿だとした。それこそ、本地垂《ほんじすい》迹《じゃく》思想の正反対というべき「神本仏迹《しんぽんぶつじゃく》」の思想であった。

ただし、高橋美由紀が「慈遍の神道論」の中で展開したように、慈遍が本当に言おうとしたことは、神仏その他に優劣をつけることではなく、あらゆる教えの根本に「宇宙の根源神」としての伊勢の「大元《おおもと》の神」の働きがあるのだということだったとの見解も、きわめて説得力があるように思われる。

「この大元の神のいわば自己展開として天地はあるのであり、さまざまな神や仏の作用は、実はこの大元の神の働きの個別的な現われとして理解されることになる。それ故、仏教も神道も儒教も老荘も、この大元の神の大いなる救済力の現われという見地からは、「勝劣に差別なし」とされるのである」（同）

そういった視点から「根葉花実論」を眺めると、「慈遍の所説は、神の本国たる日本を世界の根本の国とし、この日本に発した神の道が唐や天竺において枝葉を茂らせ実をつけたのであって、その枝葉や実としての仏教や儒教の教えが日本に伝来することで神が託宣を留めたのだと見ている。そのような理解の上に立って、慈遍は神道の教説に儒仏の教えを取り込むことの意義を説明しているのである」と、高橋は述べている。

〔参考〕

・『旧事本紀玄義』（漢文、現存全文）、『続々群書類従1』国書刊行会、一九〇六年
・築島裕・峰岸明訳『旧事本紀玄義』（訓読、巻三・四）、『日本思想大系19　中世神道論』岩波書店、一九七七年
・久保田収『中世神道の研究』神道史学会、一九五九年
・高橋美由紀「慈遍の神道論——仏神論を中心として」、玉懸博之編『日本思想史——その普遍と特殊』ぺりかん社、一九九七年

『小島のくちずさみ』に一カ所！　二条良基が記した「呪詛」の思い

南朝の年号で正平《しょうへい》八年（一三五三）は、北朝の文和《ぶんな》二年にあたる。この年六月、前年に京都を追われた南朝の後村上天皇の命により、山名時氏《やまなときうじ》、楠木正儀《くすのきまさのり》らは京都に攻め入った。当時、将軍・足利尊《たか》氏《うじ》は鎌倉に在り、息子の義詮《よしあきら》らは、北朝の後光厳《ごこうごん》天皇を擁《よう》して美濃《みの》国小島《おじま》（岐阜県揖斐《いび》郡揖斐川町）の行宮《あんぐう》に難を避け、尊氏の軍勢を待った。

さて、連歌作者で北朝の関白でもある春渓《しゅんけい》・二条良基《にじょうよしもと》（一三二〇〜八八）が、洛西の嵯峨・小倉山東麓にある「中院《なかのいん》」の隠棲先を出て、小島の行宮へ向かったのは、七月も二十日をすぎてのことである。第一日目の晩は、比叡山延暦寺の僧兵に守られて、寺の門前《もんぜん》町である坂本に泊まったが、良基は当時マラリアの一種である「瘧《おこり》」をわずらっていた。道中でも、間歇《かんけつ》的に発熱の発作に襲われ、足どめを喰《くら》った彼は「二、三日の道を五、六日の程」かかって、やっと小島にたどりついたと、手記『小島のくちずさみ』（または『小島のすさみ』）に記している。

「げに、又なうあはれなるものは、かゝる所なりけり」と、良基は小島の行宮周辺の寂寥とした景色を、『源氏物語』の「須磨」の巻の言いまわしを借りて綴っている。一夜明けて、良基は行宮に帝に拝謁しに行ったが、周囲には「山人《やまびと》めく者」たちが野次馬のように群がっており、帝との話題も、政情などのほかは京からの山道が難儀だったことなど「哀《あわれ》なる事」ばかりであった。

良基といえば、一連歌作者というより、のちには初の連歌撰集『菟玖波集《つくばしゅう》』を編むなど、「連歌」というジャンルそのものを立ちあげた人物であり、連歌論や記録文学も数多くものし、史書『増鏡《ますかがみ》』の作者だという説もある。まずは当代の大知識人といえる人物だが、同時に、乱世に翻弄された名士の典型でもあった。彼は、当初、後醍醐天皇の近くにありながら、建武《けんむ》三年（延元《えんげん》元年＝一三三六）、尊氏による光明《こうみょう》天皇即位に加担して以来、北朝側の立場に立ってきた。

正平六年（観応《かんのう》二年＝一三五一）、京都を占領した南朝側が、真っ先に良基を関白職停止処分にしたことも、今回の京都侵入のさい、良基の蔵書を南朝側が没収したことも、こうした北朝側知識人・良基への仕打ちである。

九月、上京した尊氏らと共に良基も京都に返り咲くが、「例少なかりつる世」の記録である『小島のくちずさみ』の中には、ただ一カ所だが「凶徒《きょうと》ばら」という良基の南朝側へのあからさまな呪詛の文句が荊《いばら》の棘《とげ》のように遺された。

これは、八月二十六日の夜、すでに小島から垂井（不破郡垂井町）に移動していた天皇の行宮が、南朝側に襲撃されるとの情報が流されたさいの記述に見え、「凶徒ばら、蜂屋（氏）」と解読する説と、「凶徒、原（氏）・蜂屋（氏）」と解読する説（小川剛生『南北朝の宮廷誌』参照）がある。どちらにせよ、他にこのような南朝側への直接的な憎悪の文言は手記の中に見あたらない。その夜、良基ら行宮にいた人々は内裏に集まって、不安と恐怖の一夜を過ごしたが、結局、襲撃はなかった。

なお、良基には、連歌や学術関係の著作以外に、貴族の遊戯・スポーツである「蹴鞠《けまり》」の技術論発展に寄与したり、艶書（ラブレター）の書き方の指南書（文例集）を著したといわれるなど、中世の「マルチ文化人」というべき側面がある。そのあたりについては、小川剛生の『二条良基研究』に詳しい。

〔参考〕
・福田秀一校注『小島のくちずさみ』、『新日本古典文学大系51　中世日記紀行集』岩波書店、一九九〇年
・小川剛生『南北朝の宮廷誌――二条良基の仮名日記』臨川書店、二〇〇三年
・同『二条良基研究』笠間書院、二〇〇五年

安珍・清姫の物語に新趣向！「日高川草紙絵」の独創性《オリジナリティー》

自分につれなくして立ち去った男（僧侶）を、女が執念で追いつめたすえ、大蛇と化してとり殺すという「道成寺説話」は、一般には安珍《あんちん》と清姫《きよひめ》の物語として記憶されていると思う。特に印象的なのは、道成寺の梵鐘《ぼんしょう》の中に隠れた安珍が、蛇に変身した清姫に鐘もろとも焼き殺される凄絶なシーンだが、それは、歌舞伎の「京鹿子娘道成寺《きょうがのこ》」や謡曲の「道成寺」、そして和歌山県日高郡川辺町の天台宗道成寺の縁起絵巻「道成寺縁起絵」などによって広く知られるようになったものである。

今回、取り上げる絵巻「日高川草紙絵《ひだかがわそうし》」も、「道成寺説話」のヴァリエーションのひとつだが、よく知られた「安珍・清姫」の物語とは趣《おもむき》が違っている。登場する修行僧の名から「賢学《けんがく》草紙」とも呼

ばれるこの絵巻の最古のものには、応永《おうえい》七年（一四〇〇）の写本と称するものがあったが、それより一世紀ほど後に成立したらしい「旧酒井家本」がよく知られ、完成度も高い。

そのストーリーは、ほぼ次のとおり。

十六歳になる「橋本の長者の姫君」に懸想《けそう》された三井寺の僧・賢学は、進んで姫からの誘いに応じるかたちで姫と契《ちぎ》るが、姫との宿縁《しゅくえん》（後述）を知るにおよんで姫を避け、修行に救いを求めようとする。だが、姫の幻影にとりつかれ、ついに実体と化した姫に追われた賢学は、日高川を舟で渡って逃げ、姫は蛇身に姿を変えて川を泳ぎ渡り、古寺の梵鐘の中へ隠れた賢学を、鐘を巻き砕いて捕らえ、鷲摑みにして日高川の川底へ去る。

十一世紀の『本朝法華験記《ほんちょうほっけげんき》』に登場する最古のもの以来、「道成寺説話」の本来型は、おしなべて女の側が一方的に男に迫る「母系制神話」のような性格を持つ。ところが「日高川草紙絵」では、賢学と姫の恋は相互的で、実は姫は五歳のときに賢学に殺されかけたという重大な因縁もあった。さらに、賢学は姫と初めて契ったとき、「水の底までも」離れないと姫に誓うのだが、これは、賢学が日高川の水底に連れ去られる運命の伏線をなしている。

「日高川草紙絵巻にみる伝統と創造」の中で、これらを指摘したうえで、美術史学者の千野香織《ちのかおり》は、この絵巻が「道成寺説話を素材としながら、日高川という水のイメージを中核として新たに創作された、全く別個の物語」だと述べている。蛇に変身した姫君は、日高川を泳ぐうちに生気を高揚させ、感きわまって「あら〳〵うれしや〳〵」と叫び出すのだが、恐怖におののく賢学とは裏腹に、大蛇すなわち姫君の科白は、川の水底での二人の恋の成就という大団円に向かって、打ち寄せる波のような高揚感を帯びる。

「あら〳〵うれしや此まゝならく（奈落）のそこに入て出る事あるましはなるゝ事あるましや〳〵」

すなわち、「道成寺説話」の本来型の結末が、あくまでも（特に安珍にとっての）悲劇であるのに対し、この「日高川草紙絵」のラストは、少なくとも姫君の側にとってはハッピーエンドということになりそうである。

〔参考〕
・「日高川草紙絵」＝「酒井家舊蔵　賢学草紙」、『新修日本絵巻物全集18』角川書店、一九七九年
・千野香織「日高川草紙絵巻にみる伝統と創造」、『金鯱叢書・史学美術史論文集8』徳川黎明会、一九八一年

『弁慶物語』が明らかにした武蔵坊弁慶の〝芸能としての暴力〟

「そも〳〵、この武蔵坊と申《もうす》は熊野の別当弁心《べんしん》が子なり。此《この》弁心、いかなる前世の宿執《しゆくしゆう》やらん、五十の陰に入《いる》まで、男子《なんし》にても女子《によし》にても、子といふもの一人もなし。女房もこれを嘆き、あるとき二人ながら、若一王子《にやくいちおうじ》に七日参籠《さんろう》申給ひて、中子《もうしご》をし給ふ」（徳田和夫校注）

牛若丸こと源義経の一代記や源平合戦の物語には欠かせないキャラクター、武蔵坊弁慶の名は、史書『吾妻鏡《あずまかがみ》』にも現れるが、その実像は伝説の霞の中に埋没している。

右は、永享《えいきよう》六年（一四三四）の記録に見える作者不明の『弁慶物語』に記された弁慶出生譚だが、五十歳近くまで子のなかった熊野別当・弁心夫婦が、熊野の若一王子の申し子として授かった子は、母の胎内に三年もいて、異形の童子として生まれてきた。「鬼子《おにご》」として山中に捨てられたその子は、京都・五条の大納言《だいなごん》に拾われて、のちに比叡山で修行するが、諍《いさか》いを何よりも好み、手のつけられぬ

乱暴者として山を追われる。

彼こそ、いうまでもなく、今回の主人公・弁慶なのだが、叡山を追われて懲《こ》りるどころか、「日本国を回りて、諍ひ修行をいざやせん。天《あめ》が下に弁慶ほどの物なくは、唐土《もろこし》へ渡り、七御門《みかど》のうちを回り」諍いをしてやろうとまでうそぶく。ここにいう「七御門」とは、中国の戦国時代の七カ国のことである。

なぜ、弁慶はこれほどまで熱心に喧嘩や争いごとをしようとするのか？ 熊野の郷土研究家で南方熊楠研究者としても名高い中瀬《なかせ》喜陽《ひさはる》は、『説話世界の熊野―弁慶の土壌』の中で、はっとするような解釈を述べている。中瀬によれば、『弁慶物語』の作者は「いさかいが「弁慶の芸能」であるという趣向」で物語を書いたのであり、弁慶が諍いをするのは、「得意な芸能を（神に）手向《たむ》ける」という「法楽《ほうらく》」をしているのだ、と。この「法楽」とは「熊野参詣の作法」であり、熊野別当の子で、熊野の神の申し子である弁慶は、他の土地へ来ても、音楽家《アーティスト》が演奏を、軽業師が曲芸を、武芸者が仕合を奉納するように、諍いという「芸能」を土地土地の神に奉納し続けねばならない、というわけだ。

そして、実は、この物語の伝本のひとつ「元和本《げんな》」の中で、弁慶は諍いは「弁慶が《（の）》芸能」だとはっきり言いきっているのだ。北陸の平泉《へいせん》寺に来た弁慶は、何か忘れ物をしたような落ち着かぬ気分に襲われる。「よく〳〵案ずれば、此《この》二三日が間、人と諍いをせざりけり」。これではいけないと反省し、「諍い（を）仏に見せ参らせん」と宣言、自分の存在証明としての芸能＝諍いを奉納すべく諍いの相手を求めて境内を駆けめぐる。そして酒宴や蹴鞠《けまり》に興じていた僧侶たちに言いがかりをつけ、挑発して諍いに誘いこもうとするが、僧たちの中にいた弁慶の強さを知る「山法師」（僧兵、山伏）が仲間を引きとめたため、衝突は回避される。だが「仏に申つる諍ひの達せぬ事、口惜しや」と、くやしさで一杯の弁慶は、彼を「打ち止《とゞ》むるか」などと相談していた老僧二名の頭上に大石を投じて圧殺し、寺を去るのであった。

のちに弁慶は、播磨の国の書写山（書写山円教寺）の講堂で「三十三度の礼拝」を行い、「手にかけて殺したりし人々の菩提《ぼだい》をも弔《とむら》はばや」と真剣に祈りをささげたという。

〔参考〕
・徳田和夫校注『弁慶物語』、『新日本古典文学大系55　室町物語集（下）』岩波書店　一九九二年
・中瀬喜陽『説話世界の熊野――弁慶の土壌』日本エディタースクール出版部、一九九一年

十二支の獣が歌合で大騒動！「十二類合戦絵巻」の〝寓意〟

ある年の、頃は八月あまりの一夜、薬師如来の守護を務める十二神将《じゅうにしんしょう》の眷属《けんぞく》の獣たちが、夜昼を徹しての時の守りをするために集まっていた。その顔ぶれは、鶏、猿、兎、羊、虎、馬、牛、鼠、蛇、猪、犬、竜の一二匹、つまりは十二支の獣たちである。寝ずの番をする暇潰しに、さて何をして遊ぼうか、と話し合い、「この国のもてあそび」だから歌合がいい、ちょうど季節がら月を詠《よ》むことにしよう、と衆議一決したところへ招かれざる客が現れた。

見れば、狸を従えた鹿が一頭、座も勧められぬうちから、ちゃっかり一同に混じって「御歌合の会のようですが、判者《はんじゃ》がいなければ困るでしょう。この通り私めは鹿仙《かせん》＝歌仙の一分、ということで判者をつとめましょう」などと勝手に言い出した。

それに対して「あんたらは「異類の躰《てい》」だろう、帰れ帰れ」などと犬が騒ぎたてたが、「まあま

あ」となだめられて、鹿が判者の歌合が始まった。
というのは、享徳《きようとく》元年（一四五二）頃までに成立したことが判明している「十二類合戦絵巻《じゆうにるいかっせんえまき》」巻頭の詞書《ことばがき》にある、この物語の発端である。このように、獣など人間以外のものを登場人物とした「異類もの」は、室町時代からさかんに作られたが、かつて鳥羽僧正《とばそうじよう》の「鳥獣戯画《ちようじゆうぎが》」がそうだったごとく、その多くが現実の人の世間を風刺していることはいうまでもない。このシーンも、当時さかんだった同好の士の歌合の集まりでは、まま起きたことかもしれない。常連客だけで盛り上がっていた酒場へ、一見《いちげん》の客が入ってきて会話に割りこもうとしたようなものか。

さて、鹿を判者にした歌合は、幸いなごやかに終了する。ところが、その楽しさに味をしめた狸が、次の機会に出しゃばって、判者になろうとしたため、一同の怒りを買う羽目になった。こてんぱんにされた狸は「十二類」を恨み、仲間の援《たす》けを借りながら「十二類」相手に合戦を挑む。狸の軍勢に加わったのは、「猯《まみ》（アナグマ）の守」、「稲荷山の老狐」、「熊野山の若熊」、「蓮臺《てん》野の狼」、「愛宕《あたご》護（愛宕）の山の古鵄《こしとど》（夜囀る小鳥、ノジコかその仲間）」以下、白鷺、烏、梟、猫、貂、鼬《いたち》、ばん鳥（ムササビ）、木菟《みみずく》、といった面々で、夜闇に乗じての奇襲を得意の戦法とする。そして一時「十二類」軍を圧倒しかけるが、結局敗北する。愛宕山の根城を攻め陥《お》とされた狸は、逃亡するうちに、なぜか「よしなき我執憍慢にほだされて」いた自分を悟り、無常感を覚えてしまう。そして妻子に財産を譲って別れを告げ、出家して法然の教えに帰依し、腹鼓を打ちつつ踊念仏に励み、のちに西山に庵を結ぶ、というのが物語の筋である。

合戦、出家、踊念仏、庵住まいといった、当時の社会や人生観を反映した要素も興味深いが、世を捨てた狸が「昔の余執《よしゆう》、なを捨《す》てかたく」和歌だけは捨てられなかったというくだりは、周囲の冷たい視線に遭ってもやめられない、今も変わらぬ「性懲りもない愛好者《マニア》の悲劇」といえようか。

〔参考〕

・「十二類合戦絵巻」、『新修日本絵巻物全集18』角川書店、一九七九年

鮭と納豆が一門率いて大戦争！『精進魚類物語』の食材続々

「去る《さんぬ》魚鳥《ぎよちよう》元年壬申《じんしん》八月一日」のことというからには、もとより現実の人間世界の話ではないのだが、「精進《しようじん》魚類の殿原《とのばら》」が「御料《ごりよう》の大番《おおばん》」に召集されたという。「御料」とは、のちに「御寮人《ごりようにん》」などと地位の高い女性のことをさすようになるが、ここでは高貴な人物のことで、そこに「飯《めし》」や「寺社の供物《くもつ》」という別の語義もかけている。そして「大番」は、その警護役のことである。

「越後《えちご》国の住人鮭《さけ》の大介鰭長《おおすけひれなが》」は、先代の御料にも仕えた「魚類」の長老格だが、今回の大番に馳せ参じた「鮞《はららご》（鮭の卵、イクラ）の太郎粒実《つぶざね》」らその二人の息子は、なぜか末座に追いやられた。御料は「精進」ものの「美濃《みの》国の住人大豆の御料の子息納豆太郎糸重《いとしげ》」を近くに侍《はべ》らせ、えこ贔屓《ひいき》している様子。

息子たちからそれを知らされた鮭の大介、「赤《まつ》かに腹をたて」て憤り、「魚類の一門を催して、精進の奴原《やつばら》を打滅し、われら御料の御内に繁昌せん」と兵をあげ、鳥類や獣類もこれに加勢、ここに食材が「精進」（菜食）と「魚類」（肉食）に分かれての大戦争が勃発した。というのが、室町時代に成立、江戸時代にも広く読まれた、異類合戦物語のひとつ、『精進魚類物語』の発端である。これは、公卿で有職故実《ゆうそくこじつ》や古典にも詳しかった、一条禅閤兼良《いちじようぜんこうかねよし》（一四〇二〜八一）の作ともいわれ、冒頭には「祇《ぎ》

園林《おんばやし》の鐘《かね》の声、聞けば諸行《しょぎょう》も無常なり……」という『平家物語』巻頭のパロディーの口上がついている場合が多い（引用は石井研堂校訂『続帝国文庫32』による）。

登場人物はと見れば、「魚類」側の「鯨の荒太郎」や「鮎の入道」、「鱧《はむ》の長介」に「華臍魚《あんこう》（鮟鱇）の弥太郎」、「生海鼠《なまこ》の次郎」に「鶫《つぐみ》の隼人佐《はいと》」などや、「精進」側の「山葵源太《わさびげんた》」や「蕗《ふき》の源太苦吉《にがよし》」、納豆太《だ》の甥《おい》の「唐醤《からびしお》太郎」と「同次郎味噌《みそ》近冬《ちかふゆ》」等々と当時の食材の種類がうかがわれ、興味を引く。

ここに言う「魚類」には、魚介類と鳥獣類の双方が含まれているが、室町時代に重視されたのは魚と鳥で、四足獣（哺乳類）の肉は、西国の公家や僧には忌まれた反面、東国の武家には好まれたようだ。一条兼良も、『尺素往来』に、日頃から肉食を嗜んだらしいことを書いている。一方、「精進」方の納豆は鎌倉時代に出現したばかり、豆腐は室町時代に急速に広まったもので、ともに流行の食材であった。それもけっして庶民的な食材ではなく、宮中など上流社会で賞味される新奇な高級食材であった。したがって、この物語は、旧来からのご馳走であった「魚類」が、トレンディーでスノッブな「精進」にその座をうばわれまいと対抗する話であり、「精進料理流行の一産物」（足立勇『改訂日本食物史（上）』）と言うことができるだろう。ともあれ、「藁《わら》の中にひるね」していた納豆太が「涎垂《よだれたれ》ながらがばと起き」たり、「栗伊賀守《くりのいがのかみ》」が「むきく〵になりて落《おち》」るのを見て、御料が「いがぐりのむく（剥《む》く、向く）かたしらずおちうせて　いかなる人のひろひとるらん」と歌を詠むシーンなどもご愛嬌《あいきょう》である。

また、「精進」側出身の妻の「若和布《わかめ》」と涙ながらに別れる「鯛《たい》の赤介《あかすけ》」の悲劇もあるが、彼もついには「うしほに（潮煮）」にされて御料に食われ、鮭の大介と鮰の太郎父子も、「精進」もろとも、鍋で煮られて御料の腹の中へ。御料は「嗚呼《ああ》、生《いき》ても死《しし》ても、大介ほどのものはなかりけり」と、亡き忠臣をいたんだとか。

〔参考〕

・『精進魚類物語』、石井研堂校訂『続帝国文庫32　校訂萬物滑稽合戦記』博文館、一九〇一年
・同、『室町時代物語大成7』角川書店、一九七九年
・足立勇『改訂日本食物史（上）』大谷書店、一九五〇年

Ⅳ 室町・戦国

日野富子を悪女に仕立てた書・『応仁記』が隠蔽した乱の原因

応仁《おうにん》元年（一四六七）五月、山名宗全《やまなそうぜん》、畠山義就《はたけやまよしなり》らの「西軍」と細川勝元《かつもと》らの「東軍」の衝突により、応仁の乱が勃発した。脆弱《ぜいじゃく》な幕府足利家の統治のもとで、争乱は各武将の利害が複雑にからみ合った乱戦模様となり、一〇年以上の長きにおよんだ。

「大乱の起ることを天があらかじめ示されたものか、寛正《かんしょう》六年（一四六五）九月十三日夜の十時ごろ、南西から北東へ光る物が飛び渡った。天地が鳴動して突然折れ割れ、世界が震裂《しんれつ》するかと思われた。（中略）また、翌年（一四六六）の文正《ぶんしょう》と改元《かいげん》した九月十三日の同じ時刻に（房星《ぼうせい》が）もとの方へ飛び帰ったのは不思議であった。天狗《てんぐ》流星というものであったとかいうことである。それでは仏の致《いた》したわざであったのだろう。天狗の落とし文《ぶみ》ということを書いて歩く者もいた。「嘘だ」と笑ったけれども、（書かれてあった内容が）おおよそ当たっていたのは不思議であった」

この乱をものがたった軍記『応仁記』には、戦禍《せんか》の前兆を思わせる、怪現象が紹介されている（引用は志村有弘《くにひろ》『応仁記』より）。

また、『応仁記』の伝本《でんぽん》によっては、巻頭に「野馬台詩《やばだいのし》」という、中国・南北朝の僧・宝誌《ほうじ》が日本の未来を予言して詠んだとされる漢詩を掲げたものがある。この詩には「天皇が一〇〇代を越えると、猿と犬が英雄を称して」戦乱を起こし、国中が荒廃するとあって、読者に、応仁の乱こそ、この詩の予言する戦乱だったと思わせたに違いない。

このように、『応仁記』は、あたかも応仁の乱が人智《じんち》人力のおよばぬ宿命であったかのように思わせようとする。この書物には、史実を正確に述べるのではなく、後世の人にある考えを植えつけるための〝仕掛け〟がほどこされているようである。

家永遵嗣《いえながじゅんじ》「軍記『応仁記』と応仁の乱」によると、『応仁記』は、足利義稙《よしたね》（義材《よしき》）が将軍だった永正《えいしょう》五年（一五〇八）から大永《たいえい》元年（一五二一）頃、細川高国《たかくに》の周辺にいた人物によって書かれたものではないかという。

『応仁記』は、日野《ひの》富子《とみこ》（一四四〇〜九六）をしたたかな悪女として描き、夫の足利八代将軍義政に代わって政策を決定し、わが子を将軍にするためには手段を選ばないといった所業が、応仁の乱の遠因をなしたかに思わせているが、これは乱の真の背景となった足利義視《よしみ》と細川勝元の間の確執を隠すための虚構だろうと家永はいう。というのは、当時、足利義稙と細川高国は固く結ばれており、義稙の父・義視と高国の養父・政元《まさもと》の父・勝元の対立の事実を抹殺する必要があったのだ。

〝悪役〟にされた富子こそ不運であった。

なお、当時の有力文化人である一条兼良（一四〇二〜八一）は富子のことを「女とてあなづり申べきにあらず」、「今もまことにかしこからん人」と、『小夜のねざめ』で絶讃しており、富子＝悪女という評価は一方的にすぎるものと思われる。

また、『応仁の乱と日野富子』を書いた小林千草は、富子は〝働かない夫〟であった義政が放り出した公務を代行したまでであるとし、彼女は〝悪女〟ではなく「ごく普通の室町の〝おばさん〟」だったと同書で述べているが、そこまで言いきるのは如何なものであろうか？　同時に小林は、『応仁記』の戦乱のドキュメントとしての非凡さにもふれ、そして言う、「『応仁記』の戦乱の無情、庶民の動向を伝える筆には深く敬意を払うものであるが、富子を語る部分にだけは従えない」。

〔参考〕
・和田英道編『應仁記／應仁別記』古典文庫、一九七八年
・志村有弘『応仁記』（日本合戦騒動叢書）勉誠出版、一九九四年
・家永遵嗣「軍記『応仁記』と応仁の乱」、学習院大学文学部史学科編『歴史遊学――史料を読む』山川出版社、二〇〇一年
・小林千草『応仁の乱と日野富子』（中公新書）中央公論社、一九九三年

打刀、黒袴、八角棒に高足駄！　虚無僧のルーツ「暮露」の物語

むかし、都に「くれ（暮）」と呼ばれる油売りの女がいた。不思議な夢を見て妊《みごも》ることが相次ぎ、間をおかず二人の男の子を産んで、兄を「虚空坊《こくうぼう》」、弟を「蓮華《れんげ》坊」と名づけた。

室町時代を中心におびただしく作られた「御伽草子《おとぎぞうし》」の異色の一篇『ぼろぼろのさうし（暮露々々の草子）』は、そんな「虚空坊」と「蓮華坊」という兄弟の物語である。華厳《けごん》宗の高僧・明恵《みょうえ》（一一七三〜一二三二）の作とされるが疑わしく、写本《しゃほん》や版本として出まわったのは江戸初期のようだが、十五世紀末までには成立していたらしい。

さて、虚空坊と蓮華坊の人格は、兄弟ながらまさに対極的だった。彼らが十歳になった年の暮れに、母が死んだが、弟の蓮華坊は母のむくろに取りすがって嘆き悲しみ、荼毘《だび》に付して供養しようとする。これを見た兄の虚空坊は、さして嘆きもせず、弟を「愚痴《ぐち》（おろかもの）」とののしって、母の屍《し》体から衣服を剝ぐと、全裸のまま棺にも納めず、野辺にうち捨てて鳥獣の餌《えさ》にしてしまった。そして「俺

に食い気がある方がお袋も喜ぶだろうよ」などとうそぶき、みずからは美食を貪《むさぼ》る始末。

その後、彼らは家を処分して得た金を等分し、それぞれの生き方を選ぶが、弟の蓮華坊の、質素な暮らしをしながら、のちには妻とともに念仏を唱えつつ、諸国を遊歴する姿は、中世の念仏者の生き方の典型として、ある意味でとてもわかりやすい。現代から見て、わかりにくいのは兄の虚空坊の生き方である。

虚空坊は「暮露《ぼろ》」というものになった。そのいでたちは、絵柄の入った「紙ぎぬ」と「黒き袴《はかま》」に、実戦用の短い「打刀《うちがたな》」を差し、手には「八角棒」、足には「一尺五寸(約四五・五センチ)の高足駄《あしだ》」という異装である。その姿で「同様なる暮露々々」三〇人を引き連れて諸国を行脚《あんぎゃ》し、人々から「惶《おそ》れ」られ、避けられたという。

といえば、単なるごろつきのようだが、夜は一心に坐禅を組むなど、実は熱心な仏教者でもある。が、それにとどまらず、自分たちと少しでも信仰心の異なる者、例えば念仏者などは、「外道《げどう》」として容赦なく殺してしまう。ならば「原理主義者」的な禁欲的狂信者かといえば、そうでもなく、性欲、食欲、闘争心など、人の動物性は全面的に肯定する。武田鏡村の指摘する「暮露に流れる暴力・強姦・乞丐的な体質」(『虚無僧』)である。

この物語は、虚空坊は大日如来《だいにちにょらい》、蓮華坊は阿弥陀《あみだ》如来の化身《けしん》だったことで落ちをつけているが、「暴露」と表記することもある「暮露」たちの姿は、十四世紀前半の成立とされる吉田兼好の『徒然草』(第一一五段)や、十五世紀末頃の『七十一番職人歌合《しちじゆういちばんしよくにんうたあわせ》』にも登場する。だが、そんな彼らのルーツは今ひとつはっきりせず、彼らは室町時代中期以後姿を消してしまう。「暮露」たちの少なくない部分が、十五世紀末から記録上に姿を現した、薦《こも》(むしろ)を携え、尺八を吹いて遊歴する「薦僧《こもそう》」に合流、「風呂司」ともよばれる「虚無僧」になっていったことは疑いないらしい。それ以外にも、

「暮露」たちのある部分が、馬聖《うまひじり》、高野聖《ひじり》、時宗徒、足軽、野盗、乱波《らっぱ》、陣僧など、様々なものになっていった可能性を武田（同）は指摘している。

〔参考〕
・『暮露々々のさうし』、『国文東方仏教叢書　第1輯第9巻　文藝部（上）』名著普及会、一九九二年（原版一九二六年）
・『ぼろぼろのさうし』、『室町時代物語大成12』角川書店、一九八四年
・武田鏡村『虚無僧――聖と俗の異形者たち』三一書房、一九九七年

御伽草子『あつたのしむひ』と熱田神宮・「草薙剣」盗難事件

名古屋の熱田神宮の神体《しんたい》は、「三種の神器」のひとつ「草薙剣《くさなぎのつるぎ》」である。この剣は、過去に二回、盗難に遭い、二回とも、無事に戻ったといわれる。その第一回は、『日本書紀』天智《てんじ》天皇七年（六六八）の条に見える、新羅《しらぎ》の僧、道行《どうぎょう》が剣を奪って新羅へ逃げようとしたが、暴風に遭って引き返したという話。このとき、道行が逃走路に使った、本宮《ほんぐう》の北門「清雪門《せいせつ》」は、その後「不開門《あかず》」とされ、現在は神宮の末社「徹社《とおす》」の東側に移されている。

室町時代に流行した、神社の由来を、神道の神々は仏教の菩薩の化《け》身《しん》だとする「本地《ほんじ》垂迹《すいじゃく》説」にもとづいて庶民向けに説いた御《お》伽草子《とぎぞうし》のひとつ、『あつたのしむひ（熱田の神秘）』は、この事件を次のように扱っている。

新羅王の命をおびて来日した「たうきやうほうし（道行法師）」は、一度目は、熱田神宮に一七日間こもったすえ、五重《いつえ》の袈裟《けさ》に剣を包んで、伊勢の日長里《ひながのさと》（四日市《よっかいち》市日永）まで逃げ、二度目は、神宮に二七日間こもったすえ、七重《ななえ》の袈裟に剣を包んで播磨《はりま》の明石まで逃げたが、二度とも、剣はみずから袈裟を破って熱田神宮まで飛び帰ったという。

三度目、道行は神宮に三七日間こもったすえ、九重《ここのえ》の袈裟に剣を包んで筑紫《つくし》の博多まで逃げるが、熱田明神の意を受けた住吉明神が、そこで道行を蹴《け》殺して、剣を帝《みかど》の内裏《だいり》へと奉り、二年後の朱鳥《しゅちょう》元年（六八六）三月十八日に、剣は熱田神宮へ戻される。一方、立腹した新羅王は、天竺《てんじく》の七不動に熱田神宮を襲わせるが、熱田明神は「てんせう大しん（天照大神）」の加勢で「九万八千のいくさかみ」によりこれを撃退、不動から奪った七本の剣を草薙剣に加え「八《や》剣《つるぎ》の明神」と呼ばれるようになったと『あつたのしむひ』にはある。

かくも執拗に草薙剣を奪おうとした〝悪漢〟道行法師だが、社宝のひとつである「ほんまうきやう（梵網経）」をもたらしたのは彼であることもこの書には記されている。

なお、記録上の、草薙剣の盗難の第二回目は、ずっとのちの天保《てんぽう》十年（一八三九）で、ある僧が剣を、熱田神宮の別宮「八剣宮《はっけんぐう》」から盗み出したが、翌日には無事戻ったと、『小《お》治田《わりだ》之《の》真《ま》清《し》水《みず》』などに述べられている。

また、『あつたのしむひ』には、熱田神宮の曲玉《まがたま》池の下に巨大な黄金の亀がいて、その背に熱田明神（熱田神宮の本宮）、首の上に八剣宮、頭部には「けんたゆう殿」（上《かみ》知《ち》我《か》麻《ま》神社）が建っている、等々の記述があるが、これは熱田の地を「蓬莱《ほうらい》山」に見立てたもので、当時、特にこの地方では広く信じられていた。この『あつたのしむひ』の伝本は、『神道由来事《しんとうゆらいのこと》』と一冊になった室町後期の写本が唯一だが、内容は古浄瑠璃などにも影響を与えているようだ。

ところで、道行による草薙剣窃盗未遂の記事は、冒頭に述べたように『日本書紀』巻第二七の天智天皇七年の記事にも見ることができる。これに関連して、伊藤正義は「熱田の深秘――中世日本紀私注」の中で、南北朝から室町時代には「『神道』が『日本書紀』と同義に考えられていた」ことを踏まえながら、この書物が、『日本書紀』が神仏習合のもとで「さまざまの増幅・変容をみせて」つくり変えられた「中世日本紀」のひとつと見做しうることを指摘している。すなわち、『あつたのしむひ』は『神道由来事』とワンセットで、「熱田の語り（唱導）のテキスト」として改作された『日本書紀』のダイジェスト版だというのである。

〔参考〕
・村上学校注『あつたのしむひ』『神道由来事』、『神道大系　文学編2　中世神道物語』神道大系編纂会、一九八九年
・『尾張名所図会附録（小治田之真清水）』愛知県郷土資料刊行会、一九七一年
・伊藤正義「熱田の深秘――中世日本紀私注」、大阪市立大学文学部『人文研究』（31巻9分冊）、一九八〇年三月

仏教に対抗して〝理論強化〟！『唯一神道名法要集』と外来思想

中世、民衆の信仰はほぼ仏教一色となり、神道の神々も、「本地《ほんじ》」というかたちで諸仏の化身として説明されて、初めて民衆にアピールするありさまであった。

こうした土着宗教の取りこみ方じたいが、世界宗教としての仏教の底力ともいえたが、仏教の影響力に、神道がただ手をこまねいていたわけではなく、神道独自の理論強化もはかられた。そのひとつが「吉田神道」である。

これは、神道の旧勢力というべき「伊勢神道」や、その流れを汲む「度会《わたらい》神道」に対し、神祇官《じんぎかん》・卜部《うらべ》氏の流れを汲み、京都で吉田神社をいとなむ吉田氏が提唱したものである。そして、この「吉田神道」の奥義書というべきものが、吉田兼倶《かねとも》（一四三五〜一五一一）の著した『唯一神道名法要集《ゆいいつしんとうみょうほうようしゅう》』であった。

とはいっても、この書は、あたかも万寿《まんじゅ》元年（一〇二四）に、兼倶の先祖である卜部兼延《かねのぶ》によって書かれたかのごとくよそおわれており、兼倶の著と見破ったのは林羅山《らざん》である。

さて、その内容だが、体裁は問答形式で、まず、「神道」には三種類あると説く。第一は、当時流行の、諸仏を神々の「本地」と説く「本迹縁起《ほんじゃくえんぎ》の神道」、第二は、仏教の密教の教義の影響を受けた「両部習合《りょうぶしゅうごう》の神道」、そして第三が、「元本宗源《がんぽんそうげん》の神道」であり、これこそが、仏教など外来思想の影響を受けない「吾が国開闢《かいびゃく》以来」の「唯一神道」だというのである。

ならば、「何《いず》れの書籍を以て本拠《ほんきょ》とするや」と、「唯一神道」の根本理論となる本の名を問われたのに対し、「答」は、「三部の本書《ほんしょ》」と「三部の神経《しんぎょう》」という、各三種類の、二つの書籍群をあげる。このうち「三部の本書」とは、いわば〝表〟の教典で、『先代旧事本紀《せんだいくじほんぎ》』、『古事記』、『日本書紀』のことである。

しかし、「三部の神経」、つまり〝裏〟の教典、『天元神変神妙経《てんげんしんぺんしんみょうきょう》』、『地《ち》元神通《げんじんつう》神妙経』、『人元神力《じんげんしんりき》神妙経』は、いずれも天児屋根命《あまのこやねのみこと》の神宣《しんせん》とされながら、三つとも架空の書物であった。なおかつ、この三書のネーミングは、明らかに仏教（密教）や道教の教典から影響を受けている。

外来思想をしりぞけながら、外来思想をとり込み、神仏習合を否定しながら、仏教の影響を強く受ける。そんな兼倶はまた、「本迹縁起」や「両部習合」の神道を批判しつつ、実は、それらをも併呑してしまおうと画策した野心家であったという説がある。

「兼倶は応仁の乱前後の混乱期に、全神道界を統合してその頂点に立とうとした野心家であり、さまざまな偽書を創作したり、策略やデマを活用して勢力を伸ばした。文明十六年（一四八四）には京都の吉田山に大元宮《たいげんぐう》斎場所を建立したが、これは、八角の独特の建物である大元宮を中心に、周囲に伊勢神宮をはじめとする日本中のすべての神社を配置して、神道界の統合支配を象徴させたものである」（末木《すえき》文美士《ふみひこ》『日本宗教史』）

さて、以下は『唯一神道名法要集』中の質疑応答より。

「問ふ。神道の所談は、吾が国の根奥《こんあう》、独立の一法也。幸に宗源の二字を得たり。何ぞ一家の宗義を立てざる哉《や》。

答ふ。吾が神道は、万物に在りて一物に留らず。所謂風波、雲霧、動静、進退、昼夜、隠顕、冷寒、温熱、善悪の報、邪正の差、統べて吾が神明の所為に非ずといふこと莫《な》き者也。故に天地の心も神也。諸仏の心も是れ神也。鬼畜の心も是れ神也。草木の心も是れ神也。何《いか》に況《いは》んや人倫に於いてを哉。意を以て理を成し、意を以て言を成し、意を以て手足を成す。皆是れ心神の所為也。一切の含霊（霊魂をもつもの＝人間）は神に非ずといふこと莫き者也。故に成仏と云ひて成神と云はず。物として神霊を含蔵せずといふこと無し。故に神経（書名か、未詳）に云はく、「天に神道無ければ、則ち三光有ること無く、亦四時も無し。地に神道無ければ、則ち五行有ること無く、亦万物も無し。人に神道無ければ、則ち一命有ること無く、亦万法も無し」と。

易（易経）に曰はく、「天の神道を観るに、而《しか》も四時《しいじ》忒《たが》はず。聖人は神道を以て教《かう》を設けて、而も天下服す」と。

道教（老子）に云はく、「道は一を生ず。一は二を生じ、二は三を生じ、三は万物を生ず」と。皆是れ神也。

内教の中、密経（未詳）に云はく、「神変加持教（大日経）、並《なら》びに諸経論の中に、神変・神通・神力・多く以て之《これ》在り」と。是れ神道に非ず哉《や》。

儒教（易経）に云はく、「太極は両儀を生ず。両儀は四象を生ず。四象は八卦を生ず。八卦は万物を生ず」と。是れ則ち聖人の神道也。故に頌に曰はく、

唯一神道、諸法の根本。

万行の濫觴にして、畢竟宗源。

と」（大隅和雄訳『日本思想大系19』より、振り仮名、送り仮名を平仮名に統一した）

なお、末木は『日本宗教史』で、この「唯一神道」をはじめ、仏教界における浄土真宗の阿弥陀信仰や、禅宗における心の一元論など、中世の信仰世界における原理的な一神追求の傾向の拡がりが、すぐ後の近世に伝来したキリスト教という唯一神信仰を受けいれやすくする素地をつくった可能性を指摘している。そうだとすれば、兼倶の国粋主義的な「唯一神」信仰は、かえって西洋の「唯一神」の日本における驚くべき急速な普及を助けてしまったことになるのかもしれない。

〔参考〕

・大隅和雄訳注『唯一神道名法要集』、『日本思想大系19　中世神道論』岩波書店、一九七七年
・出村勝明「唯一神道名法要集の成立」、『現代神道研究集成7』神社神報社、一九九九年
・高橋美由紀『伊勢神道の成立と展開』大明堂、一九九四年

・末木文美士『日本宗教史』（岩波新書）岩波書店、二〇〇六年

『天照大神本地』が説く「天照大神はバラナシ（ベナレス）出身」

「そもそも、天しやう大神《だいしん》の、御もとを、たつぬるに、こんほん、大日《だいにち》によらいにて、三せの、しよふつの、へんしんなり、そのゆらいを、くわしくたつぬるに、いにしへ、さい天ちくの、はらなひこくの大わうにて、をわします、御なをは、けむたつはわうと、申《もう》したてまつる」（傍点、引用者）

本地垂迹説《ほんじすいじゃく》によって神道神の前世を説いた御《お》伽草子《とぎぞうし》のひとつに、今日、『天照大神本地《てんしょうだいしんほんち》』と仮称されているものがある。大永《だいえい》二年（一五二二）頃には成立していたと見られるこの物語の前半は、その名のとおり、伊勢神宮の主祭神、天照大神《あまてらすおおみかみ》の前世を説いたものだが、右のように、天照大神は大日如来の化身であり、さらにその前世はインドの波羅奈《バラナ》国（はらなひこく）の王・乾闥婆《ケンダツバ》（けむたつはわう）であった、と説く。

神道と日本仏教それぞれの最高神というべき天照大神と大日如来を結びつけるのは、両者が「太陽」という共通イメージを持つこともあって、わからぬでもない。だが、波羅奈とは、あのガンジス河での沐浴で有名なバラナシ（ベナレス）のことであり、そこと伊勢神宮の取り合わせは、あまりに唐突である。だが、当時は神道神さえも唐や天竺《てんじく》と結びつくことで、有難みが増すと思われたのだ。

さて、乾闥婆王と妃《きさき》の間には、十一面観音に願をかけて得た「めうをん大し」という王子がいたが、妃は早世《そうせい》し、王は後妻を迎えた。ところが、新王妃は王子に道ならぬ恋心をいだき、王子の拒絶に遭って逆上、王子の追放を画策したが、これもならず、ついには王宮に放火して全焼させてしまう。

王は妃を離縁するが、王子は王位を継ぐ意志のないことを王に告げ、「これほど、おんなこゝろ、たけ（猛）く候《そうろう》くに（国）」にはいたくない、という。気の強い女ばかりの国は、もうこりごりというわけ。王もこれに同意して、親子ともども一族と家臣を引き連れ、「たいたう（大唐）」や「かうらい（高麗）」を経て、「にほむ（日本）」に着き、ここにとどまることにした。

かくて、乾闥婆王は「わかてう（我が朝）の、あるし（主）」となり、天照大神として顕現し、伊勢に鎮座したが、伊勢神宮の内宮《ないくう》は、乾闥婆王＝大日如来、外宮《げくう》は、王子＝十一面観音の化身であるという。また、王子の亡き母は、近江国の多賀大明神《たがだいみょうじん》（神社）になり、王の弟「ち一上人」は「あさま岳の虚空蔵」になったという。

松本隆信『中世における本地物の研究』によると、この物語は、熊野権現の本地物語である『熊野の本地』と似た構造を持ち、右の「ち一上人」は、『熊野の本地』の「ちけん上人」を思わせるという。また、「あさま岳の虚空蔵」とは、伊勢神宮のすぐ近くにある朝熊岳金剛証寺の虚空蔵菩薩のことではないかという。中世には、庶民の「伊勢参り」のさい、神宮に詣でたら必ずここへも詣でたという寺である。一方、多賀大明神も、庶民レベルの伊勢信仰と強く結びついていた。『天照大神本地』は、そんな庶民レベルにおける「伊勢・熊野・多賀の三所の信仰がまじり合ってきた」状況の中で生まれたものではないかという。

後半は、寺社への参拝や日常の信仰の作法、およびその根拠を説いており、庶民向けの信仰マニュアルとなっている。天照大神《あまてらすおおみかみ》を「天しやう大神」、朝鮮の百済を「はくさい」とする表記も、当時の口語として興味深い。

〔参考〕

・『天照大神本地』、『室町時代物語大成10』角川書店、一九八二年
・松本隆信『中世における本地物の研究』汲古書院、一九九六年

矛盾だらけの書・伝北条氏康著『武蔵野紀行』のリアリティー

天文《てんぶん》十五年（一五四六）仲秋の頃、後《ご》北条《ほうじょう》氏三代目の北条氏康《うじやす》（一五一五〜七一）は、あまたの供を打ち連れて、武蔵野で鷹狩りを催すべく、居城・小田原城を後にした。

相模《さがみ》国から、上杉氏と拮抗《きっこう》しつつ関東南部の覇者《はしゃ》となった父・氏綱《うじつな》の死から五年、三十二歳の氏康は、この年四月二十日、河越《かわごえ》城をめぐる夜戦で上杉勢を撃退、上杉一門の扇谷《おうぎがやつ》氏は滅亡する。譜代の重臣だった多摩の大石氏も秩父の藤田氏も降伏し、のちに北条一門に加わった。

さて、狩装束《かりしょうぞく》に身を固めた氏康一行は、まず鎌倉の鶴岡八幡宮に詣でた。同宮は足利氏の鎌倉退去後、荒廃していたが、天文元年、氏康の父・氏綱が復興し、氏康は八年前この宮に宿願成就《じょうじゅ》を祈願したことを回顧しつつ、同宮の若宮の前で歌一首を詠んだ。

この後、一行は藤沢の北の「松井の庄」にあった三田《みた》弾正忠《だんじょうのかみ》氏宗《うじむね》の宿所に一泊し、相武《そうぶ》国境を越えて武蔵国勝沼（東京都青梅市）に着き、領主・斎藤《さいとう》加賀守《かがのかみ》安元《やすもと》から「山海の珍物数を尽し」たもてなしを受け、二日間逗留した、と氏康自身の著とされる『武蔵野紀行』（『むさし野の紀行』）にはある。

そんなこの書の記述に対し、明治三十三年（一九〇〇）、東京帝国大学文科大学助教授だった田中義成は、「北條氏康の武蔵野紀行の真偽に就て」を発表し、六項目の疑問点を挙げて、この書が後世の偽作ではないかと推定した。まず、氏康は「武蔵野を見んとて」小田原を出発しながら、鎌倉や藤

沢に立ち寄るのはまあ良いとしても、そこからわざわざ青梅の勝沼へ向かってから武蔵野へ入っているが、これは不自然なまわり路である。藤沢から勝沼へ直接行くには、わざわざ目的地である武蔵野の周囲を大廻りすることになる。また、藤沢から勝沼へ向かう道中の景観（山の見え方）の記述にも不自然なものがある、と田中は述べる。

さらに、当時の勝沼の領主は、斎藤安元ではなく、前夜「松井の庄」の宿を提供してくれたはずの三田氏宗で、その三田氏は上杉氏に味方して北条氏とは敵《かたき》どうしのはず、したがって、行楽の途中とはいえ氏康がその城館に泊まるなどありえないし、「松井の庄」という地名からして藤沢の近くには見あたらない。

といった具合におかしな点が続出するのだが、田中は、それはずばりこの書が、連歌師宗長《そうちょう》（一四四八～一五三二）が永正六年（一五〇九）に書き上げた紀行『東路のつと』をもとに捏造したために生じた矛盾と指摘した。本書の氏康の不自然な足どりも、景観の記述も、『東路のつと』に描かれた宗長の足どりや景観の記述によく一致し、要するに本書の偽作者は〝種本〟である『東路のつと』にたよりすぎて馬脚を露した、というのである。

そもそも、氏康が、川越（河越城）の戦いの余塵くすぶる時期に「人々あまたうち連れて、小鷹狩《こだかがり》して遊ばん」（『武蔵野紀行』）とするのも不自然なら、彼にとって日頃駆けめぐってきた戦場であるはずの武蔵野へ、「此の年月思ひ立ちぬる事」（同）として殊更に出掛けるのも不自然ではないか、と田中は至極まっとうな疑問を呈している。

そんな疑いはさておき、一行はいよいよ武蔵野を狩り進む。「行けども果《はて》のあらばこそ、萩芒女郎《はぎすすきおみな》花《えし》の露に宿れる虫の声、あはれを催すばかりなり」とか「朝ぎり弥々《いよいよ》深くして、道も定《さだ》かに見え分かず」といった描写は、曠野だった当時の武蔵野の秋の景色を彷彿とさせる。

一行は、「長井の庄」、「大沢の庄」を経て隅田川のほとりへ出たというが、二つの「庄」の前者は現在の埼玉県大里郡妻沼《めぬま》町、後者は東京都港区とされており、事実とすればかなりの長距離である。このくだりについても、田中は、『東路のつと』の中の「長井（左衛門）」、「大沢下総守」という二人の人物の宿所から考えたのではないかという。その後、「葛西《かさい》の庄」（東京都江戸川区）の浄興寺《じょうこう》の八十歳になる長老に出迎えられた一行は、一泊した後、小田原への帰路についたという。

このわずか四〇〇字詰め原稿用紙にして三枚に満たない『武蔵野紀行』は、武蔵野を描いた文章の〝古典〟のひとつとされてきた。偽作説をひとまず措いてみれば、そこには曠野としての武蔵野の風情や、行楽にすら発揮される東国武士団の、機動性に富む空間感覚を生々しく感じとれないものでもない。しかし、もしこれが偽作だとすると、そんな〝いかにも〟人々が思い描きそうな「武蔵野」や「東国武士団」のイメージを、短い文章の中に封じこめ、本当らしさを読者に覚えさせ続けることで、この作品はあまたのミスを犯しながらも紀行文の〝古典〟として生き延びてきたのだと思われる。〝成功した偽書〟と言ってもいいのかもしれない。

〔参考〕

・『武蔵野紀行』、『続帝国文庫23　続紀行文集』博文館、一九〇〇年
・石川一「武蔵野紀行」・伊藤伸江「東路のつと」、『中世日記紀行文学全評釈集成7』勉誠出版、二〇〇四年
・田中義成「北條氏康の武蔵野紀行の真偽に就て」、『歴史地理』（1巻4号）一九〇〇年一月

ポステル『世界の驚異』が描くキリスト教徒の理想郷「日本」

「とりわけジパングないしジパングリと呼ばれてきた島は、まことに驚嘆すべきところで、もっぱら私はこの島について記述する……」

天文《てんぶん》二十二年（一五五三）、フランス人のイエズス会士、ギョーム・ポステル（一五一〇〜八一）が著した『世界の驚異』という書物は、その実に三分の一強を日本に関する記述に割《さ》いている。同じイエズス会士のフランシスコ・ザビエルが初来日して四年たらずのことであり、ポステル自身が日本を見たわけではない。しかし、ポステルは、ザビエルが来日以前に、マラッカでアンジロー（ヤジロー、洗礼名《せんれい》・パウロ）ら三人の日本人から聴いた話をイエズス会に報告した書簡から、日本についての情報を得ていたようである。

フランス人が日本について書いた最初の文献といわれるこの本の中で、ポステルが描き出した日本像は、キリスト教徒の眼から見た一種異様なまでに崇高に美化された理想社会だった。

「東方のかの国は、地上の楽園にほかならない。我らが西方にもつ一切は、妙《たえ》なる御業《みわざ》により、すべてすぐれた東方の幻にすぎない。まさにこのゆえに、まことの宗教の統治と法律の行いは、神の命じられた通りに、かつてキリストの御世のはじめに見られたそのままの形で、外《と》つ国では、ジァパンジァン（日本人）のあいだで今なお見られるのである。彼らが現になしていることを、ユダヤ人の王、世界の救い主の御名において行うならば、彼らこそ世界で完全無欠の人々となるだろう」（山内昶《ひさし》『青い目に映った日本人』より）

ポステルは、日本人が「デニチ」（大日如来または三宝荒神《さんぼうこうじん》）を崇《あが》めることを、唯一神（イエス）を知り、崇拝する証拠とみなし、修験者の山中苦行は、古いキリスト教の一派「贖罪会士《しょくざいかいし》」の苦行の名残ととらえる。また、島津家の円内に十文字の紋こそ、キリストの十字架にほかならないとし、天皇と足利将軍の関係は、ローマ教皇と世俗権力者である国王の関係に相当するものと解釈していた。

ノルマンディに生まれたポステルは、幼くして両親を失い、極貧の中で育ったが、一種の〝天才少年〟だったらしく、十三歳で地元の神学校で教鞭を執ったのち、パリに出て、独学で数カ国語をマスターしたという。文学士となった彼は、時のフランス王フランソワI世の使節団員として、トルコ、ギリシア、シリアなどを歴訪、帰国後王立教授団（コレージュ・ド・フランスの前身）に東洋学者として迎えられる。

その一方で彼は、フランソワI世に「ノアの長男の子孫であるあなたこそ世界帝国の王になるべきである」などと進言して、王に狂人としてあしらわれている。その後、旧知のイグナティウス・ロヨラを通じて「イエズス会」に入会するが、異端の疑いをかけられて宗教裁判所に追われる身となる。逃亡と流浪の中で、彼は自分こそ、キリスト教のもとに全世界を改革する「第二のアダム」であるとの確信を抱き、再び中東を歩いてヘブライやイスラームについても深く学んだという。しかし、『世界の驚異』完成の二年後の天文二十四年＝弘治元年（一五五五）、ついにヴェネチアで異端審問所に捕らえられ、投獄される。が、「狂人」ゆえを以て死罪一等を減ぜられる。以後、二六年間、放浪、逮捕、監禁を繰り返しながら、著述や神秘思想の研究は続け、パリの修道院で七十一歳で天に召されたという。六〇冊以上という著書はことごとく散逸、現存『世界の驚異』は数少ない例外である（以上、山内、前掲書による）。

ポステルには、西欧のキリスト教会は堕落しているという認識と、真のキリスト教は、世界のはてに原型に近いかたちで残っているはずだ、という願望に近い確信があった。釈迦《しゃか》はイエス・キリスト、摩耶夫人《まやぶにん》は聖母マリアのことで、ただ本名が忘れられているにすぎない、とまで彼は考える。このように、キリスト教以外の〝異教〟を、今は忘れられた純粋なキリスト教の原型の名残、あるいは古代ギリシア思想の名残として、あくまでもキリスト教神学的に解釈しようとする思想を「古代神学」（プリスカ・テオロギア）という。この考えは、ルネスサンス時代のプラトン主義者であるフィチーノ（一四三三〜一四九九）らによってさかんに唱えられ、十九世紀前半まで広くゆきわたっていた。そして、「仏教と「古代神学《プリスカ・テオロギア》」」において、ポステルの「古代神学」的な仏教解釈について検討した彌永信美は、その結び近くで、二十世紀前半のナチス・ドイツにおける「インド・アーリア民族とゲルマン民族の同質性」神話や、一九六〇年代の「ヒッピー運動やそれに続くオカルト文化の流行の底流」にあった、インドやチベットなど「東洋の彼方の秘教に伝えられる最も純正な真理の探求、というモティーフ」に、この「古代神学」の奇妙なリバイバルを指摘している。

当の日本人にとっては、まったく唖然とするほかはない勝手な思い込みにすぎないけれども、天才的な東洋学者でありながら、狂人視もされた神秘主義者、「碩学にして狂気《ドクト・エ・フォル》」の人ポステルにとって、日本はぜひともキリスト教徒の理想郷《ユートピア》であってほしかったのだ。

〔参考〕

・山内昶『青い目に映った日本人――戦国・江戸期の日仏文化情報史』人文書院、一九九八年
・同「ポステル『世界の不思議』を読む」、『甲南大学紀要　文学編54』甲南大学、一九八五年三月
・同「日仏関係の開幕」、『甲南大学紀要　文学編55』甲南大学、一九八五年三月
・彌永信美「仏教と「古代神学《プリスカ・テオロギア》」――ギヨーム・ポステルの仏教理解を中心として」、新田大作編『中国思

想研究論集——欧米思想よりの照射』雄山閣出版、一九八六年

「天竺の金色姫」が繭に変身！ 御伽草子『戒言』が伝える養蚕の由来

「そも〳〵わがてう（朝）はかんこく（寒国）なり。この、わた（綿）といふことのなかりしはしめ（始）は、人こと〳〵（悉々）くさむきにつめられ、し（死）するなり。雪のうちにつちのなかをかねてよりほりて、あなのこと（如）くにして、さむきをふせ（防）きしなり。そのころのよには、さむきことつよかりしときは、雪鬼《おに》といふけしやう（化生）の物国土《こくど》をめく（巡）りて、ゆきをふらし、人をとり、くちにのむなり」（『神道大系　文学編2』より）

日本の養蚕、生糸製造の歴史は長く、古くは弥生時代にさかのぼる。また、『日本書紀』では、保食神《うけもちのかみ》の遺体の眉の上や、稚産霊神《わくむすびのかみ》の遺体の頭の上に、『古事記』では、大宜《おおげ》都《つ》比売《ひめ》の遺体の頭の上に、初めて蚕《かいこ》が生じたと記されている。そして、右に引用した、永禄《えいろく》八年（一五六五）の写本がある御伽《おとぎ》草子《ぞうし》『戒言《かいこ》』には、天竺《てんじく》（インド）の金色姫の化身が日本へ伝わった最初の蚕となったとの伝説が、筑波山「蚕《こ》影《かげ》神社」の本地《ほんじ》伝承とからめて記されている。

本書の前半は、「継子《ままこ》いじめ」の物語である。北天竺（インド）「きうちうこく」の王女「こんじきくはうこう（金色姫）」は、継母に憎まれ、猛獣や猛禽《もうきん》の棲む山や無人島に流されたり、宮殿の庭に埋められたり、と四度もの受難に遭うが、そのつど生還する。父の「りんゐだいわう」は、娘を自分の後妻の魔手から救うため、桑の木で造ったカプセル状の「うつほふね（空舟）」に乗せて海へ逃がし、その舟は、「あきつす（秋津洲）のあつま（東）のはて」常陸《ひたち》国豊浦《とようら》の浜（日立市）へ漂着して「こん

のたいふ」夫婦に救われるが、まもなく病死してしまう。

ところが、その遺体を納めた棺《ひつぎ》を開けてみると、姫の体は「ちいさきむし」つまり蚕に姿を変えており、桑の葉を食べて育ち、四度の休眠を経て繭となる。そこへ、筑波山の「ほうだうせんにん（仙人）」が現れ、繭を練って最初の真綿を作り「人のさむきをふせぎ給《たま》ふ」た。以上が、『戒言』に書かれた本邦の養蚕と絹の由来だが、姫の四度の受難を蚕の四回の休眠に、姫の「うつほふね」での航海を蚕の繭形成にと、姫のドラマと生物としての蚕のライフサイクルを重ね合わせたところがミソである。

物語の終わり近く、突如「かくや（かぐや）ひめ」が欽明《きんめい》天皇の皇女《おうじょ》として登場、筑波山で、自分が金色姫の化身で、この国の「こがひ」（養蚕）の神となることを宣言し、富士山へ登るが、これは筑波山の神と富士山の権現《ごんげん》の一体性を、強引に語ったものらしい。

なお、この本とよく似た養蚕の起源伝説（金色姫伝説）は、中世から近世にかけて広く読まれた書簡文例集『庭訓往来抄』寛永八年（一六三一）版本の卯月（四月）五日状への「注」や、富士権現の本地を物語る『富士山の本地』にも見られる。このうち、前者は「蚕養《こがい》」の注だが、『戒言』の本文とまったく同じ部分があり、後者は、「富士山浅間ごんげんと。ひたちの国、つくばごんげんは。一たいふんじんの、御神にて、おはします」ということで、富士山の側から『戒言』とほぼ同じストーリーを物語っている。

〔参考〕

・『戒言』、『神道大系　文学編2　中世神道物語』神道大系編纂会、一九八九年
・前澤明「庭訓往来抄「蠶養」の注として見える一説話――蚕影山の縁起」、『成城文藝』（29号）、一九六二

年四月
・『富士山の本地』、『室町時代物語大成11』角川書店、一九八三年

竹刀片手に〝スポーツ振興〟！　疋田文五郎が記す武芸者の姿

永禄《えいろく》六年（一五六三）初夏、柳生新左衛門宗厳《やぎゅうしんざえもんむねよし》（石舟斎《せきしゅうさい》）は、奈良・宝蔵院《ほうぞういん》で、「新陰流《しんかげ》」の創始者・上泉伊勢守秀綱《かみいずみいせのかみひでつな》（信綱《のぶつな》）に、三たび剣術の仕合を挑んで連敗、乞うてその門下となった。武芸者・柳生の一門が「新陰流」の許に入り、俗にいう「柳生新陰流」が成立するのは、この対戦が機になったという。

柳生家の伝承によれば、柳生宗厳は、このとき、毎回熟考して技を変えながら、上泉に一日一回ずつ、連続三日挑み、完敗を悟ったという（柳生厳長《としなが》『正伝新陰流』）。しかし、上泉は、甥《おい》で第一の門弟だった疋田文五郎景忠《ひきたぶんごろうかげただ》（景兼《かげかね》）に柳生の相手をさせ、疋田は上泉の発明した「撓《しな》へ」（竹刀《しない》）を用いて、木刀で挑みかかる柳生の脳天に、たて続けに三本の「面」を入れ、弟子にさえ歯が立たぬことを柳生に思い知らしめた、との別伝があり、むしろこちらが有名である。

疋田（一五三七?～一六〇五?）は、加賀国石川の生まれという。のちにみずから「疋田陰流」を興し、一時、豊臣秀次《ひでつぐ》に、次いで、元の主君だった細川忠興《ただおき》に仕えた。また、彼は豊五郎《とよごろう》などの別名があるほか、老いて栖雲斎《せいうんさい》と号し、あらためて諸国を修行して歩いた。最晩年の慶長《けいちょう》六年（一六〇一）、自分の武者修行の記録を忠興に献じている。この『新陰流剣術先師疋田豊五郎入道栖雲斎廻国記《かいこくき》』には、疋田の対戦スタイルと当時の武芸者の姿がかいま見える。

出雲・松江で対戦した宗現《そうげん》という坊主頭の男は、四尺ほどの樫の杖を「右まわしくるくるとふり来」たが、頭上を打って二度負かしたら、杖を捨て、三拝《さんぱい》して去った。

武蔵・岩付《いわつき》（埼玉県岩槻市）で対戦した筑摩利兵衛《ちくまりへえ》は、二尺五寸の竹刀を用い「太刀も延び、くせもなき兵法」の遣い手で、訊けば同じ「新陰流」だという。疋田を同門の大先輩と知った筑摩は、疋田を自宅へ招いて礼を尽くし、疋田は供の嶋田清六《せいろく》と共に二十日間逗留《とうりゅう》して筑摩に稽古をつけた。三両の謝礼までもらった疋田は、一両を嶋田に与える。

かと思えば、木刀で打ちかかって計五回も呆気なく敗れながら「はがみを成して泪《なみだ》を流し」負け惜しみをいって強がる若者もいる。見栄っぱりの若僧であるが、その年の若さを見た疋田は、彼に「いつまでもなが（永）らへ執行《しゅぎょう》（修行）して上手になり給へ」と声をかけて、去っていく。

こんなコミュニケーションが可能だったのも、疋田が一貫して竹刀を用いて仕合にのぞんだためかもしれない。対戦相手たちも、多くは木刀もしくは棒、時に竹刀であり、真剣で打ちかかってきた者は皆無であった。『剣《つるぎ》の舞《まい》』で、上泉・疋田師弟を描いたマンガ家の岩明均《いわあきひとし》は、上泉考案の竹刀を手にした疋田の諸国行脚《あんぎゃ》を「スポーツ振興活動」だったのではないかと述べているが、一理あるのではなかろうか。

なお、疋田は六十代後半から細川家の剣術師範を務めたのち、今度は九州を巡り、唐津にしばらく留まったが、最後は大坂へ出て慶長十年（一六〇五）頃、大坂城内に歿したという。

〔参考〕

・『新陰流剣術先師疋田豊五郎入道栖雲斎廻国記』、『武道傳書集成6　新陰流関係史料（下）』筑波大学武道文化研究会、一九九〇年

・柳生厳長『正伝新陰流』島津書房、一九八九年
・岩明均『剣の舞』、『雪の峠／剣の舞』（講談社漫画文庫）講談社、二〇〇四年（原版二〇〇〇年）

戦乱の中での連歌興行の記録・『富士見道記』に漂う〝不安〟！

連歌《れんが》師・里村紹巴《さとむらじようは》（一五二五～一六〇二）が、京都から富士を見にいこうと思いたったのは、永禄《えいろく》十年（一五六七）の新春である。聖護院の門跡《もんぜき》（道増《どうぞう》または道澄《どうちよう》）の「おほびえの春さへいかに富士の雪」の句に背中を押され、二月六日には、餞別の連歌興行も催されて、京をたったのは十日の朝である。

三井寺に立ち寄り、近江、伊勢、尾張、遠江《とおとうみ》と紹巴一行は下ってゆく。僧坊《そうぼう》に酒を酌《く》み、馬の背に酔いを醒《さ》まし、舟の上にまた盃を重ね、故事を憶《おも》う道中だが、もとより個人的な物見遊山の旅ではない。

行く先々の、寺社や有力者の城館で「興行」と呼ぶ連歌の会を催し、門人や慕い来る人々に親しく指導を行い、名士を門人に加えてゆく。一種の、ライブ・パフォーマンス・ツアーである。そこにつどう「ファン」たちの中には、勢田（勢多）城主・山岡景隆《やまおかかげたか》の嫡男《ちやくなん》・孫太郎（景宗《かげむね》）や、日野城主・蒲生《がもう》兵部太夫賢秀《ひようぶたゆうかたひで》の嫡男・鶴千代《つるちよ》（氏郷《うじさと》）らの姿もある。紹巴の旅日記『富士見道記《ふじみみちのき》』によれば、山岡孫太郎は腕に鷹を止まらせた姿で、颯爽と一行をエスコート、また当時十二歳だった氏郷は、「深夜まで御長座《ごちようざ》ありて、酌取り酌取りうた」ったという。道中に不用心な峠道があったりすると、わざわざ大勢の出迎えに来てもらうなど、紹巴たちはさりげなく自分たちのセキュリティーにも注意を怠

らなかった。

五月九日、浜名湖の湖口・今切《いまぎれ》の渡しで初めて富士を見た一行は、駿州《すんしゅう》・島田（島田市）出身の連歌の先人・柴屋軒宗長《さいおくけんそうちょう》の事績《じせき》を偲んだ後、十三日、不二（富士）浅間《せんげん》神社に詣《もう》で、十八日、三穂《みほ》（三保）の松原に遊んでいる。その後、一行は六月二十一日頃帰途につき、七夕前後は岡崎に滞在、八月十五日には津島（津島市）で中秋の名月を愛でた。橋の上から月を仰ぎ、酔いのおもむくままに詠んだ狂句「月をこそ都さぞなのこん夜かな」。

だが、その直後から、旅日記にはそれまでとはまったく違った空気が流れこむ。それは風雅の世界への戦乱の闖入だった。桑名へ向かった一行は、「一向念仏坊主」の拠点・長島城をめぐる戦闘の兵馬の動きに遭遇、熱田に身を避けて「行末如何《ゆくすえいか》にと思いや」る。幸い門人らが駆けつけ、八月十八日には、水路で大高城《おおだか》（名古屋市緑区）にたどりつくが、同夜半「長島追落《おいおと》され、放火の光り夥《おびただ》しく、白日《はくじつ》の如《ごと》く」という光景を目撃する。さらに、二十二日辰《たつ》の刻《こく》（午前八時頃）には、河曲《かわわ》郡（鈴鹿市付近）の人家炎上を見ている。

一行は、二十六日、また三井寺に立ち寄って、翌二十七日、無事京都へ帰りついた。しかし、紹巴の筆には「不定《ふじょう》世界驚きながら」とか「人界《にんがい》ははかなさよ」などと不安が漂う。そして再び「ゆく末如何ならん」のひとことで、この旅日記は結ばれている。

のちに、紹巴は細川幽斎、明智光秀ら織田家の武将たちと関係を深め、あまり文学に関心を示さなかった信長の歿後は、豊臣秀吉の側近に加わるまでになる。だが、政治に接近しすぎたことが仇となり、文禄四年（一五九五）の秀次粛清のあおりで失脚、寂しい晩年をおくったという。

〔参考〕

・『富士見道記』、『続帝国文庫24　続紀行文集』博文館、一九〇〇年
・岸田依子『紹巴富士見道記』、『中世日記紀行文学全評釈集成7』勉誠出版、二〇〇四年
・内藤佐登子『紹巴富士見道記の世界』続群書類従完成会、二〇〇二年
・小高敏郎『ある連歌師の生涯――里村紹巴の知られざる生活』至文堂、一九六七年

V 戦国・安土桃山

美談で綴った毛利元就の事績！『安西軍策』と立花城撤退の真相

永禄《えいろく》十二年（一五六九）四月、毛利元就《もうりもとなり》の軍勢は、北九州における大友宗麟《おおともそうりん》側の根拠地、立花《たちばな》（立華）城を攻略した。これは、当時七十三歳の高齢であった元就の晩年を飾る大いくさであり、元就みずからが孫の輝元《てるもと》と共に下関に出陣、立花城へは元就の二男・吉川元春《きつかわもとはる》、三男・小早川隆景《こばやかわたかかげ》が四万人以上の大軍で押し寄せた（永禄立花合戦）。

この戦いは、毛利側が立花城を手中にしながらも、大内輝弘《おおうちてるひろ》、尼子勝久《あまこかつひさ》が毛利側を背後から脅かしたことにより、毛利側は苦境に立たされ、結局、九州からの一時撤退を余儀なくされる。毛利側の記録『安西軍策《あんざいぐんさく》』は、この敗北にまつわる、次のようなエピソードを伝えている（巻四）。

元就直々の命により撤収を決定した毛利側は、立花城に桂左衛門尉《かつらさえもんのじょう》以下一〇〇〇人を残して引き揚げたが、そのさい、わざわざ大友側に使いを送り、こんなメッセージを伝えた。

「まず自国の敵退治のために、当陣を引き払います。久しく対陣いたしましたが、ついに、田原《たわら》、柳川《やながわ》、戸次《べつき》殿と、直接勝負を決することができず、少なからず無念に存じます。もし跡をつけてこられるようでしたら、互いに鬱憤《うっぷん》を晴らしましょう」

大友側では、追い討ちをかけようとの声もあがったが、武将・戸次道摂《どうせつ》（立花道雪《どうせつ》）はさえぎっていった。

「白昼にわざわざ挨拶を遂げて、その上十万に余る大敵に、わずか千ばかりで籠城《ろうじょう》させるほど決心の固い敵の跡を追いかけるのは、かえって智謀の少ないことになる」（引用は石黒吉次郎《きちじろう》『安西軍策』

の現代語訳による）

かくて、毛利側の主力は無事九州から撤収、残留した桂らも元就の了解を得て立花城を明け渡したが、大友側は桂たちの勇気をたたえ、手厚く下関に送り届けたという。

『安西軍策』全七巻は、著者、成立年代とも確かではないが、毛利家の「御伽衆《おとぎしゅう》」たちの合作と考えられ、明応《めいおう》七年（一四九八）から、慶長《けいちょう》三年（一五九八）の朝鮮出兵終了までを扱い、全七巻中四巻を元就の事績《じせき》にあてている。のちに「安西衆」とも呼ばれた御伽衆《おとぎしゅう》とは、武将たちの召し抱えた「語り部」だが、その原型となった陣中における「伽」や「咄《はなし》」と称するものは、陣中の「一種の思想統一のため」（桑田忠親《ただちか》『大名と御伽衆』）の物語だったらしい。

ちなみに、毛利家の御伽衆としては、元就自身のメモと思われるものの中に、観音寺、黙庵、妙寿寺の名がある。彼らは、いずれも僧侶で、妙寿寺は、周泉と号して政治や外交にも関与したという。それ以外にも、満蓮社という者（僧侶）もおり、立花氏との合戦にも従軍したという（桑田、同）。戦国の御伽衆の中には、合戦場で戦死する例もあった。

ここに紹介した『安西軍策』の一節には、味方の「敗北」を「名誉ある撤退」と位置づけ、さらに美談にまで仕立てた、御伽衆たちの鮮やかなプロの仕事ぶりが感じられる。それは、毛利主従の〝手柄話〟を重ねることによって、味方に、自信と誇りと一体感をもたらそうとする、教化のための物語だった。

〔参考〕

・『安西軍策』、『改訂史籍集覧7』臨川書店、一九八三年（原版一九〇〇年）
・石黒吉次郎『安西軍策――毛利元就合戦記』（日本合戦騒動叢書）勉誠出版、一九九九年

・桑田忠親『大名と御伽衆（増補新版）』有精堂出版、一九六九年

明治維新まで「秘録」扱いされた『永禄日記』の津軽・南部抗争史

元亀《げんき》二年（一五七一）五月五日、津軽の豪族、浪岡北畠氏《なみおかきたばたけ》の本拠、浪岡城（青森県南津軽郡浪岡町）城下の浪岡八幡宮では、恒例の競馬《くらべうま》が開催されていた。北畠の家臣で遠戚《えんせき》でもあり、後世『永禄日記《えいろく》』と名づけられる記録の筆者の一人だった佐藤氏も、早朝この催しを見物したが、その夜「諸人驚入《しょじんおどろきい》」る大事件が勃発する。

大浦城《おおうら》（青森県中津軽郡岩木町）を本拠とする、大浦為信《ためのぶ》が、五〇〇騎で石川城（弘前市）を急襲、津軽地方の支配者だった城主の南部高信《なんぶたかのぶ》を自害させるなどの武力行動を起こしたのだ。佐藤氏は、この年の正月三日、北畠家の当主の供をして石川城に高信を訪ねていただけに、衝撃も一入《ひとしお》だったと思われる。

ただし、奇妙なことに、南部氏側の記録はこの事件にはいっさい触れず、高信は天正《てんしょう》九年（一五八一）に歿したことになっている。

今日残されている『永録日記』は、永禄元年（一五五八）元旦から始まっているが、同五年四月五日には、「浪岡御所《ごしょ》（大御所）」と呼ばれた浪岡北畠宗家《そうけ》の北畠具運《ともゆき》が、「川原御所《かわら》」と呼ばれた一族の別系統の北畠具信《とものぶ》父子に殺害され、この内紛以後、浪岡北畠家の家運は傾き出していた。そして、天正六年七月二十日、大浦為信の攻撃の前に、浪岡城は落城、当主・北畠顕村《あきむら》は自刃《じじん》し、一族離散の憂き目を見る。『永禄日記』も、天正五、六年の記事を欠いている。津軽全土を武力平定した為信が、

「津軽氏」を名のるようになるのは、天正十八年（一五九〇）のことであった。

その後、佐藤氏の一族は、現在の北津軽郡板柳町《いたやなぎ》館野越《たてのこし》に山崎氏として住みつき、代々「家憲」により『永禄日記』を書き継いできた。現在のこの書は、天明《てんめい》（一七八一～八九）の初期に、佐藤氏の子孫、山崎立朴《りゆうぼく》（一七四七～一八〇五）が安永《あんえい》七年（一七七八）までの記事をまとめたもの。立朴は医師としても名高く、菅江真澄《すがえますみ》とも親交のあった知識人だった。しかし、『永禄日記』は、為信以後、明治維新まで藩主として当地に君臨した津軽氏に不都合な記述があったといわれ、「秘録」の扱いを受けてきた。

俗に、津軽、南部両家は不倶戴天のライバルのように言われるが、南部側の記録によれば、津軽氏こと大浦氏は南部の分家、久慈南部氏の血統であり、為信は南部高信の家臣だったことになっている。つまり、為信による津軽征服は、南部から見れば、分家筋による主家、本家への反逆行為にほかならない。

一方、津軽側は、みずからを奥州（平泉）藤原氏の末裔と位置づけ、津軽に侵攻してきた南部に連行され、迫害をうけたのちに、父祖の地に返り咲いた、とするストーリーを主張、自分たちは津軽を南部から奪還したのだとする。そして史実は、どうやら前者らしいが、『永禄日記』には、この津軽氏の主張する〝歴史〟のタブーに抵触するところがあったらしいのである。

さて、『永禄日記』によると、前に紹介した元亀二年の正月には、岩木山から三夜連続して光り物が轟音《ごうおん》とともに東へ飛び、永禄五年の正月には、のちに殺された北畠具運夫妻が相次いで悪夢にうなされたという。ともに、凶事の発生を予告するかのような不気味な記述である。また、下って天正十年（一五八二）一月十五日には「夜五ツ時紅気《こうき》北之《の》方の空ニ見へ火之如《ごと》し」とあるが、これはどうやらごく稀《まれ》に北日本のような低緯度地方でも観測される、「赤気《せつき》」と呼ばれる赤色オーロラの貴重な目撃証言らしい。

〔参考〕
・『みちのく双書1　永禄日記』青森県文化財保護協会、一九五六年
・山上貢『続つがるの夜明け（上）』陸奥日報社、一九六九年

本願寺側から石山合戦を語る『石山退去録』と雑賀孫一父子

天正《てんしょう》五年（一五七七）、織田信長と一向宗徒の戦いの中、元亀《げんき》元年（一五七〇）以来続いてきた宗徒の最大拠点・浄土真宗《じょうどしん》石山本願寺《いしやまほんがん》（大阪市中央区）をめぐる攻防は八年目を迎えていた。織田側の兵糧攻めに、疲労の色を濃くする本願寺側で、ひとり気を吐いていたのは、優秀な鉄砲隊によって織田軍を悩ませる紀州雑賀衆《きしゆうさいか》の雑賀孫一《まごいち》こと鈴木孫一（生没年不詳）であった。

「父孫一は元亀元年より石山に立てこもり、八年来古郷《こきよう》へかえらず、風の便りに未《いま》だ存命とは聞けども（中略）もはや此度《このたび》は絶体絶命、たてこもりし人々は籠《かご》の鳥も同じことと聞」いた孫一の息子、十五歳の豊若《とよわか》は「聞捨《きき》てにはならぬ」と、真言宗の巡礼姿に身をやつし、織田軍の番所での検問をかいくぐって、父のいる石山本願寺をめざした、とは、本願寺側の立場から石山合戦を叙述した物語『石山退去録《たいきよろく》』の中のお話（引用は和泉書院上方文庫版より）。

「祖師聖人《そししようにん》（親鸞《しんらん》）御真筆《しんぴつ》の御名号《みようごう》（「南無阿弥陀仏《なむあみだぶつ》」）を現当《げんとう》二世（顕如《けんによ》）の守り本尊《ほんぞん》と首にかけ」、父・孫一にあてた母の手紙をたずさえて紀州をたった豊若は、住吉（大阪市住吉区）に設けられた明

智光秀の番所で正体を見破られ、「業聞《ごうもん》（拷問）して白上《はくじよう》（白状）させん」と、光秀直々《じきじき》に命ぜられて牢に監禁されてしまう。

ところが、深夜、一心に念仏を唱えていると、番所の門が開いて「其長《そのたけ》六尺計《ばか》りの真黒なる大坊子《ぼうず》（主）」が歩み入り、豊若を肩に背負うと、様々な武器をたずさえた追っ手を苦もなくかわし、気がつけば豊若は「石山御堂《みどう》の真中」にいて、「大坊子」も「吾《われ》、名は別に名乗るにおよばぬ」と言い残して煙のように消えてしまった。かくて、豊若は無事、父と再会、この奇蹟を父に告げ、父と共に石山本願寺の指導者、顕如に謁見《えつけん》する。

『石山退去録』は、浄土真宗の布教僧たちによって語られた説教（説経）本の一種と思われ、このほかにも毛利軍の武将・児玉蔵之助《こだまくらのすけ》と「高砂《たかさご》の尾上《おのえ》の松」をめぐる霊異譚《れいいたん》など、合戦にからませて奇蹟を紹介しているが、今日では、ほとんどその存在を忘れられてしまった。

だが、ストーリーの面白さだけでなく、近世初期の口語《こうご》史料としても興味深く、豊若の番所脱出の場面でも、「こりゃたまらんと」「とり逃したは残念や」などの言い方が見られ、「待ってけつかれ」という呼びかけもある。

また、立場上、信長に対する否定的表現が多いが、なぜか、後半で「信長公」と敬語を使い出す点は、少々奇異である。

さて、この本の中では孫一をはじめとする雑賀衆は、どこまでも石山本願寺＝一向宗側のため粉骨砕身する武装集団である。だが、雑賀衆の実像は、あくまでも「傭兵集団」であり、「自分たちの都合次第で、本願寺が危なくなるようなことも平気でやっている」と、鈴木眞哉は『戦国鉄砲・傭兵隊』で指摘する。同様にして、鈴木は、ルイス・フロイスによる雑賀衆への「農民の共和国」という評価も否定するが、彼らは「良くいえば独立自尊、悪くいえば唯我独尊的」なあり方に執着した集団だったらしいと述べている。

〔参考〕

・関西大学中世文学研究会編『石山退去録』（上方文庫）和泉書院、一九八六年
・鈴木眞哉『戦国鉄砲・傭兵隊——天下人に逆らった紀州雑賀衆』（平凡社新書）平凡社、二〇〇四年

マスメディアに担がれた「偽書」＝『武功夜話』城を築く

昭和三十四年（一九五九）九月、伊勢湾台風の風水害により愛知県江南《こうなん》市前野《まえの》の旧家・吉田家の土蔵が崩れ、古物多数が発見された。その中に『武功夜話《ぶこうやわ》』全二一巻もあった。

同書の冒頭に記されていることによれば、代々、前野村の庄屋だった同家の先祖・吉田孫四郎雄翟《かつかね》は、かつて武門《ぶもん》前野氏として織田、豊臣両家に仕え、数々の戦功を立てた一門の記憶が、武家から農家になって風化するのを憂《うれ》え、これをまとめたという。雄翟は江戸初期の寛永《かんえい》十五年（一六三八）に二一巻までを書き、別に八巻から成る『武功夜話拾遺』を娘の千代女《ちよじょ》が書きあげたという。

「貸出しの儀、平《ひら》に断る」とあるこの書物には、他の史書にはない記述が多く含まれている。不明とされてきた信長の生駒《いこま》氏出身の側室の名「吉乃《きつの》」や、秀吉の出自《しゅつじ》が中中村（名古屋市中村区）の「村長《むらおさ》役人」の倅と明記されていることなどは、そのほんの一例である。前野一族の出陣した幾多《いくた》の合戦の知られざるディテールなども克明に記されていた。

そんな『武功夜話』に目を通した当時の吉田家当主・龍雲《たつも》は、あまりにも歴史の〝常識〟からへだ

たったその内容に、当初公開を憚《はばか》った。結局、この本が広く知れわたったのは、発見から二八年後の昭和六十二年（一九八七）、龍雲の実弟・吉田蒼生雄《たみお》（一九三七〜）による全訳（訓読）が刊行されてからである。吉田家からは、『武功夜話』以外にも『永禄州俣記』二巻などいくつもの古文書が発見され、一部は全訳版の『武功夜話』全四巻・補巻一に収められた。また、『武功夜話』という題の本も、二一巻本以外に三巻本、五巻本といった〝異本〟が存在する。それらを一括して「前野文書」と呼ぶことがある。

信長、秀吉らのこれまでまったく知られていないエピソードが満載されている、といえばアマチュアの歴史マニアばかりでなく、現代の歴史小説家たちが放っておくわけはない。津本陽『下天は夢か』、遠藤周作『男の一生』といった小説や秋山駿の評伝『信長』などが『武功夜話』を素材として用いて書かれ、『武功夜話』を史実として肯定する立場の見解を集めた『「武功夜話」の世界』には、遠藤や杉浦明平ら、作家や文化人が寄稿している。また、「前野文書」を史実のように扱ったTV番組がつくられ、「前野文書」は地元の地域振興のための観光資源のようなものになってゆく。

ほとんど内容が学術的に検証されないまま、世を席巻するかたちとなった『武功夜話』だが、はたしてその記述を信じてもいいものなのだろうか？　藤本正行は、鈴木眞哉との共著『偽書『武功夜話』の研究』で、この書の問題点として以下の七点を挙げている。

①戦国時代らしくない（それより古風だということではない）文体で書かれていること。
②戦国時代らしくない用語や表現が散見すること。
③戦国時代らしくない発想（価値観）で書かれた記事があること。
④登場人物の官職を、しばしば誤記していること。
⑤年紀が必ずしも正確でないこと。

⑥同じ『武功夜話』所収の記事と記事の間に、しばしば矛盾が見られること。
⑦良質史料による裏付けがなく、また良質史料と相違する記述が見られること。

例えば、『武功夜話』二一巻本の巻四には、豊臣秀吉が山中に閑居する竹中半兵衛を訪ねる場面があるが、そこでは半兵衛に対し「軍師」という呼称が使われている。しかし、半兵衛は秀吉の武将ではあっても「軍師」ではなく、「軍師」という呼び方そのものがこの時代にはなかった。そのうえ、秀吉が半兵衛をひそかに訪ねて味方に誘うというエピソードじたい、江戸時代の作家・竹内確斎が『絵本太閤記』で創作したエピソードだった、と聞けば何をか言わんや、である。

そのほかにも、「合戦」のことを、やくざの抗争ではあるまいし、「出入り」と呼んだり、「我等主従の者虜囚の辱しめをうけ……」などと、昭和十六年（一九四一）に帝国陸軍に布達された「戦陣訓」の言いまわしを彷彿とさせる箇所があるなど、子細に検討すると素人目にもおかしなところが続出する。

また、千代女が書いたとされる『武功夜話拾遺』巻一の斎藤道三についての一節は、

「今を去る永禄の昔、隣国美濃国は井口なる誠に賑《にぎ》々しき町筋これあり候。その町方丑寅の方位に大河流れ迫り来たる辺り、稲葉山とて高き山が御座いました。この山のあたりは美濃国随一の節所にて候。この山の頂に城を築き、斎藤美濃守と申されまする近国に武勇の聞え高き智勇兼備の無双の勇将これあり」（吉田蒼生雄訳注『武功夜話　補巻』より）

と語りだすが、道三は永禄（一五五八～七〇）が始まる二年前、弘治二年（一五五六）に歿しているし、「美濃守」だったこともない。そして、この部分が女性の筆によるものだから、と言われても、「御座いました」という語りくちは唐突で変であるが、『拾遺』にはこういった書き方が頻出するのである。

藤本と鈴木は、『武功夜話』をはじめとするこの膨大な「前野文書」は近代、それもおそらく昭和時代に作られた偽文書ではないかと結論づけている。複数の人物の手になる可能性もあるが、昭和期の軍隊用語に近いものや、旧軍の慣習の影響がしばしば現れるので、旧軍隊経験者が関与している疑いも指摘している。

ならば、この「文書」がすべて「偽書」だったとしても、「創作《フィクション》」として、例えば『水滸伝』や『南総里見八犬伝』のように愉しめば良いではないか、という意見もある。が、そうも言っておれぬらしいのである。

例えば、「前野文書」の中には、永禄九年（一五六六）に、木下藤吉郎こと豊臣秀吉が蜂須賀小六正勝らの助けで〝一夜にして〟築いたとされる「墨俣《すのまた》一夜城」に関する絵図を含む文書が何点も含まれている。藤本は、それらの文書上に記された「一夜城」が、美濃国墨俣（岐阜県安八《あんぱち》郡墨俣町）の現地の地形に照らすなどしてみると、地理的にも、軍事的にもまったく不合理なもので、つまりはフィクションだと論証している。もともと、「一夜城」が実在したかのごとく言われだしたのは、明治四十年（一九〇七）、歴史学者の渡辺世祐が『安土桃山時代史』の中で、小瀬甫庵『甫庵太閤記』の曖昧な記述をもとに書いたのが始まりだという。

にもかかわらず、現地では「前野文書」の「墨俣一夜城」がすっかり「史実」として受け入れられて、城があったとされる場所には天守閣を模した建物（歴史資料館）まで建っている。さらに、NHKの「大河ドラマ」や民放のクイズ番組でも、『武功夜話』や「前野文書」の記述が採用されるなどすると、世間には知らず知らずのうちに、フィクションが「史実」であるかのように広まってしまう。

その間、歴史学の専門家たちの多くは、「前野文書」をはなから無視するか、傍観者的に放置してしまったが、「前野文書」は、マスコミ、文化人、メディア、そして地域社会を味方につけて〝ひとり歩き〟し、ある種の名声を確保してしまった。「大昔のことだから構わない」とする向きもあるだろうが、特定の政治的主張などにもとづいて、この手の歴史「偽作」が行われ、「史実」であるかのように扱われれば、笑い話では済まないのである。

〔参考〕
・吉田蒼生雄『武功夜話（全4・補1）』新人物往来社、一九八七～八八年
・新人物往来社編『「武功夜話」の世界』新人物往来社、一九九一年
・藤本正行・鈴木眞哉『偽書『武功夜話』の研究』（新書y）洋泉社、二〇〇二年

光秀は家康に連合をもちかけた！『明智物語』が描く信長殺しの目的

天下人・信長を討ち果たしながら、あえない最期をとげた明智光秀（一五二八？～八二）は、近世の史書や歴史物語の中で、幾つかの異なるキャラクターをあてがわれて描かれてきた。主君殺しの謀《む》反《ほん》人という否定的評価のみならず、『明智軍記《ぐんき》』のように、彼をたび重なる主君からの暴虐に耐えかねた悲運の家臣として同情的に描くものもあり、源義経のような生存説も現れるなど、彼は「判官《ほうがん》贔屓《びいき》」の対象にもされた。

それらの毀誉《きよ》褒貶《ほうへん》とはやや異なる視点から光秀を取り上げた書物に『明智物語』二巻がある。その「序」によれば、これは光秀の死から三二年後の慶長《けいちょう》十九年（一六一四）に、当時数えで八十二歳だった森四郎左衛門《しろうざえもん》が語り始めた美濃の土岐氏とその分家・明智氏の物語の聞き書きを、正保《しょうほう》四年

（一六四七）にいたってこのかたちにまとめあげたもの、という。

この森という人物は、のちに徳川家康の家臣となる土岐定政《さだまさ》（幼名・愛菊《あいきく》丸）の父・定明《さだあき》の忠臣という設定だが、そもそも『明智物語』は、定明と光秀の関係を三人兄弟の長男と三男という、他のいかなる史書や系図とも異なる位置づけをしているのが奇妙である。また、生き長らえた家臣が主家の事情を回想するのは、ある種の軍記物・武家物のパターンであり、「序」に語られたこの書の成立事情そのものがフィクションではないという証拠もない。

ちなみに、光秀の素姓については、歴史学者の高柳光寿も「結局光秀はその父の名さえはっきりしないのである。ということは光秀の家は土岐の庶流ではあったろうが、光秀が生まれた当時は文献に出てくるほどの家ではなく、光秀が立身したことによって明智氏の名が広く世に知られるに至った……」（人物叢書『明智光秀』）と述べている。

とはいうものの、『明智物語』における光秀があくまでも土岐・明智一族の突出した一員とされ、信長殺しや自身の滅亡までも、土岐家の内情、とりわけ、三人兄弟の二男・定衡《さだひら》に謀殺《ぼうさつ》された定明の遺志と関連づけられる点は興味深い。

すなわち、本書の上巻で一種のスーパーヒーローとして描かれ、非業《ひごう》の死をとげた定明の、信長への否定的評価と松平広忠《ひろただ》への肯定的評価から、下巻で光秀は「信長を倒して広忠に天下を委《ゆだ》ねる」という野望を思いつき、それを実現しようとして破滅したというのである。広忠は、いうまでもなく徳川家康の父親であり、家康は光秀の愛甥である愛菊丸ののちの主君でもある。そんな家康に、光秀は信長を討ち取った後に連合を持ちかけるが家康は拒絶、「家康へは定明の存念も通じぬのか」と失望し血迷った光秀は、伊賀の一揆に乗じての家康暗殺さえ企てた、とこの本は語っている。

見逃せないのは、この本が右のような光秀の野望と挙兵を、定明の遺志を曲解した妄想と暴挙として冷ややかに突き放し、定明・定政父子を擁護する点である。主君の仇討ちにあたって、森の漏らす光秀へのさりげない不信も、その伏線となっているように思われる。

なお、下巻の冒頭には、この書が光秀の実兄とする土岐定明の仇・定衡を討ち果たす、〝語り手〟である森自身の姿が描かれている。

「かくて、森四郎左衛門秀利は、音に聞へし兵法の上手なりしが、定衡を討取《うちとり》、命も不惜《おしまず》戦ひけれども、敵味方死果《しには》て、只《ただ》一人ぞ残りける。腹を切らんとしたりしが、「本望をばとげたり。此上《このうえ》は、愛菊丸の行末も覚束なし。一先立退《まづたちのか》んと思ん」と思ひ、今切に知人あれば頼《たより》て疵《きず》をも癒《いや》さんと、荒井をさして落行《おちゆく》」（和泉古典文庫『明智物語』より、表記を改めた）

〔参考〕
・関西大学中世文学研究会編『明智物語　内閣文庫蔵本』（和泉古典文庫）和泉書院、一九九六年
・高柳光寿『明智光秀』（人物叢書）吉川弘文館、一九五八年

鍋島直茂の肥前支配を正当化　『肥陽軍記』が綴る〝龍公〟とその母

天正《てんしょう》十五年（一五八七）六月、豊臣秀吉は島津を下し、九州全土を支配下に置いた。このとき、三万の兵を率いて大隅攻略の先陣を務めたのが、数えで三十二歳になる肥前の龍造寺政家《りゅうぞうじまさいえ》（一五六六～一六〇七）だった。

政家の父・龍造寺隆信《たかのぶ》（一五二九～八四）は、これより三年前の天正十二年（一五八四）三月、島原

で島津、有馬《ありま》の連合軍との戦闘中に討ち死にをとげている。隆信は、肥前のローカルな豪族から、一代で九州を島津と二分するほどの実力者にのし上がった。そんな隆信の一代記を表とし、隆信の家臣であり義兄弟でもあった鍋島信生《なべしまのぶお》（直茂《なおしげ》）の活躍を裏として綴られたのが、今回紹介する『肥陽軍記《ひようぐんき》』全四巻である。

その著者は無名氏としか伝わらないが、隆信の死の時点から二代ほど後の、龍造寺か鍋島に縁ある人の手になるらしく、隆信、信生に対しては、「龍公」、「信生公」と敬意を払った書き方がされている。そして、この両者は、隆信の実母が信生の父の後妻になった、という少々複雑な関係にある。そのあたりの事情を『肥陽軍記』はこう伝えている。

夫に先立たれ、息子・隆信の後継者を案じた「龍公の御母堂《ぼどう》」は、「今、一族の中を見ると、鍋島左衛門尉《さえもんのじょう》信生より秀れた器量の人はいない。隆信と信生に兄弟の縁をなさしめ、当家一家の長となせば、たとえ、世に不慮の変があろうとも箕裘《ききゅう》（父祖の業）を育つべきものは信生であろう」と考え、ちょうど妻を亡くして落胆していた信生の父、清房《きよふさ》にみずから再婚を持ちかける。清房は驚いて辞退するが、「御母堂」は強引に清房の館に輿《こし》を乗り入れ、夫婦になってしまう。

「およそ善悪について、人の口はよくないもので、軽忽《けいこつ》な御振舞《ふるまい》と、間《（ママ）》には軽んじる人もあった。けれども、龍公御逝去《せいきょ》の後、信生公が御家を継がせ給《たま》い、加州太守《かしゅうたいしゅ》直茂公と申して、国家を保たせ給うた時には、御了簡《りょうけん》は露《つゆ》違うていなかったと皆人は、来し方を感じ奉《たてまつ》った」（原田種眞《たねまさ》『肥陽軍記』巻之二より）

このように、隆信の母の行動を全面的に肯定した『肥陽軍記』には、どうやら龍造寺から鍋島への肥前の支配権の継承を正当づけようとの意図が織りこまれているようである。

隆信は、この時代に馬上天下を取った者の常として、残忍な手段を用い、みずから馬上に身を滅した。『肥陽軍記』は、あえてそんな隆信の生き方を包み隠さず明かす一方で、隆信の死後、政家と共に宿敵《しゅくてき》・島津に挑む信生をヒロイックに描いている。そして、政家の引退による鍋島への政務譲渡で同書は大団円《だいだんえん》を迎える。

さて、『肥陽軍記』巻之四は、島原の沖田畷《おきたなわて》において、島津の川上左京亮に不意を討たれた隆信が、左京亮に「如何なるか是剣上の一句」と問われたのに対し、「紅炉上一点の雪」と答えて首を打ち落とされたと伝えている。そしてその首を、のちに政家の命を受けた葉《よう》治郎右衛門が薩摩から返してもらいに行くのだが、治郎右衛門は隆信の首に向かって「むかしは主君、今は五ヶ国の仇であれば、御しるしを肥前の地に入れ申すわけには参りませぬ」と宣言し、薩摩への復讐を誓って首の受領を拒否、そのまま暇《いとま》を乞うて帰国したことを記している。

〔参考〕
・原田種眞『肥陽軍記』（日本合戦騒動叢書）勉誠出版、一九九四年
・川副博『龍造寺隆信』（日本の武将）人物往来社、一九六七年

「聞き書き」の中に虚構を混入！『川角太閤記』の隠された意図

太田牛一《おおたぎゅういち》『信長公記《しんちょうこうき》』といえば、織田信長の一代記の古典だが、『信長公記』を強く意識しながら、その一種の続篇として書かれた豊臣秀吉の一代記として、川角三郎右衛門《かわすみさぶろうえもん》『川角太閤記《たいこうき》』全五巻がある。

著者の川角三郎右衛門は、信長、豊臣秀次《ひでつぐ》、秀吉に相次いで仕えた田中吉政《よしまさ》の旧臣《きゅうしん》といわれるが、吉政といえば、秀吉のキリシタン弾圧下に、一族と八三〇人の家臣もろともキリスト教の洗礼を受けた人物でもある。

徳川家の治世になってから成立したことを示すように、本書では「天下」「上様」といった秀吉への敬称と並んで、家康に対する「御所様《ごしょさま》」という敬述《けいじゅつ》が見られる。また、当事者からの「聞き書き」の断片を並べる『川角太閤記』の記述法にはドキュメンタリー的印象が強いが、実は事実性をよそおいながら虚構を混入し、登場人物の一人である前田利家《としいえ》とその一門への再評価が本書の隠された意図のひとつとする阿部一彦の説（「『川角太閤記』の虚実とその性格」）もある。

また、桑田忠親は「川角太閤記の成立と内容」において、この本の「どの部分が、自己の直接見聞であるか、間接聞書であるか、明らかに区別はしがたいが、総じて慶長初年以前の事には間接聞書が多く、それ以後の事には直接見聞も多いと、見なすのが、作者の年齢の関係からしても、当然な事ではあるまいかと、思われる」と述べ、一部には筆者の父親らしき人の見聞も用いられた可能性を指摘している。

実際にこの本を読むと、「聞き書き」の寄せ集めに近い一見無造作な構成が、異様な迫力を生んでいる。それが、本書がわざわざ「天下」とか「上様」と祀《まつ》りあげる秀吉の非情さをかえって際立たせている部分があるのは興味深い。例えば、秀吉に切腹を強いられた織田信孝《のぶたか》が「昔より主をうつみの浦なれば報《むく》いを待てや羽柴筑前《はしばちくぜん》」という辞世を詠むくだりや、やはり秀吉から切腹を命ぜられた豊臣秀次の妻子処刑の際の、石田三成《みつなり》からの聞き書きと称するくだりなどがそれにあたる。

また、天正《てんしょう》十八年（一五九〇）七月、北条氏を討った後、鎌倉の若宮八幡宮に詣でた秀吉は源頼朝の木像にこう囁《ささや》いたという。

「頼朝は、天下（秀吉のこと）にとっては友達でござるよ。相手をし、等輩《とうはい》としてつきあうべきであるけれども、秀吉は関白《かんぱく》であるから、そなたよりは位が上であるので、相手として下げ申すこととする」

「氏《うじ》も系図も持ち申しませんけれど、秀吉は、いつも心を動かす目《め》口乾《くちかわ》き（すばしこいこと）なので、このようになりました。御身《おんみ》は天下取りの筋でございますから、目口乾きゆえ（に天下を取った）とは思いません。生まれつき果報《かほう》があるからだ」（志村有弘《ありひろ》『川角太閤記』の現代語訳、巻四より）

まるで秀吉の階級コンプレックスを裏付けるような発言ではないか。こういった点から見ても、『川角太閤記』が単純な秀吉讃美の書でないことだけは確かなようである。

なお、秀吉の一代記として「太閤記」と名づけられた書物は、『絵本太閤記』や『真書太閤記』といった通俗読み物を含めて何種類も存在する。その元祖というべきものが、『信長記』を著した小瀬甫庵（一五六四〜一六四〇）による『太閤記』（『甫庵太閤記』）だが、桑田忠親（同前）は『川角太閤記』という題名は、この『甫庵太閤記』を意識して、後人のつけたものであろうと推理している。

〔参考〕

・『川角太閤記』、『改定史籍集覧19』臨川書店、一九八四年（原版一九〇一年）
・志村有弘『川角太閤記』（日本合戦騒動叢書）勉誠出版、一九九六年
・阿部一彦「『川角太閤記』の虚実とその性格」、『『太閤記』とその周辺』（研究叢書）和泉書院、一九九七年
・桑田忠親「川角太閤記の成立と内容」、『太閤記の研究』徳間書店、一九六五年

『医学天正記』が克明に記録！　漢方医が見た蒲生氏郷の〝死〟

秀吉から会津九二万石に封ぜられていた武将・蒲生氏郷《がもううじさと》が満三十九歳の若さで病死したのは、文禄《ぶんろく》四年（一五九五）二月のことである。氏郷の死因は「下血症」とされるが、その死にいたる病状の経過は、氏郷を診察した漢方医、曲直瀬玄朔《まなせげんさく》（一五四九～一六三一）の著書『医学天正記《てんしょうき》』（一六〇七年）の記述から、かなり詳しくたどることができる。

まず、文禄二年、朝鮮への出征のさい、氏郷は肥前の名護屋《なごや》（佐賀県鎮西町）で下血をわずらったが、堺の医師、宗叔《そうしゅく》の治療によりいったんは回復を見たという。玄朔はこのときには氏郷を診察していないが、翌文禄三年の秋、氏郷への薬の処方を求められた義弟の曲直瀬正純《まさずみ》に対し、病後の氏郷の顔色を診《み》た印象から次のようなアドバイスを行っている。

「顔色を診ると何とも不調で、その色は黄黒で首すじのかたわらの肉は痩《や》せ衰え、目の下には少し浮腫《ふしゅ》があった。もし腹が張ってきたり、手足が腫《む》んできたりしたら、必ず大変なことになるから、薬を進上《しんじょう》するにもよく考えて調進すべきだ」（矢数道明《やかずどうめい》「曲直瀬玄朔二代目道三の業績」より、『近世漢方医学史』所収）

その後、十一月に、直々に氏郷を見舞った秀吉の供をして氏郷の顔色を診たところでは、氏郷の腫《は》れはさらに進み、その後、浮腫《むく》みもひどくなるばかりだったと玄朔は記している。

十二月一日、秀吉は、玄朔と半井驢庵《なからいろあん》の二人から氏郷の病状を聞いた後、徳川家康と前田利家《としいえ》に命じて、宮中出仕《しゅつし》の者を含む九人の医師団を召集、氏郷を診察させた。

四日後、利家と家康から診察の結果を問われた玄朔は「十のうち九つは大事（望みがない）である。ただひとつの望みは年が若いのと食欲があることで、これで食欲が減少し、気力が衰えては十も二十も望みがありません」と答えている。ほかの医師たちも「十のうち五つ」以上の度合いで病状は深刻と回答したが、主治医の宗叔のみは「十中の九は治ります」と楽観、患者の氏郷は「宗叔の薬を飲み続けていたが、次第に元気衰え、食減じ、いよいよ困って西一鷗《いちおう》が薬を与えてから十余日にして死去した」という。

興味深いのは、宗叔に代わっての氏郷の治療を利家に求められた玄朔が、主治医の権限を侵すことを理由に拒否した事実である。

『医学天正記』二巻は、信長、秀吉、秀次《ひでつぐ》をはじめ、天皇から庶民までを診察・治療した玄朔が残した、近世初期の人々の健康と病に関する興味つきないドキュメント。玄朔が二十八歳（数え）の天正四年（一五七六）から、五十八歳の慶長十一年（一六〇六）まで、三〇年間にわたる診療活動を日記形式にまとめたもので、六〇種の病気（当時の分類）についての三四五の症例を記載する。また、三巻本の異本の「坤」の巻には、右の二巻本の内容と重複しながら、四八種五一三例が、別の異本『延寿配剤記』全四巻には、七三種六二五の症例が記録されている。

なお、玄朔は京都に生まれ、八十三歳の高齢で江戸に歿した。「二代目道三」とも称したのは、「日本に実証的医学発達の端緒を拓いた」（矢数『近世漢方医学史』）とされる、「道三流」医術開祖・曲直瀬道三（一五〇七〜九四）の跡を継いだためで、玄朔は道三の甥にあたるが、道三は玄朔を自分の孫娘と結婚させたうえ養子とした。道三も名医として知られ、織田信長から正倉院蔵の貴重な香木「蘭《らん》奢待《じゃたい》」を贈られたエピソードは有名。この初代道三も八十八歳まで生き、少からぬ著作をものしている。

〔参考〕
・『医学天正記』（二巻本）、『近世漢方医学書集成6　曲直瀬玄朔』名著出版、一九七九年
・『同』（三巻本）、『近世漢方治験選集1』同、一九八五年
・矢数道明『近世漢方医学史——曲直瀬道三とその学統』同、一九八二年
・徳永真一郎「曲直瀬道三」、『逃げない男たち（上）』旺文社、一九八七年

実戦を知る御伽衆が書き綴る『備前老人物語』に見る〝戦国の常識〟

「いずれの陣の時か」、陣中で織田信長の甲《かぶと》（兜）が曲がっているのを、家来の一瀬久三郎《いちのせきゅうざぶろう》がなおしていると、家老の林佐渡守通勝《さどのかみみちかつ》が、甲が北向きになるからと咎めた。当時の武士たちは、就寝時に「北枕《きたまくら》」を忌むのと同じ理由で、甲が北向きになることは不吉として避けたのである。

驚いてもう一度甲をなおそうとした一瀬に向かって、信長は、「今回の敵は一揆だからどんな方向から攻めてくるかもしれない。そのままにしておけ」と命じた。はたして、北の森の木陰から敵が襲来したが、織田軍はいち早くそれに気づき、撃退して「大利」を得た。信長のひとことで「面目《めんもく》をすゝぎ」えた一瀬は、その夜、上機嫌の信長から「感《かん》状褒美《じょうほうび》など」を賜ったという。

近世初期の合戦エピソードや陣中での教訓一四三条を集めた『備前老人物語』冒頭の一話である。

著者、成立年代とも明らかではないが、この本には、著者本人の体験の「覚書《おぼえがき》」と、他人の談話

を伝え聞いた「聞書《ききがき》」が混じっており、右のように「いずれの陣の時か」とか、「ある人の言いし」、「武功ありし人の言いし」などと但し書きのある話が多い。また、信長、秀吉らに仕え、寛永《かんえい》十七年（一六四〇）まで生きて、多くの「覚書」を遺した御伽衆《おとぎしゆう》・渡辺推庵《すいあん》から聞いたとする話もかなり見られる。

これらのことから、この書物の著者は、備前の国に関係のある御伽衆か武将で、織豊期《しよくほう》から大坂の陣、島原の乱頃までの合戦を経験しているらしく、かつ推庵ともごく親しかった人物のようである。さらに、この著者は、茶道や池坊《いけのぼう》の立花《りつか》、蹴鞠《けまり》などにも詳しい教養人、美的センスの持ち主で、『信長記《しんちようき》』や『三河記《みかわき》』など、御伽衆の手になる史書にも精通、「此《こ》のこと信長記に見えしが、すこし違う所もありしにや」などと、両書の記述に異論を唱えたり、別の説を掲げたりしている。

戦国大名に重用された「御伽衆」たちも、徳川家光《いえみつ》の時代以後、没落。やがて幇間《ほうかん》、講談師、落語家へと変身をとげる者もあったという（奥野高広「覚書と聞書」）。

さて、本書の伝える戦国の〝常識〟の例、

「城の本丸は、人質の類を入れおくべきためとぞ」

また、討ちとった敵の「首級《しるし》」の扱いについて

「首張《くびちよう》（「首級」のリスト）をつくる時、一番首持ち来るとも二番首を見てのち一番首を付く。さて二番三ばんと付くべし。四番目よりは番付けあるべからず、首をうちし人の名の下には、尉《じよう》の字をかくべし、首の名には尉の字かくべからず、これ故実（古来のしきたり）なり」

「大将と見て打ちし首の口へは、こみ物をしたる（目印を銜えさせる）がよしとなり」

『備前老人物語』には、今日の目からは異様に映る「首級」の扱いなど、陣中のマナーやしきたり、戦場での智恵にまつわる記述が多い。この本は、泰平の世に生き延びた、実戦を知る「御伽衆」が書

き綴った、彼らの最後の光芒《こうぼう》というべき書物のひとつといえるだろう。

〔参考〕

・神郡周校注『備前老人物語／武功雑記』（古典文庫）現代思潮社、一九八一年

・奥野高広「覚書と聞書」、同

・桑田忠親『大名と御伽衆（増補新版）』有精堂出版、一九六九年

三成・直江兼続〝悪役〟説と『会津陣物語』の執筆動機

慶長《けいちょう》五年（一六〇〇）五月一日、徳川家康は大坂城西の丸に諸大名を召集した。かねて謀叛《むほん》の噂があった会津の上杉景勝《かげかつ》が上洛《じょうらく》せよとの申し付けを拒んできた。その上杉を討つにあたっての評定《ひょうじょう》である。

このいわゆる「会津征伐」は、家康がみずから軍勢を率い出陣したものの、七月、家康不在をついて石田三成が京の伏見城を攻め、家康は急遽《きゅうきょ》、軍を西へ返したので不発に終わる。しかし、この「征伐」は「関ヶ原の戦い」の伏線となり、徳川対上杉の直接対決こそ回避されたものの、西で「関ヶ原の戦い」が行われている頃からその後にかけて、東では会津をめぐっての上杉対伊達、最上《もがみ》の合戦が繰り返された。

いわば東の「関ヶ原」とも言うべきこの「会津合戦」の模様を伝える数少ない書物に『会津陣物語』全四巻がある。これは江戸幕府成立後、老中《ろうじゅう》・酒井《さかい》讃岐守忠勝《さぬきのかみただかつ》（一五九四～一六四七）が部

下の杉原親清《ちかきよ》（彦左衛門《ひこざえもん》）に命じてまとめさせたものである。酒井の老中在任期間は寛永元～十五年（一六二四～三八）だが、この書が国枝清軒の補訂を経て今日見るかたちになったのは、延宝八年（一六八〇）のことという。親清は上杉景勝の軍奉行《いくさぶぎょう》・杉原常陸介親憲《ひたちのすけちかのり》（一五四三～一六一五）の一族で、杉原家に伝わる「会津合戦」にまつわる伝承にもとづく同書には、上杉側の内情や合戦の現場についての臨場感あふれる記述が少なくない。

そんな『会津陣物語』にはひとつの大前提がある。それは、徳川と上杉との対立が、天下の乗っ取りをたくらむ石田三成と上杉の家老・直江山城守兼続《なおえやましろのかみかねつぐ》との共謀によって仕組まれたとの断定である。同書の第一巻には、徳川を東西から挟み撃ちにしようという三成と兼続とのまことしやかな会話が記されている。

深夜、二人で酒を酌みかわしながら、三成が兼続に囁きかける。

「御辺（あなた）も景勝に逆心を進（勧）め旗を挙させ天下を覆しなば、景勝を亡し御身関東の管領となり給へ、我等は将軍となり、京、鎌倉の世の如く両人して世を治《おさむ》べし」

鎌倉時代のように、西（三成）と東（兼続）が並び立って天下を治めないか？　という誘い。これを聴いた兼続も「大胆なる者なりければ此策を心よく思ひ」、会津の蒲生氏郷を暗殺し、「其跡へ景勝を国替させ、家康を東西より立ち挟む可く打ち果たす事然る可し」とみずからの計画を三成に披露した、という。

また、第一巻中には兼続の署名がありながら偽書説も根強い「直江状」が全文引用されている。「直江状」は、上杉の上洛拒否の姿勢を明確にして家康の出兵を誘ったといわれるものである。

さらに、この本の記述には、幾つかの〝主張〟が見え隠れする。それは、杉原親憲が〝同僚〟直江兼続とさほど親密でなかったことから始まり、上杉の宿敵《しゅくてき》・伊達政宗に家康が一〇〇万石を与えなかったことに対する当然視、はては、第四巻末尾の「杉原彦左衛門、物語覚書条々」に見られる〝悪役〟直江兼続を家康が助命したことへのかなり強引な理由づけ（正当化）におよぶ。そして、家康の完全無欠ぶりを強調する一方で、上杉景勝には最大限の同情を払っている点も興味深い。

つまり、『会津陣物語』には、石田三成と直江兼続を悪役に仕立てつつ、杉原家とその旧主家・上杉を弁護する著者の意図と、伊達家への処遇の正当化を含む徳川の威光の再確認という老中・酒井忠勝の意図が重なっているのである。

〔参考〕

・『会津陣物語』、『改定史籍集覧14　別記類』臨川書店、一九八四年（原版一九〇二年）
・松田稔『会津陣物語』（日本合戦騒動叢書）勉誠出版、一九九九年
・花ヶ前盛明編『直江兼続のすべて』新人物往来社、一九九三年
・木村武雄『ふるさとの歴史と人物を語る』土屋書店、一九六八年

Ⅵ 江戸1

本物の家康は殺されていた⁉　評伝『史疑』執筆の二つの意図

徳川幕府が倒れて一世代以上が経過した明治三十五年（一九〇二）四月、元来自由民権派の出版社として知られた「民友社」から、徳川家康（一五四三〜一六一六）に関する一冊の評伝が発行された。『史疑《しぎ》　徳川家康事蹟《じせき》』と題されたこの本の著者は村岡素一郎《もといちろう》（一八五〇〜一九三二）。北九州・黒田藩の藩医の子として生まれ、戊辰《ぼしん》戦争に官軍側で従軍、維新後、地方づとめの官吏としてそれなりに出世コースに乗りながら、この二年前、突如、職を辞して歴史研究に専念しだした人物である。

村岡は、この本の中で徳川家康の生い立ちを、三河・岡崎城主、松平広忠《ひろただ》の長男・元康《もとやす》（竹千代《たけちよ》）とする従来の説を真っ向から否定、実は家康として後世知られる人物の本名は世良田《せらだ》二郎三郎元信《じろうさぶろうもとのぶ》といい、元信は元康を謀殺《ぼうさつ》して元康とすり替わったのだと主張した。そして、松平元康と同一人物とされてきた竹千代は、本当は元康の息子で、のちに岡崎三郎信康《のぶやす》となる人物であること、さらに天正《てんしょう》二年（一五七四）、家康が正室の築山殿《つきやまどの》と嫡男《ちゃくなん》の信康を処刑したのは、この母子が本物の松平元康の妻子だったため、元康になり替わった家康こと世良田元信にとって、情愛の感じられる存在ではなかったせいである、などとも書いている。

だが村岡説の最も衝撃的な部分は、家康こと世良田元信の前歴を「願人《がんにん》坊主」、その母親を「ささら者」の妻、といった具合に、物乞いに近い存在として卑賤《ひせん》視され、差別されてきた人々と断定したところにある。

「嗚呼《ああ》簓者《ささらもの》よ簓者よ、汝等は社会の水平線下に生存し、汝等の執るところの職務は、獄丁の賤役にして、断頭の土壇に刃を洗ひ、梟首《きようしゆ》の架《か》下に夜を守り、余業としては燈心附木《つけぎ》を鬻《ひさ》ぎて僅かに口を糊したるものなり。又汝等の婦たり母たるものは、市人の門に踊りて、銭を乞ひ、或は比丘尼《びくに》となり、血腥《なまぐさ》き生首を携帯して、軍門に出入したりしなり。嗚呼不幸の境遇、人生的九淵の底に噞喁《けんぐう》せり、昊天何ぞ憫《あはれ》まざるの太甚《はなはだ》しき、誰れか料《はか》らむ、公（家康＝世良田元信）が鞠育せられたる祖母応源尼俗名於《を》万《まん》と名《なづ》けられたる老尼公は、此の不幸なる境遇中の人なりしとは、其の生活たるや環堵《かんと》蕭條《しようじよう》家に儋《たん》石の儲《しよ》なく、粗衣糲飯、僅に飢寒を凌《しの》ぐのみ、其の可憐なる境遇、想ひ見るべし」

家康という最高権力者が、実は社会の最底辺で差別を受けた人々の中から出たとする驚天動地《きようてんどうち》の説を村岡が唱えたのは、単に歴史の隠された真実を明かそうとしただけではなく、以下の二つの意図があったため、と礫川全次《こいしかわぜんじ》は『史疑　幻の家康論』で考察している。

ひとつは、伊藤博文や山県有朋ら成り上がりの志士《しし》たちが、政権を取るやかつての支配階級のような「藩閥《はんばつ》政治」を行っていることに対する、史論に仮託した時局批判。

さらに「年代約《およ》そ三百年ごとに、政機転変し、貴賤顚倒《きせんてんとう》すること、歴史の自然法なるがごとし」という、独自の「貴賤交替論」の提唱である。

この、断定的なわりにいささか根拠が曖昧《あいまい》、かつ政治思想的に「危険」な説は、長らく学界からは黙殺されてきた。だが、加賀《かが》淳子《あつこ》、南條範夫《なんじようのりお》、榛葉《しんば》英治《えいじ》、八切止夫《やぎりとめお》、隆慶一郎《りゆうけいいちろう》ら小説家に着想をもたらし、記述のすべてを否定もできない村岡のこの本は、今日では古典的な家康論のひとつとしての地位を認められつつある。

〔参考〕

・村岡素一郎『史疑　徳川家康事蹟』（覆刻）批評社、二〇〇〇年（原版一九〇二年）

・同、礫川全次訳『史疑　徳川家康事蹟』（現代語訳）同
・礫川全次『史疑　幻の家康論』同

家康を追いつめたヒーロー！『真田三代記』の〝超人〟幸村像

慶長《けいちょう》十九年（一六一四）十一月十五日、二条城を発した徳川家康は大和路から大坂城をめざした。徳川をはじめとする二〇万の「東軍」に包囲された大坂城内には約一〇万を超える豊臣方の軍勢が籠城していたが、その中には浪人中の元大名、真田《さなだ》信繁《のぶしげ》（幸村《ゆきむら》）の姿もあった。

やがて両軍の間に戦端《せんたん》が開かれ、大坂冬の陣が始まった。その開戦後まもなく、家康軍の先鋒《せんぽう》に正体不明の軍勢が攻め寄せ、陣営内は同士討ちの大混乱におちいり、家康の本陣、奈良・文珠《もんじゅ》院大門坊《おおもんぼう》からも出火、家康は混乱の中を単騎で脱出した。

「大御所《おおごしょ》（家康）は辛《から》ふじて虎口《ここう》を脱し、只恐《ただおそ》ろしと計《ばか》りにて、息を休ませ居《い》給《たま》ふ所に、後《うしろ》より誰やらん追《おひ》来る」気配《けはい》、怪訝《けげん》に思って振り返り「大久保（彦左衛門《ひこざえもん》）か？　成瀬《なるせ》（隼人《はやと》）か？」と問いかけた家康に、高笑いの声と一緒に返ってきた返事は……。

「否々《いないな》、是《これ》は旧信州《もとしんしゅう》上田の城主たりし真田左衛門佐《さえもんのすけ》幸村なり。我此処《ここ》にありて君を待つこと久し。イザ御首を申請《まうしうけ》ん」（『真田三代記』第四篇第一二より）

単身、鎗《やり》を構えて待ち伏せしていた真田幸村に馬で追われ、鞍壺《くらつぼ》を「三四度」も突かれるありさまで、「生たる御心地《おんここち》なく」馬を走らせる家康だったが、ちょうど「一丈許《じょうばか》り（約三メートル）の溝」が行く手に現れ、幸村の馬がそれを跳び越せなかったため、家康はからくもこのホース・チェイスに勝

ち、命拾いをした。

と、いうのは、あくまでも元禄《げんろく》年間（一六八八～一七〇四）頃成立した（幕末近くともいわれる）『真田三代記』の中の一場面で、史実ではないらしい。

『真田三代記』（作者未詳）は、文字どおり幸隆《ゆきたか》（一五一三～七四）、昌幸《まさゆき》（一五四七～一六一一）、幸村（一五六七～一六一五）という真田家三代の武将を描く、五篇一五〇項の長大な物語である。だが、その記述のウエイトは、三人の中で最も歴史上の役割が小さいとされ、記録も少なく、実際に「幸村」という呼び名があったかどうかすら怪しい幸村に置かれ、彼の活躍ぶりを謳い上げた。幸村の伝説化を積極的に進めた本書の位置づけは、戦前、東京帝国大学史料編纂《へんさん》官の中村孝也が「帝国文庫」版の「解題」で言った「演義的歴史小説」が妥当であろう。

史実では、大坂夏の陣で討ち死にをする幸村は、この本では再三家康を追いつめたあげく、影武者を使って、何と史実では大坂城で自害したはずの豊臣秀頼と共に薩摩へ脱出をとげるのである（第五篇第一六）。『真田三代記』には、三好清海《せいかい》入道、三好伊三《いさ》入道、穴山小助、海野六郎兵衛、根津甚八、望月六郎兵衛、由利鎌之助という、架空の人物たちが登場し、幸村を助け、八面六臂の働きをするが、このうち穴山小助が幸村の身代りとなって討ち死にする（同第一二）のだ。そして幸村は、薩摩で秀頼らに看取られて死ぬ、のである。義理堅く、劣勢に立たされた者（豊臣）を援《たす》け、智力で強者（徳川）の鼻を明かす本書の幸村は、右の七人に猿飛佐助や霧隠才蔵、筧十蔵《かけい》を加えた「真田十勇士」を率い、超人的な活躍をする、近代の「立川文庫」などに見られる庶民のヒーローとしての幸村像の原型といえるだろう。ただし、徳川幕府の支配下では、豊臣側についた幸村が英雄視される『真田三代記』は、たとえフィクションとしても公刊が許されず、もっぱら写本で読みつがれたという。

〔参考〕
・中村孝也校訂『帝国文庫18　眞田三代記／越後軍記』博文館、一九二九年
・矢代和夫『真田三代記』（日本合戦騒動叢書）勉誠出版、一九九六年
・山村竜也『真田幸村——伝説になった英雄の実像』（PHP新書）PHP研究所、二〇〇五年

排耶書『吉利支丹退治物語』に見る庶民のための〝南蛮邪教〟入門

豊臣家に続く、徳川幕府によるキリスト教禁圧は、秀忠《ひでただ》、家光《いえみつ》と将軍の代を重ねるにつれて強まり、熱烈な信者はかえって過激化した。そして、寛永《かんえい》十五年（一六三八）、信者の蜂起「島原の乱」が鎮圧されると、泰平の世を脅かす危険思想の正体をあばく、といった出版物がどっと現れる。テロに走ったカルト教団をめぐる近年のマスメディアの動きを連想させる現象だが、お上《かみ》が情報を遮断するキリスト教への民間の関心は、元和《げんな》、寛永と潜在的に高まっており、それらの出版物は広く読まれた。

そのひとつに、「島原の乱」鎮圧翌年の寛永十六年（一六三九）に京都で出版された、仮名草子《かなぞうし》『吉利支丹《キリシタン》退治物語』がある。この本は、まず日本のキリスト教化をたくらみながら「南蛮《なんばん》」から渡ってきた「宇留合無《ウルガン》、伴天連《バテレン》」が、とりあえず交易をしながら時機を待ち、信長を珍奇な「しんもつ」で懐柔したこと、キリスト教徒は、その後、秀吉の弾圧に遭いながらも、勢力を伸ばしていったことが記される。この書の記述の中心である元和元年（一六一五）頃には、大坂では「きりしたんのほう、はんじょうして、武士町人、しよろう人ども、もんぜんにいちをなす」ほどであったという。

しかし、しだいにキリスト教布教が「南蛮国王」による、「日本をしたがへんとのてだて」「ゆみや

のた、かいなく、国をとるはかりごと」であることが明らかになったとして、公儀《こうぎ》による「御成敗《せいばい》」が行われ、ついに信者たちは島原・天草で無謀な反乱を起こし、滅亡する。「むかしものがたりにも、かほど人のほろびたるは、きゝも及ばざる御事《おんこと》なり」(『海表叢書2』より)。

もとより、邪教＝キリスト教なぞ滅されて当然と見る立場で書かれたものながら、この本を一読して驚くのは、「吉利支丹仏法」と称するキリスト教の教義、「伝宇須《デウス》とも、大あるじとも申す仏」や「三太丸《サンタマル》ヤという女房」を祀る「寺」(教会)の内部などが、かなり詳しく、かつ平易に解説されていることである。無論、相当の偏見や誤解を含みながら、ではあるが、仮名の多さからも、この本の読者の多くは庶民層だったと思われ、彼らにもたらした影響は小さくなかったのではないか。また、このような反キリスト教の書物からでも、それが一種の〝入門書〟となって、キリスト教の教義もしくは思想がある程度伝わった可能性も否定できない。

さらに、キリスト教の勢力伸長の背景として、この本は仏教界の頽廃《たいはい》ぶりを指摘しているが、このくだりは辛辣《しんらつ》で、当時の僧侶らにとっては耳の痛いものだったに違いない。すなわち、「それ日本の出家しうは、なんばんのふうぞくにちがい、だんなをへつらい、名利にふけり、ぢうよくを構《かま》へ、じひなく、けんどんにして。高座《かうざ》の上にては、よくをすてよといふて、あとよりひろはんとのこゝろね……」といった具合である。

下《くだ》って寛文《かんぶん》五年(一六六五)、『鬼利至端破却論伝《キリシタンはきやく》』が出されるなど、出版界に「キリシタン・ブーム」が再来。本書もリバイバルを見るが、公儀はただちにこれを発禁にしている。

〔参考〕

・『吉利支丹退治物語』、新村出監修『海表叢書2』更生閣書店、一九二八年

・『同』（原本覆刻）、『新編稀書複製會叢書39』臨川書店、一九九一年

越前商人が記録した清国の都　禁書『韃靼漂流記』の異国体験

正保《しょうほう》元年（一六四四）四月一日、越前・三国浦新保《しんぽ》村（福井県三国町）の商人、竹内藤右衛門《とうえもん》、国田《くにだ》兵右衛門《ひょうえもん》ら五八人の一行は、商《あきな》いのために蝦夷・松前（北海道松前町）をめざし、三艘《そう》の舟に分乗して同村を出帆した。一行は立ち寄り先の佐渡を発った五月十日の夜から大きな嵐に遭遇、一五〜一六日も漂流したすえに「何方《いずく》とも不知所《しれぬところ》」に漂着してしまう。

だが、一行はこれに挫《くじ》けることなく、現地に十日ばかりとどまって、水の補給や舟の修繕を行い、再び舟を出したところ、また五〇里ほど西へ流されてしまった。

今度は、地元民らしき者たちが小舟で近づいて来たので、三人ほどを招き入れて食事や酒を振る舞ったところ、彼らは高価な薬用人参《にんじん》を持参していて、同じものが山にたくさんあるという。事実とすれば儲《もう》けものである。放っておく手はないと色めきたった兵右衛門らが、上陸して人参をさがしだしたところ、包囲されて弓を射かけられ、停泊中の三艘の舟も襲撃されて、あっという間に藤右衛門ら四三人が殺され、兵右衛門ら残る一五人も捕らわれてしまった。一行が漂着し、難に遭った場所は、園田一亀《そのだかずき》『韃靼《だったん》漂流記の研究』によれば、現在のロシア領沿海州《えんかいしゅう》ポシエット湾の湾口部にあるカレワラ湾あたりであるというが、確定はしていない。

やがて、「侍《さむらい》がましき人」が現れて、一五人と、彼らを襲った側の三人を「韃靼の都」に連行、一同は「奉行《ぶぎょう》と覚《おぼ》しき所」で「様々《さまざま》せんさく」を受ける。幸いに「奉行」は、兵右衛門らを盗人だと言

い張る襲撃側の主張を退け、襲撃側の三人を鞭打ち刑に処して、兵右衛門ら一五人を「大明《みん》の北京《ほくきん》」へ護送した。「韃靼の都」とは現在の中国・吉林省瀋陽《しんよう》（奉天《ほうてん》）のことであり、「韃靼」とは、この場合、満洲族の清朝をさす。当時、中国大陸は大動乱期にあり、藤右衛門、兵右衛門らが故郷を出帆した頃は、漢族の明朝が倒れ、北京《ペキン》が清に占領された時期だった。

「大明《みん》の北京にて奉行所へ被召寄《めしよせ》、夫より家を御渡し候。内作事《さくじ》の義我等共望の如く可仰付被下候。人足三人御渡にて、日本の人壱人前一日に白米二三升宛《づゝ》、ぶた一人に付秤目《はかりめ》一斤、麦粉そば粉、茶酒、しろき大きな鳥二羽、此鳥は日本にて鵝《がてう》と申候由に候。薪《まき》は焼《たき》次第、肴《さかな》野菜味噌塩米一日宛《づつ》御渡被成候、着類絹布夜着布団《よぎふとん》木綿帽子肌袴足の装束迄も被下候。

少し気分悪敷《あしく》候へば医師を御掛候。日本人は奇麗ずき成由にて切々行水を仕候。又毎度奉行衆の奥方などへ御呼候て日本の謡・小歌等を御聞その上にて色々御馳走下され候」（『韃靼漂流記の研究』より）

北京での一五人は、右のように住居や使用人まであてがわれ、正保二年（一六四五）十一月には土産の品も持たされて、朝鮮経由で帰国の途につくことができた。明けて正保三年（一六四六）一月二十八日、釜山《プサン》に近い東萊《トンネ》で対馬藩士の出迎えを受けた兵右衛門は「其嬉《そのうれ》しさ身も世もあられ不申《もうさず》」と、『韃靼漂流記』の中で述べている。

なおこの書は、正保三年八月、幕府に対する兵右衛門と宇野与三郎《よさぶろう》の陳述をまとめたもので、満洲族、漢族、朝鮮族の言語や習俗を詳細に比較し、言語学、民族学的見地から貴重な記録である。しかし、鎖国下では当然のごとく禁書であった。

〔参考〕

・『韃靼漂流記』、園田一亀『韃靼漂流記の研究』＝（改題）『韃靼漂流記』（東洋文庫）平凡社、一九九一年

泰平の世のペット・ブーム マニアのための飼育ガイド『鶉書』

「このごろ、うずらが大変流行して、暮らし向きや身分を問わず多くの人々が飼っていて、どこでもうずらの一、二羽のいないところはないようです。昔もこういうことはあったのでしょうか。少々お聞かせいただきたいものです」（松尾信一《しんいち》訳）

慶安《けいあん》二年（一六四九）に出版されたウズラの飼育手引書『鶉書《うずら》』（伝・蘇生《そせい》堂主人著）の一節から。同書は、江戸在住の語り手が、上野・寛永《かんえい》寺の境内に酒の入った竹筒をたずさえて花見に行き、そこで出遇った「六十歳余りの老人」に、ウズラの鳴き声のよしあしや、日常の健康管理について質問し、奥義《おうぎ》を教わる、という趣向になっている。このあたりの設定が、同時期の英国の釣りの技術書の古典、アイザック・ウォルトンの『釣魚大全《ちょうぎょたいぜん》』（一六五三年初版）ときわめて似かよっているのは、偶然とはいえ面白い。なお、『鶉書』刊行から六〇年以上経った宝永七年（一七一〇）になって、同じ「蘇生堂主人」の名で『喚子鳥《よぶこ》』という本が出版されるが、同一人物か否かは不明である。細川博昭『大江戸飼い鳥草紙』は、右の二書が筆名を継いだ別人の著書である可能性とともに、この二書の間に、貞享四年（一六八七）から宝永六年（一七〇九）にいたる「生類憐《あわれ》みの令」が存在したことの影響の可能性を指摘している。

飼育鳥の研究で名高い鳥類学者、鷹司信輔《たかつかさのぶすけ》の『小鳥の飼ひ方』（大日本百科全集版）等によると、ウズラは古来、ウグイスが文人《ぶんじん》に愛好されたのに対して武人に好まれ、戦国武将はしばしば鎧櫃《よろいびつ》の中に

ウズラを収めて戦場へ持参、陣中でその声を愛《め》でたという。そして徳川幕府のもとで泰平の世が続きだすと、ウズラ飼育は冒頭の引用のように広く庶民へも普及、一方で大名たちは金銀や象牙、螺鈿《らでん》、高蒔絵《たかまきえ》などをちりばめた飾り籠を競って特注し、その中でウズラを飼った。

さて、『鶉書』の語り手のウズラの「上等の声とはどんなものをいうのでしょうか」との質問に、老人は「胴から大声を出し、第一に調子がよく、いろ、においがよく、あとのほうを張り上げて長く引くものである」と答えている。ウズラの鳴き声の「いろ」は「音色、響き、調子」とされ、「におい」とは「声に張りがあって豊かで美しいさま」などとされるものの、そんな言い方ひとつとっても、当時、ウズラの鳴き声に対してかなり高度な審美《しんび》的評価基準が成立していたことが感じられる。

このように、当時のウズラ飼育の目的はもっぱら鳴き声を聴くためであり、ウズラという鳥は、今日のように卵などを食用にするための「家禽《かきん》」ではなく、ウグイスやメジロと同様な「野鳥」の一種であった。細川によると、江戸では身分を超えたウズラ・マニアたちが自慢の鳥を持ち寄ってのコンテスト、「鶉合《うづらあわせ》」が大々的に開催され、小鳥商たちの手でウズラの「東西番付表」も作られた。江戸の人々は、鳴き声のいいウズラには遺伝的な血統があることに気づいており、江戸中期になると、血統のいいウズラを飼育下で繁殖させたものを飼う傾向が強まったという。

平成の今日、ペット・ブームといわれながら「鳴き」を楽しむ小鳥の飼育はすたれつつある。しかし、「鳴き合わせ」というコンテストを開き、合理的な配合飼料「擂り餌《すえ》」を完成させ、「夜飼い」という科学的発情期調節技術をも生み出した江戸の小鳥趣味は、まぎれもない近世の文化遺産ではなかろうか。

〔参考〕

・『鶉書』、『日本農書全集60　畜産・獣医』農山漁村文化協会、一九九六年
・細川博昭『大江戸飼い鳥草紙――江戸のペットブーム』吉川弘文館、二〇〇六年
・荒俣宏『世界大博物図鑑4　鳥類』平凡社、一九八七年
・鷹司信輔『小鳥の飼ひ方』（大日本百科全集）誠文堂、一九二七年

講釈本『蝦夷一揆興廃記』に見るシャクシャイン像のヒロイズム

「蝦夷東島の方に、志毘舎利《しびしやり》と云ふ所有り、この所に沙具沙允《シャクシャイン》と云ふ者有り、允とは彼の国にて、貴人を尊ぶ詞《ことば》なり、沙具沙は長《たけ》高く、骨太く、力有りて強かりし故《ゆえ》、蝦夷の者共大きに恐れ、島々浦々在々所々、皆々彼の手に随ふ、志毘舎利川と云ふ川を前にあて、城を構へて、勢ひはなはだ強大に楯籠《たてこも》れり、この城を築く時も、四五人にて動かし難き大石を、沙具沙允只《ただ》一人にて持ち来り、城を築きしなり」（『石井研堂コレクション　江戸漂流記総集1』より）

明治、大正期の博覧強記《はくらんきょうき》のジャーナリスト、石井研堂《けんどう》が編んだ『異国漂流奇譚集《いこくきたん》』（『石井研堂コレクション　江戸漂流記総集』に収録）には、『勢州《せいしゅう》船北海漂着記』という書物の附録として「松前《まつまえ》藩家系と沙具沙允蜂起《シャクシャインほうき》」なる文書が収録されている。この標題は、近年あらためてつけられたものだが、寛文《かんぶん》九年（一六六九）に起きた、日高地方シブチャリ（シビシャリ、静内町）の指導者シャクシャインをリーダーとするアイヌ民族の松前藩に対する武装蜂起の顛末を講談調に仕立てたものである。

この文書、山下恒夫《つねお》の調査によると、実は本篇とされる『勢州船北海漂着記』とはまったく無関係な『蝦夷《えぞ》（国風）一揆興廃記《いっきこうはいき》』という書物からの抜粋《ばっすい》である。さらに『蝦夷一揆興廃記』には、松宮《まつみや》

観山《かんざん》著『蝦夷談筆《だんぴつ》記』という種本《たねほん》があるという（『石井研堂コレクション　江戸漂流記総集1』「解題」）。『蝦夷談筆記』は、シャクシャインたちの蜂起から約四〇年後の宝永《ほうえい》七年（一七一〇）、松前へ渡った兵学《へいがく》者・松宮観山（一六八六～一七八〇）が、蜂起を知る藩のアイヌ語通訳・勘右衛門《かんえもん》老人からの聞き書きをまとめたもので「しゃむゃゐん一揆之事」と題する一節を含む。したがって、それを下敷きに何者かが脚色を加え「軍記物風の講釈本」に仕立てた『蝦夷一揆興廃記』よりも、和人からの一方的な視点を別にすれば、「史料」としての純度は高いといえる。

　だが、あえて注目したいのは、『蝦夷一揆興廃記』の、「軍記物風の講釈本」というアレンジの持つ意味である。

　実在のシャクシャインは、偽りの和議の場へおびき出すという松前藩の卑怯《ひきょう》な罠におち、殺された。松前側は寛文九年十月二十三日夜和議に応じたアイヌたちを三カ所におびき出して騙し討ちし、シャクシャインはヒボク（新冠町）で討ちとられた。また、彼のシブチャリの館を焼き討ちし、彼の家族一六人中一四人を殺したという（菊池勇夫「シャクシャインの戦い」による）。『蝦夷一揆興廃記』は、和人に対して蜂起したシャクシャインが滅ぼされるのは当然とみなしたうえで、討《う》たれる寸前の彼に、松前藩の役人に対して「我をたばかり、きたなき仕方《しかた》をせり」と叫ばせ、「沙具沙は元来大丈夫《だいじょうぶ》の荒者なれども、心直《すなお》成にて有りしを、龍頭《リユウトウ》色々すゝめて、この乱を起こし」と、蜂起をそのかしたのは、彼の娘聟《むこ》・龍頭允《リユウトウウイン》（実は和人・庄太夫《しょうだゆう》）だったとしてシャクシャインを〝弁護〟してもいる。

　この書がシャクシャインの〝強さ〟を強調することは、冒頭に引用したとおりだが、記述の端々に、彼が肉体的な強さだけでなく、ある種の精神性、気高さを備えた人物だったように感じさせる点があることは興味深い（なお、引用はすべてダイジェスト版の「松前藩家系と沙具沙允蜂起」から行ったが、『蝦夷一揆興廃記』とはほぼまったく同文である）。

つまり、史実か否《いな》かは別として、「軍記物風の講釈本」という装置は、「悪役」シャクシャインを、おそらくその「大将」ゆえに、気高さと品格を備えた「悲劇のヒーロー」に仕立てずにはおかなかったのだろう。さらに、山下の指摘するように、この本が実際に江戸の盛り場などで語り演じられた可能性も否定できず、この先住民族の蜂起指導者は、案外、市井《しせい》の「和人」に親しまれていたのかもしれない。

〔参考〕
・「松前藩家系と沙具沙允蜂起」、山下恒夫再編『石井研堂コレクション　江戸漂流記総集1』日本評論社、一九九二年
・『蝦夷一揆興廃記』・『蝦夷談筆記』、『北方史史料集成4』北海道出版企画センター、一九九八年
・菊池勇夫「シャクシャインの戦い」、保坂智編『民衆運動史1　一揆と周縁』青木書店、二〇〇〇年

忍術の精髄を集大成した秘伝『万川集海』が死蔵された理由

戦国から徳川の初期にかけて、幕府や有力武将の手足となって隠密活動を行う「忍者」の働きが重視され、彼らの全盛期を迎えた。中でも、現在の三重県上野市の「伊賀の里」を本拠地とする「伊賀者」、滋賀県甲賀郡を本拠地とする「甲賀者」の二大集団や、新興の「紀州流」は徳川幕府に重用された。

そんな忍者たちの用いた「忍術」(忍法)の「奥秘《おうひ》伝書《でんしょ》」として、伊賀・甲賀両派がともに手厚く

伝承してきた書物に『万川集海《ばんせんしゅうかい》』二二巻がある。

これは、多くの川の流れを集めて海とする意の題名のごとく、四九流派の古典忍法の集大成を謳ったものだが、どちらかといえば、伊賀流の忍法書とされる。にもかかわらず、その序文には「延宝《えんぽう》四年（一六七六）」という成立年とともに「江州《ごうしゅう》甲賀郡隠士藤林保武《いんしふじばやしやすたけ》」と著者の署名が見え、この本が甲賀流の忍法書であるかの印象を招いている。

山口正之《まさゆき》『忍者の生活』によると、藤林の出身地である伊賀の湯舟《ゆぶね》村は、「湯舟越え」と呼ばれる伊賀・甲賀両地方の境界地帯にあたり、もともと伊賀と甲賀の出身者が混住していた場所だという。したがって、藤林の「甲賀郡隠士」という肩書きは、厳密には山口のいうように「当然抹殺《まっさつ》すべき」誤りとされるべきかもしれないが、このことは、逆に、時代劇などで「宿敵」とされる「伊賀者」と「甲賀者」の距離が、意外に近かったことを教えてはいないだろうか？

さて、肝心の『万川集海』の「忍術」の内容だが、それは後世考えられたような妖術まがいのものではなく、敵に潜入して情報収集や後方攪乱《かくらん》を行うなどの、今でいうスパイ戦術やゲリラ戦術を詳述したものである。

以下は、味方側に潜入した敵の忍者を手なずけて〝逆スパイ〟に仕立てる「天唾術《てんすい》」より。

「もし敵方より忍者が入って来て、味方これを捕えるにおいては、すぐ忍者に向かって告げる事は、汝もし反忠《かえりちゅう》などの志あらば、一命をたすけてやろう。その上高知を与えるなど色々の言葉をもって問い、この忍者が承諾をしたときには、すぐ大将の知行、朱印などを与えて、かつ彼が妻子などをひそかによび寄せ、誓紙を書かせて、彼が心中全く疑いなきに至って、敵方の様子を細かく問い調べるべきである。敵の様子をよく知るときは、万の計略これより出るであろう。かつこの忍者をもって敵へ忍に遣すときは、敵は自分の忍者であると思って油断するがゆえに、万の計略が思うままに出来て、

敵を亡すことが容易になる」（柚木俊一郎訳『現代語萬川集海　陽忍篇』より）・

また、同じ〝術〟の中には、

「敵の忍者が味方の城陣の中へとどまり、あるいは、堀の下、石垣などの近辺へ来る時、わざと知らないふりをして、城中の計略などを偽り聞かせて、返って味方の忍者となすべき事」（同）などというのもある。

とはいっても、一般人には理解し難い謎かけのような表現も多く、「妖者術《ばけものじゅつ》」（変装術）の「山人犬」や「山又は山家」は、「山伏」と「出家」のこと。さらに「くの一の術」を述べた部分などは、「〇〇……」という符号の羅列のみで何のことやら判読できない。おそらく、師弟間で直接語り伝えた箇所と思われる。

『万川集海』は、絶頂期の忍術の精髄《せいずい》を伝えようとしたものだったが、忍者は寛永《かんえい》十五年（一六三八）に終結した「島原の乱」を最後に本来の役割を終え、皮肉にも、『万川集海』の成立時点の忍者は、いわばリストラされた旧ソ連圏のスパイのような存在になっていた。後世、伊賀や甲賀の旧家の改築のさい、『万川集海』がよく発見されたという。先祖が秘蔵したまま忘れられた、この本の寂しい末路であった。

〔参考〕

・『萬川集海――原書復刻版（全11）』誠秀堂、一九七五年
・石田善人監修、柚木俊一郎訳『現代語萬川集海　陽忍篇』誠秀堂、一九八一年
・山口正之『忍者の生活』（生活史叢書）雄山閣、一九六九年

神道家作成の〝偽書の偽書〟! 発禁本『旧事大成経』の独創性

貞享《じようきよう》四年（一六八七）十一月二十九日亥の刻（午後十時）、三河国吉田宿で一人の老人が息を引き取った。上州・沼田生まれの神道家、永野《ながの》采女《うねめ》（一六一六〜八七）である。数えで七十二歳だった。もと志摩の古社・伊雑宮《いざわ》（三重県磯部町《いそべ》）の神主《かんぬし》だった彼は、ある事件で追放された。そして、このたびは、病気療養のため、東国《とうごく》から従者一人を連れて伊勢へ向かう旅の途中で、死に顔は泰然《たいぜん》として安らかであったという。

六年前の天和《てんな》元年（一六八一）、伊雑宮の神主だった彼は、上州・館林《たてばやし》の広済寺《こうさい》住職で当時五十四歳の潮音道海《ちようおん》（一六二八〜九五）と共に、幕府から流罪《るざい》を申し渡された。罪状は、彼らが聖徳太子の遺志で完成され、伊雑宮にひそかに伝えられてきたという触れこみの『旧事大成経《くじたいせいきよう》』という偽書を捏造《ねつぞう》、出版して世間を惑わせようとしたことで、同書は発禁となり、版木《はんぎ》は焼却、版元《はんもと》の主人も追放された。

これは、同書が天照大神を祀る「皇大神宮《こうたい》」の本宮が、実は世に信じられているように伊勢神宮ではなく、その外宮《げくう》の扱いを受けている伊雑宮なのだとすることに対しての、伊勢神宮側のクレームを受けての処置だった。そして、永野たちは伊勢神宮のにぎわいを伊雑宮へ向けるという、単なる利益追求のためにこの本をでっち上げたことにされてしまった。だが、『旧事大成経』は、そのような金儲《もう》けの道具にすぎなかったのだろうか？

『旧事大成経』は、一名を『先代《せんだい》旧事本紀大成経』ともいう。これは、やはり聖徳太子の撰と謳われた『先代旧事本紀《ほんぎ》』（『旧事紀』）全一〇巻を念頭に置いたネーミングで、現存する『先代旧事本紀』には、実は散逸してしまった遥かに巻数の多い原本があり、失われた原型により近いものが、この全七二巻もの『旧事大成経』なのだと説明されている。『旧事大成経』冒頭の「神代皇代《カンミヨスメミヨノオホヒナル》大成経序《ツネリノリノツイデフミ》」には、推古天皇二十八年（六二〇）二月、聖徳太子は天皇に次のようなことを奏上し、神の道を廃れさせないために、「神代旧事《カンヨノフルコト》」を筆録して後世に残すことを願って、容れられたという。

「我《あ》が中《なか》つ国《くに》は是《こ》れ神国《かんくに》也。我が天皇《すめろぎ》は是れ日《ひ》の孫《みまご》也。神の徳《みいきをひ》の盛《さかり》なる則《とき》は国家豊《ゆたか》也。神理堅《かんことはりかた》き則《とき》は皇政《あまつまつりごと》隆《さか》也。其《そ》の徳盛に、神理の堅き者《は》、神代《かんよ》の旧事《ふること》を失は不《ず》して、而して鎮《ましま》す神に事《つかへまつ》りて、神道《かんみち》を脩《をこな》ふに在る也。其の鎮す神に事り神道を脩ふ者は、先皇《さきつみかど》の跡《みあと》を失は不して、而して先皇の道《みち》に止《とども》るに在る也」（河野省三『旧事大成経に関する研究』を参考に読み下す）

かくて、聖徳太子は、次のようにしてこの記録（本書）をまとめたという。

「大臣《おほまちぎみ》蘇我《そがの》馬子の宿禰《すくね》に命《をほせ》て、内録《うちつふみ》及び吾道《あぢ》、物部、忌部《いんべ》、卜部《うらべ》、出雲、三輪、六家の祖神先人《みをやがみさきつひと》の録《しる》せる所之書紀《ふみ》を集め、中臣御食子《なかとみのみけこ》に命《みことのり》して、大臣と与《とも》に著録《ふみつくりごと》を行は奉《し》む」（同）

しかし、『先代旧事本紀』そのものが偽書とされる以上、『旧事大成経』は偽書をもとに生《あ》みだされた偽書のような存在といえる。なぜ、そんなものをわざわざ作ったのか？

神道研究家の河野省三《こうのせいぞう》『旧事大成経に関する研究』を参考に『旧事大成経』を検討すると、この本が近世初期に成立した「偽書」には違いなくても、当時の神道の一潮流の主張を百科全書的規模で展開させた、独創性のある思想書といえることがわかる。その主張とは、「神国」日本の強調と、仏教や儒教のような外来思想摂取の重要性を同時に説くもので、仏教や儒教を神道と合体「大成」（集大成）させてこそ「神国」は強化されるという論理である。禅僧（黄檗《おうばく》宗の僧）だった潮音道海の関与も、この主張と無縁ではあるまい。

〔参考〕
・小笠原春夫校注『続神道大系　論説編　先代旧事本紀大成経（全4）』神道大系編纂会、一九九九年
・河野省三『旧事大成経に関する研究』国学院大学宗教研究室、一九五二年
・小笠原春夫「『先代旧事本紀大成経』と執筆者の謎」、『別冊歴史読本77　徹底検証古史古伝と偽書の謎（29巻9号）新人物往来社、二〇〇四年
・田中聡「新釈古史古伝物語」、同

紀伊・徳川家が歓迎した捏造！『越後軍記』が描く謙信の軍師

長尾景虎《ながおかげとら》こと、上杉謙信（一五三〇～七八）一代の戦歴を綴った軍記《ぐんき》本のひとつに『越後軍記』全一二巻がある。謙信本人を知らない後世の人による創作として、謙信の研究者からもほとんど問題にされない書物だが、謙信を開祖と仰ぐ兵法「越後流」の役割を考えるうえからは興味深い。

その序文によれば、この本の原本は元禄《げんろく》十四年（一七〇一）秋、京都でたまたま出会った上杉家にゆかりのある「牢士《ろうし》」（浪人《ろうにん》）から見せられた手記で、それに補正を加えて出版するものとしてある。刊行者の名は「白雲子《はくうんし》」、刊行の日付は同十五年（一七〇二）三月となっている。

この「白雲子」の正体だが、「越後流」の一流派「宇佐美《うさみ》流」または「宇佐神流《じ》」の兵学者、宇佐美定祐《さだすけ》だろうといわれている。そういえば、『越後軍記』には、宇佐神駿河守良勝《するがのかみよしかつ》なる人物が登場し、随所で謙信に的確な助言を与えて勝利に導くほか、少年時代の謙信は天台山（比叡山）にこもってい

た良勝に「三顧《さんこ》の礼」をもって軍師に迎えた、といった記述も見られる。また、永禄《えいろく》六年（一五六三）十一月二十日、六十一歳で卒したとする良勝の死にさいしては、良勝のことを、

「謙信いまだ童形の時より軍師となり忠臣となつて暫《しばし》も君辺を離れず。内には慈悲深く外には智勇を励し、諸士《しよし》及び国民を憐《あわれ》み、人心廉直《れんちよく》に邪慾《じやよく》を戒《いまし》め、軍場に臨《のぞん》では当機の変術智謀《へんじゆつちぼう》計略の深きこと、恐《おそら》くは楠《くすのき》先生（楠木正成《まさしげ》）にも劣ざりければ、謙信水魚の思ひをなして万事密議を評談ありしかば、謙信の嘆きは云うに及ばず、諸臣上下に至まで力を落し惜《おしま》ざるは無りけり」（『越後軍記』巻之十）

と、ほとんど完全無欠の人物として持ち上げ、暗に軍略家としては良勝は謙信に勝っていたかのようにすら印象づけている。

ところが、この宇佐神良勝は虚構の人物という説が有力である。宇佐美定祐は、本名を大関左助《おおぜきさすけ》といい、紀伊・徳川家に仕えたが、兵学者としての家筋の正統性を得るために、様々な文書や系図を捏造した。彼は、実在の上杉家の家臣で駿河守だった宇佐美定満《さだみつ》に重ね合わせるかたちで、宇佐美（宇佐神）良勝または定行《さだゆき》という人物を創作し、自分の曾祖父《そうそふ》ということにしてしまったらしい。

そして、何とこの定祐の家系捏造は、紀伊・徳川家も歓迎したらしいのである。高橋修の論文「合戦図屏風の中の『謙信』」によると、分封《ぶんぽう》まもない紀伊・徳川家はよるべき権威の不足に悩んでいた。そんなとき、上杉謙信や「越後流」の看板は、武田信玄の「甲州流」を採用した幕府将軍家にも対抗しうるもので、謙信の軍師としての宇佐美良勝（定行）の虚構も利用するにたるものだった。そんなわけで、定祐も君命で宇佐美姓《せい》に改姓したのだった。「宇佐美家そのものが、大名権力によって政策的に創り出されたものであった」（高橋論文）わけだ。

さて、『越後軍記』によれば、永禄四年（一五六一）、信玄との「河中島（川中島）合戦」にさいして、謙信は老臣たちの計策を検討したうえで、宇佐神良勝に命じて「上中下」の三つの「軍策」（作戦）

をまとめさせた。その結果、謙信は次のように決断を下したという。
「此度《こたび》は吾下等の計を用《もちゐ》ん。其故は上等の策は信玄既に知て設《まうけ》て待《まつ》（予測して対策を立てている）所なり。其知て相待《まつ》に出合《いで》せば豈《あに》何ぞ勝利を得んや。中等の策は年々（何年もかかる）の手段なり。下等の策は信玄が不意に当《あたり》て万死一生の（信玄の不意を衝く必殺の）合戦なり。今我是を用《もちゐ》て勝負を決せんのみ」（巻之八）

〔参考〕

・中村孝也校訂『越後軍記』、『帝国文庫18 眞田三代記／越後軍記』博文館、一九二九年
・高橋修「合戦図屏風の中の『謙信』」、池享・矢田俊文編著『定本上杉謙信』高志書院、二〇〇〇年

黄門様ご子息のスキャンダルも！ 週刊誌顔負けの『世間咄風聞集』

四国・高松一二万石の領主、松平讃岐守頼常《まつだいらさぬきのかみよりつね》は、江戸・白銀《しろかね》（港区白金）にある下屋敷の土蔵に武具いっさいを納め、その管理を一人の役人にまかせきっていた。ところが、元禄《げんろく》十六年（一七〇三）六月中旬よりその役人が体調を崩したため、後任と交代させることになり、引き継ぎのため土蔵を検《あらた》めたところ、内部はもぬけの殻になっていることが判明した。

実は、土蔵の管理をまかされていた役人は、五、六年前から土蔵の中にあった武具を少しずつ、下屋敷の近所に借りた家に運び出しては質屋に転売していたのである。そして、武具の虫干しのために上屋敷の者が来ると、御馳走するなどして適当にごまかして、土蔵の内部を見せなかった。

今回の引き継ぎで事が露見《ろけん》するのは避け難いと悟ったこの役人は、土蔵を火薬で吹き飛ばそうと企んだが、結局捕らえられ、共犯者についても自白。土蔵の中にあった五七領の具足《ぐそく》を含む武具（時価五、六〇〇〇両相当）のうち、無事回収できたものは徳川家康から拝領した具足（時価七〇〇両相当）ただ一領だけであったという。

「役人を捕取、世悴《せがれ》は籠捨《（舎）》被仰付《おおせつけられ》、役人儀は座敷籠に入被召置《めしおかれ》候由。役人女房をまはだかに致し湯《ゆ》責《ぜめ》被成候処に、段々同類之者（共犯者）相知れ申候由」

という厳しい取り調べの結果判明した、盗品の始末は次のように行われたという。

「土蔵より（盗品を）取出し御門番と云合《いいあわせ》、讃岐国之者御屋敷近くへ借屋《しゃくや》を持罷有《まかりあり》候由、此者に渡《わたし》申候。彼《かの》者方よりしち屋に渡し候由」

この事件を伝え聞いた、高松の松平家の本家にあたる水戸徳川家の当主（水戸様）、綱条は、売り払われた武具は「何とぞ不残請《のこらずうけ》かへし候様に、金子入候はゞ十万両にても十五万両にても御出し可被《なさる》成《べし》」と指示したが、買い戻しは右のように困難であった。また、「水戸様」は、犯人の処罰についても「彼役人は従類迄仕置可仕《しおきつかまつるべし》」と命じている（引用は、長谷川強校注『元禄世間咄風聞集』（七40）より）

武士の〝魂〟ともいうべき武具を売り飛ばされるというこの事件は、泰平の世の武家の気の緩《ゆる》みをいかにも象徴しているように思えるが、臣下に一杯喰わされた殿様＝頼常は、あの水戸黄門＝徳川光《みつ》圀《くに》の子息だったというから開いた口がふさがらない。

右の事件は、今日『世間咄風聞集《せけんばなしふうぶんしゅう》』として知られる、東大文学部国文学研究室所蔵の一連の写本の中に見える。そもそも、この『風聞集』は、筆者はどこの誰かは定かではないが、江戸のとある大名家への来客の話や、大名自身が他家で聞いた話を書き留めたもので、来客は、老中や高級旗本から囲碁の師匠らにおよび、中には市中の銭湯での風聞といったものもある。期間は元禄七年（一六九四）

から十六年（一七〇三）までだが、原本一二冊のうち五冊は元禄十五、十六両年のものとなっている。

内容は、右のような大名家のスキャンダルや、貴賤様々な階層の犯罪、「生類《しょうるい》憐《あわれ》みの令」違反の殺生、心中や不義密通、喧嘩、神仏の縁起や奇瑞《きずい》、怪談、はては諸国のグルメ情報、といたって広い。けれど、はたと見直せば、この内容の組み合わせは、ほぼ今日の週刊誌の記事のレパートリーと重なっている。

赤穂浪士の討ち入りが行われた時代の、いかがわしく、いじましい細部《ディテール》を、この〝元禄の週刊誌〟は好奇心たっぷりに伝えている。

〔参考〕
・長谷川強校注『元禄世間咄風聞集』（岩波文庫）岩波書店、一九九四年

Ⅶ　江戸２

「助六」と「意休」にトラブル！　団十郎命名『勝扇子』の不条理

「歌舞伎十八番物」中でも特に有名な「助六《すけろく》」が、二世市川団十郎《いちかわだんじゅうろう》（一六八八〜一七五八）によって初演されたのは、正徳《しょうとく》三年（一七一三）春のこと、初演の題は「花館愛護桜《はなやかたあいごのさくら》」であった。

ご存じのように、遊女「揚巻《あげまき》」をめぐって、善玉の男伊達（俠客）「花川戸《はなかわど》の助六」と、悪玉の「髭《ひげ》の意休《いきゅう》」が恋の鞘《さや》あてを繰り広げる中で進行する。それは、折口信夫（「助六座談会」）も指摘するように、町奴＝助六と旗本奴＝意休の対立・闘争をモチーフとしている。のちに、助六と意休の対決に曾我兄弟の仇討ちのエピソードが投影されることになるが、初演の時点では、そのような脚色はまだつけ加えられていない。その代わりに、この対決には、初演当時の人々にとってはそう古い記憶ではなかったある事件が重ね合わされているのではないかとの説がある。その事件を記録した文書を『勝扇子《かちおうぎ》』という。

「助六」初演の五年ほど前、宝永《ほうえい》五年（一七〇八）の初め、京都・四条河原の「からくり師」小林新助《しんすけ》という者が、江戸から二十数人の一座を率いて安房《あわ》国へ人形浄瑠璃の巡業に来ていた。現在の千葉県館山市付近の村での興行に気をよくした一座が別の村で公演をしていると、「江戸弾左衛門手代《てだい》革買治兵衛《かわかいじへえ》」と名乗る男が、自分たちに無断で興行を打つのはけしからんと抗議してきた。小林らは前の村で問題なく上演できたことなどを理由に治兵衛に反論、公演を強行したところ、治兵衛らは約三〇〇人の仲間を連れて一座の公演を襲撃し、芝居を中止させてしまった。

徳川幕府は、初代家康の時代から、関八州の被差別部落の人々を統轄する「弾左衛門役所」を江戸町奉行所の下に設け、代々矢野弾左衛門を名乗るその長官に、軍需物資でもある皮革生産の独占権など、幾つかの特権を与えた。芝居などの興行にさいしての上納金品の徴収もそのひとつだったわけだ。

しかし、上方人である小林は、そんな「関八州」独自のシステムを知らなかった。『勝扇子』によれば、小林は、公儀にむかって「旅役者芝居の義は弾左衛門下の証拠御聞届被《おききとどけくだされ》レ下候はゞ難有《ありがたく》奉レ存候」つまりは、自分たちが弾左衛門の配下に置かれねばならない根拠を明らかにしてほしい、と迫っている。一方、弾左衛門側は、「先御当地小塚原にて結城武蔵太夫芝居仕《つかまつり》候節、一斗樽に鳥目《ちようもく》壱貫文、札《ふだ》百五十呉《くれ》候」等と、芝居興行のさいの自分たちへの上納の実例を挙げて、みずからの正当性を主張した。当時、弾左衛門は四代目、彼の主張するほうが、これまでの江戸の常識であった。

ところが、今回のトラブルの後、それを不当と訴え出た小林の主張を公儀《こうぎ》は認め、弾左衛門側は既得権を失ったうえ、治兵衛ら三人は八丈島へ流されてしまう。著書『弾左衛門の謎』所収の「勝扇子事件」で、この騒動の顚末を詳しくたどってみせた作家・塩見鮮一郎は、この結末に「幕府役人が、京都の文化人に色目をつかって屈服したために、このようなことになった」と、厳しい評価を下しているが、家康時代に確立された「弾左衛門役所」というシステム本来の意味を、この頃になると、幕府自身がよく理解できなくなってきた、ということのようである。

二世団十郎は、この裁定に快哉《かいさい》を叫び、小林の手記を中心にした事件の記録を、自分たち「歌舞伎狂言座の輩」が「えたの手下并《ならび》に非《ひ》人《にん》の類に無之《これなき》証書」として『勝扇子』と命名した。同書巻末の日付は享保七年（一七二二）である。そして、塩見が指摘するように、「助六」もまた、意休を弾左衛門（「旗本」待遇であった）に見立てて罵倒した一種の「勝利宣言」ととらえられなくもない。また、そうした見方は初演当時から実際にあったらしいのだが、そう意識してこの芝居の台本を読み直すと、助六が意休をからかって言う「イヨ、乞食の閻魔様め」等という科白が、とたんにひどく生臭い、陰険なものに思えてくる。

そんな「勝利」とは、「河原乞食」と蔑《さげす》まれた芸人たちが、別のやはり差別されてきた人々に優越感をいだいたうえのものでしかなく、今日から振り返って見れば、何とも後味の悪いものだった。

〔参考〕

・『勝扇子』、三田村鳶魚編『未刊随筆百種2』中央公論社、一九七六年（原版一九二七年）
・『勝扇子』（原本・釈文）、塩見鮮一郎『増補新版資料浅草弾左衛門』三一書房、一九九八年
・塩見鮮一郎『弾左衛門の謎』三一書房、一九九七年
・同「芸人たちの造反」、『弾左衛門とその時代』批評社、一九九一年
・折口信夫ら「助六座談会」、『折口信夫全集　別巻3』中央公論新社、一九九九年
・『助六由縁江戸桜』、諏訪春雄編著『歌舞伎オン・ステージ17』白水社、一九八五年

頼朝や家康のお墨付きを主張する「弾左衛門由緒書」と差別の構造

徳川幕府時代の江戸の町、そしてそれを取り巻く関八州全域が、士農工商の「四民《しみん》」の一般社会と、浅草に本拠を置く「長吏頭《ちょうりがしら》」もしくは「穢多《えた》頭」の弾左衛門《だんざえもん》（団左衛門）支配下の被差別民の社会との、表裏《ひょうり》背中合わせの二重社会だったことは、近年、かなりオープンに語られるようになってきた。

「長吏」または「エタ」と呼ばれた人々は、「皮多《かわた》」とも呼ばれ、皮革加工の職能集団とされる。皮革製品は武具製造に欠かせないことから、武門《ぶもん》では早くから彼らを重用、というより近くにつなぎと

めておこうとした。と同時に、当時の人心を強く支配した「穢《けが》れ」のタブーから、牛馬などの死骸《しがい》に触れる彼らと、じかに接触することをも避けようとした。

徳川幕府も、初代将軍の家康が、いち早く「弾左衛門役所」の制度を設け、関八州での死牛馬の皮革採取権や、流通・加工権を独占させるほか、車善七《くるまぜんしち》配下の「非人《ひにん》」たちや、「河原者《かわらもの》」として蔑視《べっし》されてきた芸人たちなども管理させた。

つまり、「弾左衛門役所」とは、幕府が被差別民を彼らどうしで支配させ、刑場の管理を含む「穢れ」に抵触《ていしょく》する業務や作業をすべて彼らにさせようとするシステムだったが、「役所」の長である歴代弾左衛門にとっては、多くの既得権を保障するものだった。

ところが、泰平の世が続くにつれて、「勝扇子《かちおうぎ》事件」のさいの芸人の離反などが起き、弾左衛門はみずからの存在意義と正統性を主張する必要に迫られて「弾左衛門由緒書《ゆいしょがき》」なる文書がたびたび公儀《こうぎ》に提出されることになる。特に有名なのは、享保《きょうほう》四年（一七一九）および同十年（一七二五）に、六代目・弾左衛門集村《しゅうそん》（一六九八〜一七五八）が町奉行所に提出したものだが、その中には、自分らの先祖が摂津《せっつ》国から鎌倉に移り住み、源頼朝から「長吏」以下の者の支配を許されたこと、徳川家康が天正《てんしょう》十八年（一五九〇）に関東へ入ったとき、当時の弾左衛門が武蔵国府中で迎え、鎌倉以来の特権の維持を許されたことなどが記されている。続いて、家康公以来の、自分たちの勤務実績や褒賞を列挙しているが、そのいくつかを口語要約で紹介すると、

「時の太鼓、陣太鼓、陣用皮細工を申しつけられました。緊急時は伝馬《てんま》を申し請けたこともございます」

「万治二年（一六五九）以前に鴻巣《こうのす》村で三人の磔《はりつけ》があったとき、検使までを私先祖にまかされましたので、伝馬を使い、槍を持った供をつれて行って参りました」

「丸橋忠弥が品川鈴ヶ森で磔のとき、金子をくだされました」
「南町奉行丹波長守よりお尋者を探すよう命ぜられ、三度もつかまえたので褒美をいただきました」（塩見鮮一郎『増補新版資料浅草弾左衛門』より）

さらに、享保十年のものには、「頼朝公御証文」まで添えられているが、頼朝の時代なら花押《かおう》があるべき場所に「御判」とあるなど、捏造《ねつぞう》の気配が濃い。ちなみに「頼朝公御証文」には、弾左衛門の支配下に置かれる職種が次のように列挙されている。「長吏、座頭、舞々、猿楽、陰陽師、壁塗、土鍋師、鋳物師、辻目暗、非人、猿曳、弦差、石切、土器師、放下師、笠縫、渡守、山守、青屋、坪立、筆結、墨師、関守、獅子舞、蓑作り、傀儡師、傾城屋、鉢扣、鐘打」。そして、どうやら、これらには、長吏を最上級として、それ以外の二八種（座）にはこのままの順序で上下の順位があるらしく、また右の他にもいろいろな職種があると言い「盗賊の輩《やから》は長吏として可行之《これをおこなうべし》、湯屋風呂屋るい、傾城《けいせい》屋の下たるべし、人形舞は廿八番の外たるべし」との但し書きがある（同）。

なお、被差別民とはいえ、浅草にあった広大な弾左衛門の役宅（官邸）とその周囲の居住地「囲内《かこいうち》」における「エタ」たちの暮らしぶりは必ずしも貧しいものではなく、弾左衛門自身は旗本待遇を受けていた。そして明治維新当時、弾左衛門は一三代目であった。

〔参考〕
・「弾左衛門由緒書」、塩見鮮一郎『増補新版資料浅草弾左衛門』三一書房、一九九八年
・同『弾左衛門とその時代』批評社、一九九一年
・本田豊監修、佐伯修「現地取材・江戸を守護する二大「他界」ゾーンがあった！」、『別冊宝島　シリーズ〈歴史の新発見〉徳川将軍家の謎』宝島社、一九九四年

関東大震災で『稿本』は焼失！『自然真営道』をめぐる新知見

大正十二年（一九二三）九月一日の関東大震災で失われた文化遺産は少なくないが、東京帝国大学附属図書館の炎上による『稿本《こうほん》・自然真営道《しぜんしんえいどう》』全一〇一巻の大部分の焼失もそのひとつだった。この本は、明治三十二年（一八九九）に倫理学者の狩野亨吉《かのうこうきち》によって発見されるまで、一五〇年余りにわたってまったく世に知られずにきたが、封建時代の日本では他に類を見ない特異な思想が綴られているとされ、著者の安藤昌益《あんどうしょうえき》なる人物についても、東北の秋田に関係があるらしいということ以外は謎とされてきた。

一方で、焼失をまぬがれた十数冊や、別に見つかった『統道真伝《とうどうしんでん》』全五巻、『刊本・自然真営道』全三巻などの著作をもとに、昌益は、「農本《のうほん》的共産主義者」、「社会変革家」、「民主主義者」、「エコロジスト」などと解釈され、理想化されたり、逆に貶《おとし》められてきた。

たしかに、昌益の書いたものの中には、封建制や上流階級「不耕貪食《ふこうどんしょく》」の徒への呪詛《じゅそ》、文字文化なかんずく漢字文化の否定、自力耕作「直耕《ちょっこう》」への賞讃などが、激烈な文言で語られている。

また、近年、昌益の生没年（一七〇三？～六二）や、彼が現在の秋田県大館市二井田で生まれ、歿したことなどが判明しだした。

だが、宝暦《ほうれき》三年（一七五三）までに出版された『刊本』とはまったく別の書物だったらしい、膨大《ぼうだい》な『稿本』の大部分が失われたことに変わりはない。幸いに残っている全巻の内容目録によると、半数以上の巻は昌益の専門分野の医学に関するもので、他の巻も、今日的分類でいえば人文《じんぶん》、社会、自然の諸分野にわたっているが、どの分野を扱うにしても、昌益は自己流に解釈した「陰陽五行説《いんようごぎょう》」を用いたワンパターンな視点でしか論述しなかったらしい。

以下に引くのは『稿本』のうちで現存する「大序」の中の、「病気」について論じた部分だが、人体の「病」と社会の「不正」に関する議論が「気」を介して同レベルで混ざり合っている。

「病論のこと。活真、八気、互性、通・横・逆に転定を運回し、人身を運回し、四類を運回、草木を運回、生生、常の行なわれに病有《やまい》ること無し。是れ活真に於て病無ければなり。

聖・釈出でて上下の私法を立てて以来《このかた》、上は不耕貪食して転道を盗み、栄侈《えいし》を為すの欲心、下は之《こ》れを羨むの欲心、欲心募《つの》り乱を起し、上下妄迷の欲心、衆人は直耕を責め採《と》らるる悲患の心、釈が為めに獄《ダマ》され、極楽成仏を願うの欲心、金銀通用始めて、上下之れを惜しむの欲心、転下一般、欲心妄盛す。欲心は横気なり、横気は汚邪の気なり。此の邪気、転定の気行を汚《けが》し、是れが転定始めて病を為す。此の不正の気、人に帰《き》して、人、転定の病を受けて、人の病を為す。

外は不正の気行に傷《やぶ》られ、内は欲心の妄惑に傷られ、外内倶《とも》に病を為す（以下略）」（安永寿延《よしのぶ》訓読「大序［二〇］」）

昌益の自然学は、寺島良安《てらしまりようあん》の『和漢三才図会《わかんさんさいずえ》』をタネ本にしたものだったようだと、萱沼紀子《かやぬまのりこ》は『安藤昌益の学問と信仰』で指摘している。昌益の著作には多くの動植物が登場するにもかかわらず、秋田特産のハタハタなどが登場しないのは、タネ本が関西で成立したためだったようだ。

さらに、『稿本』をはじめ、彼の著作には、明らかに東北弁の訛《なまり》を含んだ奇妙な我流《がりゆう》の漢文が用いられているが、あれほど漢字を嫌った彼が漢文だけを用いた裏には、彼に方言《ほうげん》コンプレックスと、同時にその反動として、当時の知識人の〝共通語〟としての漢文へのあこがれが存在したためらしい。

なお、これは余談だが、右の萱沼の本の巻末に収められた「あとがき　贋金作り師の秘密——中居屋重兵衛の資料」は、いかにも研究者がその出現を望みそうな〝新資料〟を偽造して売りつける、営利目的の偽文書製作者の老人とのバトルを綴ったもので、一読の価値がある。

〔参考〕
・安永寿延校注『稿本自然真営道』（東洋文庫）平凡社、一九八一年
・『大館市史編さん調査資料14　安藤昌益その晩年に関する二井田資料』大館市史編さん委員会、一九七四年
・八戸市立図書館編『安藤昌益』伊古書院、一九七四年
・萱沼紀子『安藤昌益の学問と信仰』勉誠出版、一九九六年
・狩野亨吉『安藤昌益』書肆心水、二〇〇五年
・ハーバート・ノーマン『忘れられた思想家安藤昌益のこと』、『ハーバート・ノーマン全集3』岩波書店、一九七七年

〝舌禍〟馬場文耕のゴシップ本！『当代江戸百化物』の登場人物

宝暦《ほうれき》八年（一七五八）九月十六日の夕刻、江戸・日本橋榑正町《くれまさ》の小間物《こまもの》商・文蔵《ぶんぞう》方の貸席では、講《こう》釈師《しゃくし》・馬場《ばば》文耕《ぶんこう》（一七一八？〜五八）による実演が行われていた。出し物は「武徳太平記《ぶとくたいへいき》」と「珍説《ちんせつ》もりの雫《しずく》」の二席で、この夜は初演から七夜目、入場は有料だが額は客の「思召《おぼしめし》次第」という仕組み。暮《くれ》六つ（午後六時頃）の開演だったが、この夜は灯《ひ》ともしどきの前にはすでに聴衆二〇〇人を超えて満席となり、講釈の後、本日の台本『平かな森の雫』の頒布《はんぷ》なども行われて、四つ刻《どき》（午後十時頃）

にはお開きとなった。

ところが、聴衆がおのおの家路につき、控え室に退いた文耕が茶など啜《すす》って一服していたところへ、聴衆にまぎれこんでいた南町奉行所の同心が乗りこんできて、抗議する文耕に縄をかけ、有無をいわせず連行してしまった。そして、三カ月余りのちの同年末、文耕は市中引きまわしのすえ、小塚原（荒川区）の刑場で処刑されてしまうのである。

年代によってかなり程度に差はあるものの、徳川幕府の治下、著述した内容が公儀の忌避に触れて罰せられた例は数多い。だが、その罰はせいぜい遠島であり、死罪にまでいたった例は文耕ただ一人とされる。文耕の場合、「珍説もりの雫」で、当時審理中だった美濃・郡上藩《ぐじょう》（岐阜県八幡町《はちまん》）の年貢増徴反対一揆などにともなう紛争「金森《かなもり》騒動」に関して、公儀の吟味に異議を唱えたことが「公儀を恐れず」として命取りとなった。

さて、ここで、文耕が筆禍《ひっか》（舌禍《ぜっか》）に遭う直前の宝暦八年初秋に書きあげた同時代人物評集『当代《とうだい》江戸百化物《えどひゃくばけもの》』（『当代江都百化物』）全五巻をのぞいてみよう。これは、上は大名や大学頭《だいがくのかみ》から、下は遊女や盗人《ぬすつと》にいたるまで、個性的な人物二七名を「化物」として面白おかしく紹介したものだが、例えば同業者の講釈師・深井志道軒《ふかいしどうけん》について、文耕は「えせ坊主」「久しくご当地をばかす者」などとののしる（巻之五）。はては、「もろこし聖賢《せいけん》の御代《みよ》ならば、きやつ（彼奴）はとらへられ、はつゝけ（磔）ごくもんに上ゲらるべき者を、寛仁《かんじん》の御代に生れ、きやつが仕合也《しあわせ》」とまでいい、さらには志道軒の失敗談まで曝露《ばくろ》するのだが、そこまでこきおろしながら、あえて「化物」のレッテルを貼ることで、どこかライバルの力量を認め、エールを送っているようにも思われる。

かと思えば、公儀の高官たる奉行をからかった、次のようなものもある。

「よき人の真似をして一生をおくらば、是能《これよ》ク化ケしといわんか。今日此ころの奉行に那須奉書といふもの有。大岡越前守をとかく似せて致して見る越前也。何かと公事出入（裁判沙汰）に物やわらかにして、万事一段罪をもかるく取捌《さばか》る、とはいえども、根元（もともと）真似《まね》て致事故《いたすことゆえ》、大越（大岡越前）の器量とは少し違ひ有し上、何ぞといわば大きに動く心底あるべし」（巻之一、中野三敏校注による）

と、くさし、そのうち「大丈夫の人」が現れれば化けの皮が剝がれようと言い放っている。「那須奉書」は仮名だが、「既に京都町奉行の節、酒井さぬきの守（忠洋）ニにらまれて、ばけ（化）のせうね（正根）を見付られ、くらやみに引込しに、いつしか何とばかしけん、江戸をたぶらかさんと近年顕われ出し、先のちは知らず、当分町中をばかしおふせたり」（同）とあることから、京都町奉行、江戸南町奉行（当時在職）を歴任した、土屋越前守正方のことではないかとされる。

文耕は、こうしたきわどい表現や、社会ネタを含むゴシップを、わざと印刷せず、「口演《こうえん》」に乗せるか、「貸本」のルートで写本《しゃほん》を回覧させるかして伝えようとしたが、権力は彼が思ったよりも非情であった。

なお、文耕が捕縛された当夜の口演台本『平かな森の雫』は、『叢書江戸文庫12　馬場文耕集』の岡田哲「解題」によれば、未だ発見されていないという。六枚ほどの紙を綴じた「簡単なメモもしくは瓦版のようなもの」だったようで、現在宮内庁が所蔵する同名の書は、文耕のオリジナル本とはまったく別のものらしい。オリジナルの『平かな森の雫』は、蜀山人大田南畝も探し求めたものの、やはり手に入らなかったそうである。

〔参考〕

・中野三敏校注『当代江戸百化物』、『新日本古典文学大系97』岩波書店、二〇〇〇年

・岡田哲校訂『叢書江戸文庫12　馬場文耕集』国書刊行会、一九八七年
・野村無名庵『本朝話人伝』（中公文庫）中央公論新社、二〇〇五年（原版一九四四年）

「明和事件」山県大弐の激論！『柳子新論』が暴く武家の矛盾

明和《めいわ》四年（一七六七）八月二十二日、江戸・八丁堀で私塾をいとなみ、政論や兵学を講じていた山《やま》県大弐《がただいに》は、小伝馬町の牢内で処刑された。かねてから幕政の矛盾を具体的に指摘したり、勤皇復古《きんのうふっこ》思想を説いて憚《はばか》らなかったが、一部の門人の密告により、幕府転覆《てんぷく》の武装蜂起計画の中心人物とされたのである。いわゆる「明和事件」である。

享保《きょうほう》十年（一七二五）、甲斐《かい》国巨摩《こま》郡北山筋篠原《しのはら》村（山梨県竜王町《りゅうおう》）に生まれた大弐は、父の跡を継ぎ甲府で与力《よりき》を務めたが、弟の犯した殺人のために追放され、二十七歳で江戸へ出た。その後、当時幕府若年寄《わかどしより》だった大岡出雲守忠光《おおおかいずものかみただみつ》に仕え、大岡家の領地、上総《かずさ》・勝浦《かつうら》村（勝浦市）の陣屋に赴任する。

一方、大弐は少年時代から郷土の民間学者たちの私塾で学び、神道家の加賀美桜塢《かがみおうう》からは山崎闇斎《あんさい》派の垂加《すいか》神道による勤皇主義を、医師で儒者の五味釜川《ごみふせん》からは、荻生徂徠《おぎゅうそらい》や太宰春台《だざいしゅんだい》の流れを汲む中国の王道思想と同時に自然科学的な発想を摂取して自己形成を行ってきた。そんな彼にとって、勝浦で農民や漁民の生活実態に触れたことと、のちに忠光の側近として権力の中枢近くを目撃したことは得難い体験となり、彼は忠光に仕えるかたわら、政治的な理想を語った書『柳子新論《りゅうししんろん》』を書きあげる。それは、冒頭から武家社会の根本矛盾を衝《つ》く内容を含むものだった。

「政治には文武《ぶんぶ》二道があり、平時には文官を以《もっ》て治め、変事に活躍すべき武官が平時の政治に携《たずさ》わっている。（中略）経理に任じ庶務を司《つかさど》る役人共《ども》の様に、一生武事に関係のない者までが武士と称して、万事その積《つも》りに手荒く振舞《ふるま》い、人民を苛《いじ》めている。（中略）五位以上の官位に居る者は、すべて山城《やましろ》守とか備前《びぜん》守とかと云《い》う様に、国守《くにのかみ》の名号《みょうごう》を受け、又は中務《なかつかさ》・式部《しきぶ》・兵部《ひょうぶ》・治部《じぶ》・刑部《ぎょうぶ》・民部《みんぶ》・大蔵《おおくら》・宮内《くない》の八省の諸官の名号を受けてはいるが、之等《これら》は皆名称のみ有って、実際には何でもない虚名である」（「正名第一」、飯塚重威《しげたけ》『山県大弐正伝』の「柳子新論新釈」による）

幕政下、内実をともなわない官名（虚名）が乱発され、まかり通る風潮を、大弐は天下の秩序の乱れの象徴ととらえ、本来の姓名すなわち「正名」を名のるべきだと訴えた。山野の一草一木にも、呼ばれるべき正しい名（正名）があり、「正名」こそは世界の秩序の根源なのである、と。同時に、彼の「正名」の主張には、「虚名」にみちた武家支配が始まる前の王朝時代を「正名」の世として理想化した、〝王政復古〟への強い願望も含まれていた。

この本が完成した宝暦《ほうれき》九年（一七五九）、京都で勤皇主義の学者・竹内式部《たけのうちしきぶ》が追放処分に遭っているが、竹内らに共感を寄せていた大弐は、翌十年に大岡家を辞して私塾で考えを広めようとする。同時に、上州・小幡《おばた》藩主の織田美濃《みの》守信邦《のぶくに》の私的な藩政指南役をも務めるのだが、織田家の内紛に巻きこまれ、幕府からは小幡藩の兵力を倒幕に利用しようとしていたかのごとくこじつけられ、竹内らと一緒に葬り去られたのだった。

なお、大弐の思想は、近代になってからも農本主義的右翼思想家の権藤成卿らに強い影響を与えたが、東京都新宿区全勝寺にある大弐の記念碑が、鶴見俊輔、竹内好、市井三郎ら、戦後民主主義を肯定する、〝進歩派〟と見做される人々の手で建てられているのは興味深い。

また、評論家の山本七平は、イザヤ・ベンダサンの名で発表した文章の中で、「中国の皇帝が中国国内を支配しているような型の支配体制、と考えたものを、そのまま日本に輸入して、その位置に天皇を置くべきだと考えた最初の日本人は、私が調べた範囲内では、山県大弐がはじめてで、それ以前にはいない」（「日本人と中国人」）と、はなはだ気になる指摘を行っている。この件には、ここでは深入りしないが、山本は、『日本教について』においても、三島由紀夫と対比しながら、大弐について詳しく論じていることを附記する。

〔参考〕

・山県大弐、川浦玄智訳注『柳子新論』（岩波文庫）岩波書店、一九四三年
・飯塚重威『山県大弐正伝――柳子新論十三篇新釈』、『権藤成卿著作集　別巻』黒色戦線社、一九九一年
・イザヤ・ベンダサン（＝山本七平）「日本人と中国人」、『山本七平ライブラリー13　日本人とユダヤ人』文藝春秋、一九九七年
・同『日本教について』文藝春秋、一九七二年

済州島の「科挙」受験生が漂流！　鎖国下の日本近海と『漂海録』

明和《めいわ》七年（一七七〇）十二月二十五日朝、鎖国下の日本の九州から西へ二五〇キロの洋上にある、済州《チェジュ》島の済州港を一隻の船が出帆、北へ九〇キロほどの朝鮮半島本土をめざしていた。乗りこんだ二九人のうち、船頭一人と船員九人をのぞく大部分は商人であり、それ以外に李朝《りちょう》朝鮮の首都・漢陽《ハニャン》で科挙《かきょ》の「会試《かいし》」を受験しようとする張漢喆《チャンハンチョル》、金瑞一《キムソイル》の二人の青年がいた。

朝鮮で、中国にならった官吏《かんり》登用試験「科挙」の制度が正式採用されたのは、高麗の光宗《クワンジョン》九年（九五八）のことという。下って、李朝も「郷試《きょうし》」、「会試」、「殿《でん》試」からなるこの試験制度を当初から実施し、船上の張青年は、李朝二一代・英祖《ヨンジョ》の四十六年にあたるこの年の十月、地方で行われる「郷試」に首席で合格したばかりである。十二世紀初頭まで朝鮮半島本土とは独立した「耽羅《タムラ》国」で、本土から何かと理不尽な扱いを受けてきた済州島出身者として、張らはまさに郷土の期待を一身に負う、島のホープ的存在であった。

だが、彼らの航海は気象の急変により暗転、船は漂流を始めてしまう。張の手記『漂海録』（一七七一年刊）によると、船の人々は琉球に漂着する可能性を考えて、身につけていた号牌《ごうはい》（身分証）を破棄したという。かつて耽羅人たちが、漂着した琉球の王子らを殺害したため、琉球人から仕返しをされるのではとの恐怖のためらしい。

船は、結局、十二月二十八日になって、どこともしれぬ無人島に漂着するが、水と食料が豊富にあったことに安心したのもつかの間、翌英祖四十七年すなわち日本の明和八年（一七七一）一月元旦早々、一行は「南海を徘徊《はいかい》する」と自称する海賊に襲われ、金品を奪われる。彼らを「倭寇《わこう》」ときめつけた張は「ああ、倭人は仇敵《きゆうてき》である。不倶戴天《ふぐたいてん》の敵である」と思いきり憤っている。

再び船出した一行が、巨大な商船の船団に救われたのはその翌日、一月二日だった。商船の代表者は、筆談でこう語った。

「私は明《ミン》国人で古くから安南《アンナン》国（ベトナム）に移り住んでいる。豆の交易《こうえき》で今、日本へ向かうところだが、故国へ帰りたいならば日本までついて来るがいい」（宋昌彬《ソンチャンピン》訳）

四階建てのこの船には、羊、山羊、犬、豚、鶏、家鴨などの家畜が飼われ、葱や白菜などの菜園もあり、小型船二隻の内蔵設備まであった。鎖国日本の近海にはこんな商船の道があったわけだ。

ところが、救われたと思いきや、張らが耽羅の出身者とわかると、以前安南の王子が耽羅に漂着して殺害されたという、どこかで聞いたような理由から、一行は小舟に乗せられて洋上に追放されてしまう。そして、嵐に遭ったすえ、一月六日、朝鮮の全羅南道《チョルラナムド》の青山島《チンサムドウ》に漂着するが、当初二九人いた一行は、島民に救助されたとき八人になっていた。

さて、張は島の娘と恋におちたりするが、結局、済州島へ戻る仲間たちと別れ、当初の目的を達するため漢陽へ向かう。そしてついに「会試」を受けるが、結果は不合格であった。彼の「科挙」（会試）突破はその四年後であった。

〔参考〕

・張漢喆、宋昌彬訳『漂海録』（耽羅叢書）新幹社、一九九〇年

・金泰能、梁聖宗訳『済州島略史』（耽羅叢書）新幹社、一九八八年

道鏡VS.押勝、諸兄、楊貴妃ら!?　未完の大ロマン『本朝水滸伝』

天武《てんむ》天皇の御代《みよ》（六七三〜六八六）のこととか、吉野《よしの》の里で鮎《あゆ》をとって暮らす、「味稲《うましね》の翁《おきな》」は、ある日、川で拾った柘《つみ》（山桑《ぐわ》）の枝から現れた仙女《やまびめ》の求愛を受ける。仙女は今から「千年《ちとせ》のすゑ」の世を見たいと語り、柘の枝の破片一〇〇個を、やがてそれらが翁と自分の一〇〇人の子に育って、いつか「我々が住む山に」戻ることを予言して川へ流す。

と、いうのが、前後篇で二五巻、五〇条からなる、建部《たけべ》綾足《あやたり》（一七一九〜七四）作の未完の大ロマ

ン『本朝水滸伝《ほんちょうすいこでん》』の冒頭である。中国の本家『水滸伝』を下敷きにしたこの導入部にある柘の枝の化身の仙女と翁の一〇〇人の子が、以後の物語で波瀾万丈の活劇を演じるわけだが、その内容をひとことで語れば、女帝・高野天皇《たかののすめらみこと》（孝謙《こうけん》天皇、高野姫尊《ひめのみこと》）の心を奪い、宮廷支配を企む妖術使い・道鏡一味に対する恵美押勝《えみのおしかつ》、橘　諸兄《たちばなのもろえ》・奈良麻呂《ならまろ》らの宮中奪還の戦いということになる。これらの主要登場人物は、弓削《ゆげ》道鏡にしろ橘諸兄にしろ、いちおう実在人物だが、年代にしろ登場人物間の関係にしろ奔放な虚構化がなされている。

なにせ、藤原氏の圧力で東北に追われた歌人の大伴家持も、押勝や諸兄らの武装蜂起に協力するし、後篇では、アテルイらアイヌ民族の指導者を思わせる「蝦夷《えみし》の棟梁《とうりょう》カムイボンテントビカラ」や、例えば平泉の奥州藤原氏を連想させる「浅香王《あさかのおおきみ》」、どこかしら「土蜘蛛《つちぐも》」など滅ぼされた「まつろわぬ民」を連想させる「文石《あやし》の倭蜘《やまとぐも》」ら「盗賊《ぬすびと》の司《つかさ》」たちも、蜂起側と連合を組む。さらに、中国からは非業の死をとげたはずの楊貴妃《ようきひ》までも亡命してきて、蜂起に味方する。ちなみに、『水滸伝』における梁山泊《りょうざんぱく》にあたるのは伊吹山である。

以上のようにこの物語は、道鏡ら天皇を惑わす〝君側《くんそく》の奸《かん》〟を、押勝や諸兄といった宮中の正統派というべき勤皇勢力が討つ、というものでありながら、一見、官軍を称する政府軍に、日本のみならず海外も含む歴史上の敗者や被抑圧者たちが総がかりで叛乱を挑む〝革命〟ドラマに映るのが面白い。

さて、前篇第九～一八条では、宇佐八幡の託宣によって道鏡の天皇即位を阻止した和気清麻呂（清丸）が、魔法の絵を描く「巨勢《こせ》の金麻呂（金丸）・金石」父子の助けで危地を脱し、妻子と共に伊吹山に入るまでが描かれる。また、後篇の第四一～四六条では、遣唐使として唐に渡った反道鏡派の「藤原の朝臣清川」の手で、ひそかに日本に脱出した楊貴妃が、清川やその同志の「小治田《をはりた》の連珠《むらじたま》名《な》」に協力して、工作員《スパイ》として、道鏡即位計画を背後であやつった「太宰府の阿曾丸《あそまろ》」の許に潜入するエピソードが描かれる。

清川と珠名は、楊貴妃の「玄宗皇帝の御心をみだし給へるばかりの御色（美貌）におはせば」、阿曾丸も彼女にメロメロになり、「我〳〵が心のまゝに事をしおふせん」と企んだが、楊貴妃は日本語が喋れない。そこで彼女の「御言風俗《おんことぶり》をなほし、大倭言《ヤマトコト》におしへたてんず」と特訓を開始、相手が「貴妃」だけにこのくだりは敬語が使われている。

「されど（楊貴妃が）御心にそまぬ事の有《あり》て、かたはら（傍）をしかり給ふなどには、「呆子《ガイツウ》」（あほう）とのたまふを、「さる事は、此国にては、下々には「馬鹿《バカ》」と申《まうし》て、人をあざける言《こと》にてさむらへ。しかれども、倭にてはよき君たちののたまふ御詞にあらず」などをしへたまへば、はぢらひたまひて、かさねてはのたまはず」（第四六条、『新日本古典文学大系79』より）

かくて楊貴妃は珠名の妻と共に阿曾丸の許に潜入するが、現存する最後の条である第五〇条で、清川と珠名の妻は殺害され、楊貴妃は珠名と一緒に熱田に脱出したところで、この物語は未完に終わっている。

なお、作者の建部綾足は、津軽藩の家老の次男という出自《しゅつじ》でありながら、兄嫁との不倫の恋というスキャンダルが原因で出奔《しゅっぽん》、大坂、江戸、長崎などを転々とし、文人《ぶんじん》、国学者として名声を博しつつ、放浪者《ヴァガボンド》的あるいは国内亡命者的な生涯を送った。『本朝水滸伝』も前篇にあたる第二〇条までが生前に刊行されたのみで、後篇も未完に終わり、仙女と翁が一〇〇〇年後を見られたかも永遠の謎となった。

〔参考〕

・高田衛、本越治校注『本朝水滸伝』、『新日本古典文学大系79』岩波書店、一九九二年

・荒俣宏『本朝幻想文学縁起』工作舎、一九八五年
・工藤正廣『片歌紀行――今に生きる建部綾足』未知谷、二〇〇五年

琉球人の著者はでっちあげか？ 薩摩藩『質問本草』編纂のからくり

江戸時代の琉球（沖縄）は、尚《しょう》家の中山《ちゅうざん》王朝の君臨する「琉球王国」でありながら、慶長《けいちょう》十四年（一六〇九）以後、薩摩藩島津家の支配を受け、同時に中国の明および清王朝にも朝貢《ちょうこう》する「冊封《さくほう》関係」を続けていた。こうした琉球の複雑微妙な立場が、それを支配下に置く薩摩藩にとっては、むしろ大きな、はかり知れない利益をもたらすことになる。海洋貿易国家だった琉球のカバーする、北は朝鮮、南はジャワ、マラッカ、西は中国からの産物と情報が薩摩に流れこみ、動植物も渡来する。

仏桑花《ぶっそうげ》つまりハイビスカスが、島津家第一八代の家久《いえひさ》から徳川家康に献じられたのは、慶長十四年の琉球侵攻直後のことであり、中国南部原産の江南竹《こうなんちく》（孟宗《もうそう》竹）が琉球から薩摩に移植されたのは、元文《ぶんげん》元年（一七三六）のことであった。

学術文化の方面でも、こうした条件のもと独自の「薩摩博物学」が花開く。その成果のひとつが今回紹介する『質問本草《しつもんほんぞう》』で、琉球の植物と、琉球を介した中国の本草学の知識がそろって、初めて成立したものである。その編纂《へんさん》の発案者は、薩摩博物学の推進役となった、島津家第二五代の重豪《しげひで》（一七四五～一八三三）である。重豪は明和《めいわ》五年（一七六八）から琉球の天産物調査を行わせ、安永《あんえい》九年（一七八〇）に開設した「薩藩薬園署《やくえんしょ》」に本格的な琉球の植物誌を作らせた。そうして完成したのが『質問本草』なのだが、この本が刊行されたのは完成の約半世紀後の天保八年（一八三七）で、当

時の世子・島津斉彬《なりあきら》（一八〇九〜五八）の命によるものだった。

さて、『質問本草』内篇および外篇各四巻が完成したのは、天明《てんめい》五年（一七八五）である。著者は、中山人（琉球人）の学士・呉継志《ごけいし》（子善《しぜん》）で、呉はたまたま「薬園署」の村田経船《けいとう》から勧められて、この仕事を引き受け、琉球、土噶喇《とから》（吐噶喇）、掖玖《やく》（屋久）の三諸島から植物を集め、漢方の本場、清国の薬草の専門家に鑑定を依頼した。呉は、スケッチや標本のみならず、時には鉢植えの植物を送り、福建《ふっけん》省の学者を中心とする一五人から回答を得、それをもとにこの書物を書き上げた。

『質問本草』冒頭に収められた呉継志「質問帖書牘および題跋」にいわく、

「草木図状一巻を、遊学している諸兄に遥かにさしあげます。兄等をわずらわして、福建や各所の練達した先生がたにお願いいたしたいことがあるのです。（中略）本藩（琉球）は、天地の間の芥子粒《けし》のような微小な国であります。それゆえ、書籍は乏しく、また博覧広聞の者もおりません。土噶喇《とから》や掖玖《やく》（屋久）の諸島で採集された草木を、地元の者にたずねてみましても、朱離鴂舌《しゅりけいぜつ》で取り上げるわけにもゆきません。そこで、このたびの作業をいたしました。どうか、諸兄は私のために、紹介して、これ（草木の写生図と腊葉標本）を練達した先生方に質《ただ》していただきたいのです。回覧すること、十日か十五日を期限とし、別に添えてある素葉子一巻を、それぞれの先生にさし上げて、そのものの本草に掲載されている正しい名は何か、異称は何々か、俗称は何か、どのような症状に有効かを書いていただき、またそれぞれの先生がたには、何省の何郷の何という姓名かをお書きねがい、くわしく丁寧に、読者をして掌《たなごころ》の上に示《み》るかのようにしていただきたいのです」（原田禹雄《のぶお》訳注『訳注質問本草』内篇巻之一より）

これは、福建や北京に遊学（留学）中の琉球人の留学生たちに、清国の本草学者たちに「質問」を依頼する文面だが、「質問」に対する学者たちの回答は、例えば次のようなものであった。以下は貫《かん》衆《しゅう》すなわちタニヘゴというシダの一種について（同、内篇巻之二より）。陸澍という人は、甲辰すなわち天明四年（一七八四）に次のように回答した。

「貫衆である。管仲とも名づけ、鳳尾草とも名づける。水に近く、後が蔭の所に生えるのがこれである。日当たりがよく、乾いた地にできるのは、枝や葉は小さい。裏面に黄色い星のあるものは違う。下体で湿熱が膿瘍を形成すると排膿する」

同じ植物について、前年の癸卯《みづのとう》つまり同三年（一七八三）には、周天章および李旭も「貫衆」と同定しているが、異説を唱える人もあり、同じ癸卯の年、馮岳渓は
「鳳尾草である。外科に用いる」

としている。これについては、呉継志自身、この植物は「貫衆」と同定したが、それで正しいのかを、乙巳つまり同五年（一七八五）に、潘貞蔚と石家辰に再問し、それに対して同年、陳倬為が潘、石に代わって次のように答えている。

「この種をしらべたところ、貫衆に属することは疑いがない。その葉を鳳尾草と名づける。性は寒涼、痢疾を治せる」

しかし、実は呉なる人物が実在しなかったらしいことは、かなり早くから指摘されていた。陸水生物学者で博物学史家の上野益三《ますぞう》は『薩摩博物学史』の中で、呉を架空の人物と断定したうえで、この本の著者は村田経船（為右衛門）ではなかったかと推測している。わざわざそんなことをしたのは、琉球を隠れ蓑《みの》にした外国（清国）との密貿易を隠すためで、あくまでも琉球人と清国人の交流の結果をよそおおうとしたもの、というのが真相のようである。

このようなからくりが生まれた歴史的な背景について沖縄（琉球）人の眼から端的に物語るものとして、沖縄の史家・伊波普猷《ふゆう》が大正三年（一九一四）別項に紹介した喜舎場朝賢の『琉球見聞録』に

寄せた一文の次のくだりを引用しておく。

「そも〳〵島津氏の琉球征伐の動機は、利に敏《さと》き薩摩の政治家が、当時の日本は鎖国の時代であつて長崎以外の地では一切外国貿易が出来なかつたに拘はらず、琉球の位地を利用して日支貿易といふ密貿易を営まうとしたのにある。だから島津氏は折角戦争には勝つたが、琉球王国を破壊するやうなことをせず、「王国のかざり」だけは保存して置いて之を密貿易の機関に使つたのである。島津氏が琉球人をして薩摩のことを「御《お》国元《くにもと》」（本国の義）と称へさせながら、琉球王をして不相変《あいかわらず》支那皇帝の冊封を受けさせたのもこれが為だ。兎に角島津氏の琉球に対する態度は、支那思想にかぶれて「御国元」に疎遠になる者がゐたら、さうかけ離れてはいけないと警戒を与へ、日本思想にかぶれて「御国元」の人を気取る者が出たら、さう接近し過ぎても困ると注意を与へるといふ風であつた。手短に言へば島津氏は琉球人がいつもちゆうぶらりで、頗る曖昧な人類であることを望んだ。これその密貿易の為に都合がよかつたからである」（「序に代へて――琉球処分は一種の奴隷解放也」）

本書『質問本草』をはじめとする、多くの科学史上、文化史上の成果を生んだ、「薩摩博物学」は、日本近世のユニークなローカル・サイエンスだったが、その成り立ちには、右の伊波の指摘するところなども含む、歴史の明暗が大きく関係していることも忘れてはなるまい。同時に、本書が、琉球人の手になるものを装うというからくりによって、清国人の学者たちの学説を客観的に紹介でき、学問的に公平かつ精度の高い記述が可能になったことも、また事実であった。

なお、東恩納寛惇のように、呉を琉球人と考える説もあり、東恩納は、呉を琉球出身の医師・島袋憲紀（晏承烈）ではないかと推定している（「質問本草」とその著者」）。

〔参考〕

・原田禹雄訳注『訳注質問本草』榕樹書林、二〇〇二年
・上野益三『薩摩博物学史』島津出版会（発売・つかさ書房）、一九八二年
・伊波普猷「序に代へて――琉球処分は一種の奴隷解放也」、喜舎場朝賢『琉球見聞録』至言社（発売・ぺりかん社）、一九七七年
・東恩納寛惇「質問本草とその著者」（『拓殖大学論集』4）、一九五七年九月

上田秋成との大論争を再現！『呵刈葭』を編んだ宣長の視点

日本の文化史上に残る知識人間の大論争のひとつに、本居宣長（一七三〇～一八〇一）と上田秋成（一七三四～一八〇九）の間で行われた、日本の古代研究をめぐるものがある。今回取り上げる『呵《か》刈《かい》葭《か》』は、両者の書簡による応酬を、争点項目ごとに並べて宣長が整理して編集したもので、このいわゆる「宣長・秋成論争」の、天明《てんめい》六年（一七八六）から同七年（一七八七）にかけてのドキュメントである。

論争のそもそもの発端は、師・賀茂真淵《かものまぶち》の古典研究をいっそう国粋《こくすい》的な方向に発展させ、なかんずく『古事記』を「神典《しんてん》」と崇《あが》める宣長が、「皇国《すめらみくに》の古言《ふるごと》」に少しでも疑いをいだく者を「漢意《からごころ》」として排撃する書『馭戎慨言《からおさめのうれたみごと》』を安永《あんえい》六年（一七七七）に著し、それを読んだ秋成が『往々笑解《おうおうしょうかい》』（現存せず）という反論書を書いたことにある。秋成といえば『雨月物語』などの創作で有名だが、実は国学も学んでおり、古代研究には一家言《いっかげん》あった。宣長の師の真淵の著書もよく読んでいたが、秋成はそこに独善的な自国礼讃におちいる可能性を嗅ぎ取り、むしろ真淵のさらに先学《せんがく》にあたる契沖《けいちゅう》を高く

評価していた。

その後、考証学者の藤貞幹《とうさだもと》が『古事記』の「神代記《じんだい》」の年数記述への疑義や、外来文化流入の可能性を唱えたことに憤って、宣長が書いた『鉗狂人《けん》』（一七八五）に対し、秋成が『鉗狂人評』を書いて批判し、それに宣長が反論したところからが『呵刈葭』に収められている。ちなみに『鉗狂人』とは「狂人に鉗《くびかせ》をはめる」、『呵刈葭』とは「葭《あし》を刈るのを呵《しか》る」の意で、後者は「道を清めるために葭（悪し）を刈る自分たちを咎《とが》めないでほしい」との気持ちをこめたもの。『呵刈葭』は、前篇「上田秋成論難同弁」と後篇「鉗狂人上田秋成評同弁」を一冊にまとめたもので、書名は「かがいか」、「あしかるよし」ともよむ。

さて、古代日本語に「ん」という発音があったか否《いな》かなどの国語論争から前篇が始まる『呵刈葭』だが、後篇「日神《ひのかみ》」である天照大神の故国だから日本を特別な国とする宣長に対し、秋成は、そんな理由で「此小嶋《この》」（日本）をうやまえなどといっても、外国の人は誰も従わず、何でそんなことをいうのか訝《いぶか》しむだろう、日や月の神についての伝承など外国にもある、と冷水をあびせかける。

対する宣長の反論は、日本の優秀性の根拠として「皇統《こうとう》の不易《ふえき》」や「稲穀《いなから》の美しきこと」をあげるのみで、今日から見ると、総じて秋成のほうが理性的で宣長は頑迷《がんめい》というか狂信的である。ただし、この書物の編集にあたっての宣長の態度は、論争相手の発言を正確に、残らず収録しており、きわめて公正で理性的なのであった。

後篇における両者の応酬より、

「（**秋成**）……オランダ人が航海の便のために作った「地球の図」というものを見ますと、われわれの文字で事理を伝えられる国はいたって少なく、その他は国の名さえついぞ聞き知らず、しかも地形広大な国々が大部分です。この地図のなかで、さてわが皇国はどのあたりかと見つけ出してみると、ちょうどだだっぴろい池の面にちっぽけな木の葉が一枚散りかかったとでもいうような小島でありました。

そんなわけですから、いまもし外国人をつかまえて、この小島こそ万国に先立って開闢《かいびゃく》し、大世界に君臨される日と月とがまずここに現われた本《もと》の国である、だから世界じゅうの国々はことごとくわが国の恩恵をこうむっている、だから貢物をもって臣下としてやって来いと教えたところで、一国としてその言葉に服することはありますまい。それぱかりでなく、何を根拠にそんなことをいうのかと反論されたとき、わが国の太古の伝説をもって答えようとしても、相手がそのような伝説は自分の国にもあり、あの日月は自国の太古に現われたままのものだと言い出して争論になったら、いったいだれが裁断を下して結論を出すことができるのでしょうか……」

「(宣長)……世界地図を見たことをめずらしそうにことごとしくいうのも笑止であります。そんな地図を見たことのないものはいまどきどこにもいませんよ。皇国がそれほど広大でないことだってだれも知っています。すべて物の尊卑美醜は形の大小ばかりで決まるものではありません。(中略)

そもそも皇国《みくに》は世界万国の大本であり宗主である国であります。面積がそれほど広大でないことには、かの伊邪那岐《いざなぎ》・伊邪那美《いざなみ》の二柱の大御神が国土をお作りになったときにかならずやよろしく定めおかれた深いことわりがあるのでしょう。その理は、凡人の小智でさだかに測り知るべきものではありません。こういうと、またいつものように何でも不可知論に持ち込んでしまうと反論されるかもしれませんが、不可測のことを不可測といわないでどうするのですか。不可測のことを強いて推測して言おうとするのは、小智をふるう漢意《からごころ》の癖であります。さて、その不可測の理はしばらくおきましょう。現に眼に見えることでも、皇国が万国にすぐれて高いことは明瞭であります。まず皇統が万世一系であらせられることはいうまでもありません。その他第一に、人の生命を保つ稲の美しいことは世

界のどんな国からもかけはなれています……」（後篇第二条、野口武彦訳、『日本の名著21』より）

以上のようなやりとりに関して、

「論争そのものとしての勝負はどうも秋成の方に分がありそうである。私自身も、どうひいき目に見ても宣長をかばうことは無理であろう。彼の論理は記伝（『古事記』や『日本書紀』など）を絶対化するために詭弁を弄しているかに受けとれる部分が多く、秋成が論争の中でいみじくも言っている如く「日本魂《やまとだましい》と云も偏《かたよ》るときは漢意《からごころ》にひとし」ということになりかねない」（小椋嶺一「秋成「日の神論争」とのかかわりを通して」）

といった感想には、今日おおかたの人が肯《うなず》くのではないだろうか？　さらに、次のような断定も当然とされるのではなかろうか。

「『呵刈葭』は決して、すぐれた二つの個性が「ぶつかりあって火花を散らしている」などという、高次元の書物ではない。むしろ、宣長についていえば、宣長という巨人が抱え持っていた矛盾だらけの思想の、もっとも愚劣で質の悪い側面を露呈しているのが、『呵刈葭』なのである」（日野龍夫「上田秋成――『呵刈葭』に見る近世最大の論争」）

たしかに、現代人から見れば、「理」で物を言う秋成には共感しやすく、「情」で物を言う宣長には共感しづらいかもしれない。とりわけ、宣長の言う「皇国」日本に対する特殊な感情はわかりにくいだろう。そんな宣長の眼に秋成はどう映ったか？

「宣長にとって、秋成の事物の相対性の指摘はたとえそれが事実であったとしても、皇国の民としての宣長の認識においては、空論であり虚論でしかあり得なかった。何故なら、宣長にとって日本人としての自己の生を充足させるに値しない非現実的思惟はすべて虚偽であり「漢意」であったのである。だから、宣長にすれば、秋成が日本人として「皇国愛」に目覚めず、人情の琴線に触れて来ない

ことがむしろ不思議で仕方がないのである」（小椋、同前）

ほぼ、右のようなものだっただろう。宣長にとって、「皇国」日本とは、ちょうど自分自身や家族・肉親のようなもので、「良し／悪し」といった「理」の対象ではなく、「愛／憎」や「好き／嫌い」といった「情」の対象なのである。しかも、自分を憎んだり嫌いだったりしては生きづらいように、憎んだり嫌いだったりする相手と共に暮らしても苦痛なように、彼にとって「皇国」日本とは、そこに生を享けた以上、憎んだり嫌ったりできない、愛するほかありえないものだった。そんな「皇国」愛を、宣長は「老人を敬う」とか「小児や病人をいたわる」というのと同じレベルの、ごく自然な「人情」と見ていたから、日本を相対化して他人事のように語る秋成に腹が据えかねたのであろう。ちなみに宣長が他人を批判するときに用いる「漢意《からごころ》」とは、何も「漢国《からくに》」（シナ、中国）という特定の外国の思想をさすものではなく、日本や日本人のことを他人事のように扱おうとする態度一般をさしている。さらにつけ加えると、宣長にとって「人情」というものはとてつもなく重いもので、彼は「日本人」とは、日本人として当たり前の「人情」をもつ人々のこと、と考えていたようだ。

さて、ここで両者の対立をもう一皮めくって眺めると、それぞれの意外なキャラクターが現れる。それは、宣長の、人間の本性を「はかなく、つたなく、しどけない」ものと考える、町人的で、むしろ女性的な感性であり、対する秋成の、人間は「おおしく、武《たけ》く、直く」あるべきだと考える、武士的で男性的な感性である。

宣長は、少年時代、商店に奉公した経験などを通じて、人間が弱い存在だと骨身に滲みて知っていた。だからこそ、彼は伝統や既成秩序という一定の「枠」の存在価値を認め、人はおのおのの「分」を守るべきだと考えた。同様に、古代や王朝文化、「皇国」を信ずることを必要とも考えた。「不信」が「不安」をもたらし、「心」を荒廃させることを、彼は何よりも恐れたのである。つまり、宣長が既成秩序に従順で、狂信的なまでに「皇国」を愛したのは、むしろ一人ひとりの「心」の、「情」の世界の自由を抑制から守るためだったということができる。

秋成もまた精神の自由を求める者だったが、宣長とはまったく違ったことを考えていた。秋成は人間の「弱さ」を認めなかった。彼もまた「心」をたいせつにするが、心に「強さ」を求めた。彼は、強い自己抑制と強い自己主張の双方を必要と考え、真実追究のためには、伝統や既成秩序は犠牲にされてもよいと考える。当然のように、「古典」や「皇国」を素直に信ずることなどできない相談であった。

そんな両者の考え方の相違は、例えば恋愛観に端的に表れる。日野の「峻厳な恋と哀切な恋」によると、宣長は『源氏物語』の光源氏の〝何でもあり〟な恋愛感情の世界を、「もののあはれを知る」ものとして、原則的に全肯定した。一方、秋成にとって、『源氏物語』の世界は〝色情狂〟の世界でしかなかった。恋愛にも自己抑制を求める秋成はまた、徹底した一夫一婦制の信奉者でもあり、不倫や浮気を極度に嫌ったばかりか、王朝の勅撰和歌集の中の「不倫の歌は全て削除せよ」と主張したほどである。

また、宣長は、揺れ易く移ろい易い恋心の「弱さ」を肯定しつつも、別れた相手を未練から追いつめたり、心中を迫るような〝激しさ〟を嫌った。一方の秋成は、特定の相手と「生きるか死ぬか」で添いとげるような恋心の〝激しさ〟や〝強さ〟を、逆に称讃すべきものと考えていたようである。

宣長の「はかなく、つたなく、しどけない」人情への沈潜は、現実への働きかけを棚上げしながら、諦めに似た悲哀感を共有することで連帯する「もののあはれ」の共同体を生み出し、それは長い物に巻かれながら国家や会社組織などを支えるかたちで、今日まで日本の都市大衆の根本気分として生き延びているという。百川敬仁が『内なる宣長』で提唱した説だが、同書にはまた、『呵刈葭』の論争についても、興味深い見解が示されている。それは簡単に言うと、『呵刈葭』は、信じられるものを持つ宣長の、何ものをも信じられない秋成に対する、一種の〝勝利宣言〟だと言うのである。実際、秋成は、『雨月物語』で物語作者として名を成しつつ、読者への不信から国学者への転身をはかり、しかし、「古典」そのものを「本当に昔の人が書いたのか？」としつこく疑って、信じきれずに世を去ったのだった。なお、『呵刈葭』の巻末に、宣長は「見む人、あらそひを好むとなおもひそ」（読者諸氏はどうかわたしがいたずらに争論を好む人間であると思わないでいただきたい）と記している。

〔参考〕

・『呵刈葭』、『上田秋成全集1』中央公論社、一九九〇年
・野口武彦訳『呵刈葭』、石川淳編『日本の名著21　本居宣長』中央公論社、一九七〇年
・小椋嶺一「秋成「日の神論争」とのかかわりを通して」、『秋成と宣長――近世文学思考論序説』翰林書房、二〇〇二年
・日野龍夫「本居宣長と上田秋成」・「峻厳な恋と哀切な恋――秋成と宣長」・「上田秋成――『呵刈葭』に見る近世最大の論争」、『日野龍夫著作集2　宣長・秋成・蕪村』ぺりかん社、二〇〇五年
・百川敬仁『内なる宣長』東京大学出版会、一九八七年

「尊号事件」で朝廷側が圧勝!?　『中山夢物語』に喝采した人々

寛政《かんせい》元年（一七八九）二月、数えで十九歳の光格《こうかく》天皇（一七七一～一八四〇）は、実の父親である閑《かん》

院宮典仁親王《いんのみやすけひとしんのう》に「太上《だじょう》天皇」という尊号《そんごう》を贈っても（宣下《せんげ》しても）よいかどうかを、内々に幕府にはかった。「太上天皇」とは、位を退《ひ》いた天皇に対する称号（尊号）だが、典仁親王は帝位についたことはなく、その人を「太上天皇」と呼ぶことは「禁中 並 公家諸法度《きんちゅうならびにくげしょはっと》」に違反する。けれども、天皇にしてみれば、規約どおりでは、わが父が諸大臣以下の扱いしか受けられないことに耐えられなかったのである。

一方、時の幕府老中首座《ろうじゅうしゅざ》・松平定信《さだのぶ》（一七五八～一八二九）は、これを秩序を乱す要求として断乎として認めなかった。その理由は、一説には、時の将軍・徳川家斉《いえなり》（一七七三～一八四一）が、実父・一橋治済《はるなり》を「大御所」として特権待遇で江戸城に迎えようとしたことを阻止するため、類似の先例をつくりたくなかったからだという。武家・民間に限らず養子縁組が非常に多い日本社会で、実の親に必要以上の力を与えることは、思わぬトラブルをよびかねないという不安もあったのだろう。

朝廷側は関白以下の公卿が結束して尊号宣下を主張、寛政四年（一七九二）には、ついに幕府の認可なしのままでこれを強行しようとするが、幕府側はもし強行するなら関白らを罰し、典仁親王には尊号を辞退していただくと迫り、この問題に深く関わった二名の公家を江戸に召喚した。このとき「議奏《ぎそう》」（天皇の「御側《おそば》衆」というべきもので、公卿以下との間に勅の宣下、奏上を取り次ぐ役）として江戸城で松平らとわたり合ったのが、元の権大納言だった堂上公家の中山愛親《なるちか》（一七四一～一八一四）である。しかし、紛糾のすえ、同年十一月、朝廷が折れ、尊号の宣下を断念した。そして中山は一〇〇日間の閉門蟄居ののち、議奏を解任されている。さりながら、朝廷側もかつてない粘り強さを見せたため、幕府側から閑院宮家に二〇〇〇俵を増献するなどの幾つかの待遇改善措置《そち》を引き出すにいたった。のみならず、この一件が「京（＝朝廷）贔屓」の空気を助長し、勤皇派を勢いづけたことは否定できない。

というのが、寛政の「尊号事件」（尊号一件）と呼ばれるものの顚末《てんまつ》だが、この騒ぎをモデルに、京都の朝廷の使者として江戸城に乗りこみ、幕府首脳と談判をして一歩も退かない「中山卿《きょう》」をヒーローに仕立てた『中山夢《なかやまゆめ》物語』という文書がある。

同じ「中山卿」とは言っても、物語の中に登場するのは、やはり権大納言だった中山元親《もとちか》（一五九二～一六二九）で、時代も江戸初期にそっくり移し替えられている。さらに、彼以外にも登場するのは実在人物ばかりだが、ストーリーじたいはまったくの架空の「夢物語」である。

物語は、徳川家光（一六〇四～五一）が、京都の御所の鬼門を護る「比叡山」に相当する寺院を江戸城の鬼門に建立しようとし、その寺に「東叡山」と名づける勅許を、朝廷からとりつけようとするところから始まる。当初、朝廷側は「関東を王城同様ニ心得、朝庭（ママ）を恐《おそれ》ずなひがしろにせし中条《もうし》」として これを拒むが、幕府は「智恵伊豆」こと松平伊豆守信綱（一五九八～一六六二）の発案で、関白「鷹司《たかつかさ》殿（殿下）」に「満似《まい》なひ」（賄賂）を贈って勅許を手に入れ、無事「東叡山寛永寺円頓院」を建立する。家光は、いわばその見返りとして娘を天皇の女御《にょうご》として入内《じゅだい》させ、天皇は〝御舅君〟となった将軍に「太上天皇」の尊号を賜った。ところが、そうなると天皇もまた、自身の実父「閑院宮一《いっ》品《ぽん》親王」に尊号を贈りたいというかねてからの願望の実現を強く念ずるようになり、幕府に同意を求めようとして……。

というのは、あくまでもフィクションだが、家光の先代将軍・徳川秀忠（一五七九～一六三二）の時代の、元和六年（一六二〇）、秀忠が娘・和子を御水尾天皇（一五九六～一六八〇）の女御として入内させたこと、寛永二年（一六二五）、東叡山として寛永寺円頓院が開かれたこと、同三年（一六二六）、秀忠に朝廷から従一位太政大臣が贈られたこと、といった史実が下敷きになっていると思われる。また物語中の天皇は朝仁《あさひと》天皇（東山《ひがしやま》天皇、一六七五～一七〇九）となっているが、同天皇の実父は霊元天皇（一六五四～一七三二）であり、「尊号」云々はつくり話である。

ストーリーに戻ると、幕府はなぜか朝廷の求めには回答せぬまま、逆に朝廷に対し、その権威を損ねるような「五ケ条の難問」をつきつけてきた。そこで、みずから名のり出て、議奏として幕府との交渉役をひきうけたのが「中山卿」こと中山元親である。彼は、朝廷と幕府との連絡役「武家伝奏《てんそう》」の「正親町前《おおぎまちさきの》大納言」と共にさっそく江戸に乗り込むが、たび重なる江戸城からの召喚に対し、仮病を使うなどしてさんざん焦らし、手こずらせ、月番の老中「松平和泉守」（泉州）らの面目を丸潰れにする。

そして、ついに将軍家光が翠簾《すいれん》の中に臨席する「翠簾出御《すいれんしゆつぎょ》」の場に呼び出されることになる。将軍と、居並ぶ大名の権威で威圧しようとの幕府側の思惑だが、中山卿はひるまず将軍の簾の間近まで進んで、威儀を正して立ちはだかる。将軍の前で着席しないのを注意しようとして、うっかりこの場を「まん所」と呼称した松平泉州の言葉尻をとらえて、「そもそも政所《まんどころ》というのは、一天万乗《いってんばんじょう》の天子が紫《し》宸殿《しんでん》で南向きに座し、天子が総《すべ》ての政治を勅問《ちょくもん》される場所を政所というのです」とねじこんだ。さらに、「紫宸殿」の意味なぞ「田舎者のあなたたちはご存知ないであろうが」天子の紫宸殿以外で行われるこのような会議の場は、「政所《まんどころ》」ではなく「政所《せいじょ》」である、と決めつけた。

続けて、中山卿は、簾の中の将軍を睨みつけながら、翠簾の内に御座を設けて天皇をまねるのも、この場を「政所《まんどころ》」と呼ぶのも、平将門同様の朝廷への反逆行為と断じて、なおも松平泉州を追及、泉州は居たたまれず逃げ出した。次いで、執権「松平越中守」が中山卿を説き伏せにかかるが、ここで中山卿はかつて幕府が「東叡山」の山号ほしさに賄賂を用いた一件を曝露したうえ、天皇の綸旨《りんじ》（勅旨を記した文書）を示して「御綸旨なるぞ、越中下《さが》れすされ」と大喝するや、越中守は次の間へ脱出、「きら星のように並ぶ諸大名、この様子を先程から窺《うかが》い見ながら、夢の中のでき事のような心地で呆《ぼう》然自失《ぜんじしつ》の体《てい》です。一方簾の内も大騒動です。御綸旨と聞いて、将軍は簾の内から外に逃げ出される始末です。簾の中には、おしとねと机にたばこ盆だけが残っていました」といったありさま。

こうして、中山卿は幕府に尊号の宣下を承認させると同時に、「五ケ条」の無効も確認させ、意気揚々と江戸城を去るのだが、朝廷シンパの読者には痛快だったろう。それにしても、如何に「夢物語」とことわったとはいえ、こうまで将軍以下幕府首脳を実名で、けちょんけちょんにやっつけてしまうことは、文字どおり〝恐れを知らぬ〟行為であったろう。この物語の作者も成立年代もはっきりしないが、静岡県佐久間町の旧家・御室《みむろ》家に伝わる写本の末尾には、「此本《このほん》他へ一切出し間鋪《まじく》」という注意書きが、文化二年（一八〇五）、これを筆写した当時七十四歳（数え）の御室公忠《きみただ》の手で記されている。

参考までに、朝廷の意志決定に対する江戸幕府の〝監督〟の実態は、例えば天皇が御所に隣接する仙洞御所へ、父である上皇を訪ねるにも、約一カ月前から武家伝奏を通じて幕府の許諾を得ねばならない、といったものであった（高埜利彦「江戸幕府の朝廷支配」）。

なお、幕府崩壊後の明治十七年（一八八四）になって、閑院宮典仁親王には「太上天皇」の尊号と、「慶光天皇」の諡号《し》が追贈された。（引用は、浜松市立北部公民館古文書同好会刊の『中山夢物語・現代語訳注』によった）

〔参考〕

・浜松市立北部公民館古文書同好会編『中山夢物語・現代語訳注』同会、二〇〇二年
・高埜利彦「江戸幕府の朝廷支配」、『日本史研究』３１９号、一九八九年三月
・米田雄介『歴代天皇・年号事典』吉川弘文館、二〇〇三年

・池畔釣夫（＝福地桜痴）『尊號美談（全7回）』（『東京日々新聞』附録）日報社、一八八七年十一月六日〜十二月十六日

Ⅷ 江戸3

"東北復権"への執念を伝える『東日流外三郡誌』の成立事情

昭和五十年(一九七五)、『東日流外三郡誌《つがるそとさんぐんし》』という聞きなれない題名の本の刊行が始まった。江戸時代に成立した、東日流(津軽《つがる》)地方を中心とする東北の隠された歴史を記録した「史書」で、第二次世界大戦の直後に、青森県五所川原市在住の和田喜八郎《きはちろう》(一九二二～九九)方の天井裏から発見されたという触れこみだった。

その内容は、津軽の豪族・安東(安藤)氏にまつわる歴史と伝承で、特に、古代の東北には、西の邪馬台国《やまたいこく》から、神武天皇に追われて逃《のが》れてきた同国王・長髄彦《ながすねひこ》とその兄の安日彦《あびひこ》らが築いた「もうひとつの王国」があり、一時、非常な繁栄を見たが、天皇家を中心とした西の王朝に敗れ、歴史から抹殺されたとする記述がセンセーションを呼んだ。

この書は、当初、北津軽郡市浦《しうら》村の正式な「村史」の一部として刊行されたためもあり、西日本中心、天皇家中心の歴史に対する東日本中心の史書と騒がれ、学界からも熱心な支持者が現れた。が、一方、その内容や成立を疑う声も強く、これを「偽書」とする人々と、支持者や所蔵者の和田氏が鋭く対立する一幕もあった。そんな称讃と批判の声の中で、『東日流外三郡誌』をその一部とする「和田家文書」には、どんどん新しいものが出現し、種類をふやしていった。

以下はこの書の「古代編」の冒頭近くに置かれた、寛政五年(一七九三)の日付のある「東日流外三郡誌総集編歴抄　上巻」より、

「抑々《そもそも》、わがうまし里、奥州日高見国は北に日高渡島(北海道)、流鬼国(樺太)、千島諸島、神威津

耶塚（カムチヤツカ）、白夜永冬国を促土とし、西に坂東（関東）、越州（日本海沿）、邪馬台国（近畿）を本土とし、南海道（四国）、築紫（九州）、琉球を以て日本国とせし中央なるところ東日流《つがる》なり。
こぞの東日流太古に於ては、海をひだたず陸ぞ続ける世に、蒙古の彼方より渡り住ける太祖民ぞありて阿蘇部《あそべ》族と称しける。次には津保化《つぼけ》族渡り来て、東日流国幸狩漁山海に富む豊たけき世々を暮しけるに、邪馬台《やまたい》族大挙して東日流を侵さむ。これに討向へむ倶々に猛き戦起りて、東日流に先代より住ける阿蘇部族降り、幾歳か過ぎにして津保化族降りぬ。茲に邪馬台族、地族を併せ荒吐《あらはばき》族とぞ国造り、初代なる国主を安日彦と曰ふなむ」（小舘衷三《こだてちゆうぞう》・藤本光幸《みつゆき》編『東日流外三郡誌　第一巻古代編』より）

それじたいの記述によれば、『東日流外三郡誌』とその姉妹篇『東日流内三郡誌』からなる『東日流誌』の骨格は、寛政《かんせい》五年にできあがったという。ちなみに、「外三郡」とは、江流末《えるま》、馬《うまの》、奥法《おきほ》、「内三郡」とは、平賀《ひらが》、鼻和《はなわ》、田舎《いなか》で、いずれも現在の青森県西部に実在した古地名（郡名）である。『東日流誌』は、安東氏の流れを汲む津軽の大名・秋田氏によって企画され、文政《ぶんせい》五年（一八二二）に完成したときには、実に六〇巻以上という膨大なものになったという。それらによれば安東氏や「前九年の役」の安倍貞任《あべのさだとう》らの一族は、古代東北に王国を築いた安日彦兄弟らの末裔だという。また、和田氏の先祖は、秋田氏の史書編纂事業への協力者だったという。

しかし、「和田家文書」には、「卑弥呼《ひみこ》」は津軽に流れてきて「遺陀呼《いたこ》」となったとか、「ダーウィンI世」という学者や「ムウ大陸」が登場するなど、怪し気な記述があふれている。早い話、この書は、後世それもごく近年の創作らしい。ただ、そこに注がれた膨大なエネルギーに、作者の「東北復権」への異様な執念が感じられるのも事実である。

もっとも、この書が大筋において近年の偽作であることを認めながらも、全部が所蔵者本人の単独の偽作とする〝通説〟には異論を唱える人もいる（例、藤原明「〝現代の神話〟『東日流外三郡誌』の起源」）。また口承文芸研究の立場から、兵藤裕己は、この「膨大なエネルギーの空費」ともいうべき偽作行為そのものに「モノガタリ伝承の問題」として注目、特に作者が作中人物に憑依して次々に物語を生んでゆくところに、岩木山三所権現の信仰から生まれた語り物などに通ずる、「物語りの発生に起源するシャーマニックな語り手の問題」を見るという（「外史としての物語」）。つまり、この膨大な偽書を生み出す行為そのものが、〝作者〟も意図しないうちに、シャーマニスティックなモノガタリ＝語り物の発生現場になっている、というのである。

ところで、このような、後世の偽作と思われる「古史古伝」には実作者（たち）の思想や彼（ら）の生きた時代の思潮が色濃くあらわれる場合があるのは当然と言えば当然である。例えば、戦前の「竹内文書」には、天皇家の「万世一系」や「八紘一宇」といった、当時〝流行〟の超国家主義的な思想が色濃くあらわれている。『東日流外三郡誌』についてはどうであろうか？　この点につき、田中聡は「新釈古史古伝物語」で興味深い指摘を行っている。

それによると、『東日流外三郡誌』は、「反天皇、反権力、そして科学的知識」という、「記述された時代（おそらく戦後）の権威」に寄り添っている部分があるという。たしかに、この書物には「万世一系」や「八紘一宇」の代わりに、戦後民主主義の理念にしたがうような、平等主義、平和主義、国際協調主義がうかがえると同時に、東北復権への志向性が、反中央と皇室中心主義への否定的心情に結びついているようだ。田中の指摘の中でも特に興味深いのは、本書作者の麻薬（大麻）の害に対する強いこだわりで、大麻は大和政権の東北侵略の卑劣な手段とされ、強く否定される。田中は、ここに戦後一時期大々的に展開された麻薬撲滅運動の影響を見ているが、すると作者は、戦後民主主義を信奉し、ラブ＆ピースは許容できるが、マリファナは許容しがたい、といった人物だったのであろうか？　こうした内容の本書の出現時期の政治状況と、かつて「竹内文書」が右翼的な軍人たちに好まれたように、この本が左翼反体制派から比較的歓迎されたことを考え合わせると、別の側面が見えてきそうである。
さらに、この本について『幻想の津軽王国』を著した原田実が、田中や長山靖生との鼎談「古史古伝の出現と近代日本の迷走」の中で述べていることによると、『東日流外三郡誌』の〝地元〟青森では、この本の記述に影響されて、中小の神社の祭神が変えられてしまうといった現象が実際に起きているそうで、偽書のもたらす思わぬ〝実害〟と言えそうである。

〔参考〕

・小舘衷三・藤本光幸編『東日流外三郡誌（全6・補1）』北方新社、一九八三〜八六年
・和田喜八郎『東日流蝦夷王国』津軽書房、一九八三年
・原田実『幻想の津軽王国――『東日流外三郡誌』の迷宮』批評社、一九九五年
・田中聡「新釈古史古伝物語」、『別冊歴史読本77　徹底検証古史古伝と偽書の謎』（29巻9号）新人物往来社、二〇〇四年
・田中聡・長山靖生・原田実「古史古伝の出現と近代日本の迷走」、同
・藤原明「〝現代の神話〟『東日流外三郡誌』の起源」、同
・兵藤裕己「外史としての物語――『東日流外三郡誌』をめぐって」、『国文学　解釈と教材の研究』（35巻1号）、學燈社、一九九〇年

鎖国下に流通黙認された『山田仁左衛門渡唐録』に見るシャム日本人町の山田長政

山田長政《ながまさ》といえば鎖国以前の日本から現在のタイ（シャム）に渡って、アユタヤの日本人町の長《おさ》となり、軍功をたてて国王の信を得た人物としてあまりにも有名である。しかし、その実像については、駿河《するが》の生まれで、通称を仁左衛門《にざえもん》といい、寛永《かんえい》七年（一六三〇）頃に世を去ったこと以外、よくわかっていない。

だが、彼は鎖国政策の下でもすでに伝説的有名人だったようなのである。例えば、ここに紹介する『山田仁左衛門渡《と》唐《とう》録』は、写本としてかなり広く読まれた長政の伝記だが、これには今日判明している彼の生涯は、ほぼ語り尽くされている。著者名は明らかではないが、『山田長政資料集成』に収録されている「太田本」には、前半の「本談」と後半の「備考」の間に、元禄年間（一六八八～一七〇四）に「柳陰子（柴山）」という人物の話を書きしるしたもの、とあり、全体の末尾に、写本の作者による、やはり元禄時代の「市人」の手になるものというコメントがある（『石井研堂コレクション　江戸漂流記総集1』所収本末尾の「寛政六年（一七九四）春」というのは、単に写本のできた時期を示すものではなかろうか?）。

さて、この本によると、長政は「織田信長の苗孫《びょうそん》」を自称し駿府《すんぷ》（静岡市）の商家に身を置いたが、大望があるからといって定職につかず、勇ましい話も大好きで、その代わり、義侠《ぎきょう》心に富み、顔も広かったという。元和《げんな》三～四年（一六一七～一八）頃、同じ駿府の貿易商、滝左衛門と太田治右衛門の航海に無理をいって同行させてもらい、大冤《タイワン》（台湾）に渡った。当時、長政は数《かぞ》えで二十七、八歳だったという。

その後、寛永（一六二四〜四四）の初めに滝と太田が再度大冤を訪れると、そこに暹羅《シャムロ》（シャム）の国王からの招待状が届いており招きに応じて暹羅に向かうと、「王城」に通され、現れた「おんぶう王」こそ、大冤で別れた長政だった。驚く二人に、長政は自分が大冤から暹羅に来て、この国を「兵乱」から救って王位を譲られたことを告げ、両者は日本と暹羅の交易振興を誓い合う。なお、「おんぶう」もしくは「ヲンプウ」というのは、当時シャムにあった一代制の官位「オーク・プラ」（握浮哪）のことと思われる。

「斯《かく》て、滝、太田は、（日本から）持ち携へし処の貨物を、悉く彼の国（暹羅）中に交易を為して、大いに貨殖の利を得て、本国に帰り、具《つぶさ》に山田が事を郷里に語り告げる。こゝにおゐて老夫挙《こぞ》りて、日頃の大志、果して尋常ならざる人才なる事を誉めけり、本国の商家等、この事を聞き伝へて、暹羅国へしば〳〵往来して、交易の利を得たる事多し」（『石井研堂コレクション　江戸漂流記総集1』より）

また、寛永三年（一六二六）頃、長政は来訪した日本人商人に託して、駿府の総社浅間新宮《せんげん》（静岡市の浅間神社）に軍船の絵馬を奉納させた事実もある。しかし、七年後の寛永十年（一六三三）頃、長崎へ渡来した暹羅人に長政の消息を問うたところ、「その王は叛逆のものの為めに鴆殺《ちんさつ》（毒殺）」されたとの答えが返ってきたという。

以上がこの書の伝える長政の一代記だが、彼が活躍した時期は、タイの歴史ではアユタヤ朝の後期である。正確には、長政はソンタム王の親衛隊長「オーヤ・セーナー・ピムック」（官名）となったが、摂政《せっしょう》のオーヤ・カラホム（官名、陸軍大将）に毒殺されたという。

この書は鎖国政策を否定する反体制文書になりかねなかったにもかかわらず幕府から流通を黙認されたが、その理由は、書中にある浅間神社に長政が奉納した軍船の絵馬（写しは同神社に現存）が、徳川吉宗の上覧《じょうらん》の栄に浴したためといわれる。なお、シャム国王から幕府への公式使節が将軍に拝謁したさい、老中にあてた長政からの書簡と、老中から長政にあてたその返礼の写しが、金地院崇伝『異国日記』に収められている。

長政についての古記録としては、他に天和元年（一六八一）にシャムからの帰国者・智原五郎八の談話を文字にした『暹羅国山田氏興亡記』、宝永四年（一七〇七）に成立した交易船の書記だった徳兵衛の回想録『天竺徳兵衛物語』、外国人のものでは、寛永十七年（一六四〇）、オランダ東インド会社アユタヤ商館長だったエレミヤス・ファン・フリートが東インド総督に送った報告書「ファーイ・ロアン・チャーウトロン・タンツィヤン・プシウク、すなわち公正にして偉大なる白象の王の尊号を有するシャム国第二十二代の王プラ・インタラツィヤの病、および死に関する歴史的叙述、ならびに現国王プラ・オンスリーが、たくみに王位を奪い、国政上のさまざまの問題に関して取った処置について」（邦訳『暹羅革命史話』）がある。また、近代になっての異色のものとして、英国駐日公使アーネスト・サトウの『山田長政事蹟合考』（原題『第十七世紀中日本暹羅交通考』）がある。

さらにつけ加えると、明治二十五年（一八九二）七月二十五日、当時七十三歳の侠客・清水次郎長こと山本長五郎（一八二〇～九三）は、同郷の先人・長政の銅像を建立すべく、静岡（駿府）旧城内本丸跡で「山田長政銅像建立義捐《ぎえん》大相撲」興行を打ったが、十分な資金が集まらず、翌年、次郎長自身が死去して実現しなかった。しかし、次郎長は明治における「長政ブーム」の火つけ人になったという（江崎惇『明治の清水次郎長』）。

〔参考〕

・『山田仁左衛門渡唐録』、『石井研堂コレクション　江戸漂流記総集1』日本評論社、一九九二年

・山田長政顕彰会編『山田長政史料集成』山田長政顕彰会、一九七四年
・江崎惇『史実山田長政』新人物往来社、一九八六年
・同『明治の清水次郎長』毎日新聞社、一九八六年
・エレミヤス・ファン・フリート、村上直次郎訳『暹羅革命史話』、村上直次郎『六昆王山田長政』朝日新聞社、一九四二年
・アーネスト・サトウ、寺崎遜訳『山田長政事蹟合考』宮内省、一八九六年

米沢藩・上杉鷹山の家臣が執筆　飢饉対策書『かてもの』の威力

昭和の初めまで、東北地方の人々は凶作による飢えの恐怖にさらされてきた。宮澤賢治の文学作品の多くも、「二・二六事件」のような過激な政治的事件も、ある意味でそんな東北の飢えなしにはありえなかっただろう。しかし、予測される凶作に対し、東北の人々はただ手をこまねいていたわけではない。

「一年二年つゞきての不作も知《しる》べからず、然《しか》らば飯料《はんりよう》は余計《よけい》にたくはうべく、麦そば稷《きび》ひえの蒔植《まきうえ》より菜《な》大《だい》こんの干《ほし》たくはえまで年々の心遣《こころづかい》はいふまでもなく、其外《そのほか》もろ〳〵のかて物をば其相応《それそうおう》にまじへて食うべき事に候《そうろう》」（石井泰次郎・清水桂一『かてもの』より）

凶作が連続する可能性もあるので、主食は余分にたくわえておくべきで、穀類の作付けや野菜の乾燥貯蔵を毎年計画的に行うことは無論のこと、主食に様々な「かて物」を適当に混ぜて増量して食べることを勧めているのは、米沢藩が領民に頒布《はんぷ》した救荒書《きゅうこうしょ》『かてもの』である。

高垣順子の論文「米澤藩が遺《のこ》した救荒書『かてもの』について」によると、享和《きようわ》二年（一八〇二）に完成したこの本は、時の藩主・上杉治憲《はるのり》（一七五一～一八二二）の命で藩費で製作・刊行され、一四八三冊が領内の「農商」に配られたという。この数字は、当時の全領民の約六八人に一冊の割合にあたる。さらに、天保《てんぽう》五年（一八三四）には、隣接する上山藩《かみのやま》で、本書のダイジェスト版をポスターにしたものが刷られ、民家の台所の壁に貼って使われたともいう。

その内容は、おもに、山野草や草根木皮を主食の増量用の「かてもの」とするさいの処理法だが、植物名が「いろは」順に並んでおり、例えばワラビについては、「細《こまか》にきざみ灰水《あく》にて能《よく》煮て水をかへ二三宿《ふたよみよ》さはし（さらし）ぬめりを去《さり》てかて物とす」また「ながれに二三宿ひたせば食やすし」とある。さらに、ワラビの根から「わらびの粉《こ》」をつくる方法が詳述されるが、これは米や麦の粉、糠《ぬか》などに混ぜて食すべきもので「わらびの粉ばかり食《くふ》べからず」と注意を喚起する。そして「附」として、ワラビの繊維からできる「わらび縄《なは》」は丈夫だからそれを捨ててはならぬとして、縄の製法を記す。

さらに、スメリヒョウ（スベリヒユ）やカラスウリの根の項には、「わらびの粉」との食べ合わせを禁じる但し書きがつき、万一カラスウリの根とワラビ粉を一緒に食べて、食あたりした場合は、「白米をひきわり粥《かゆ》に煮て湯のごとくし塩か焼みそをまじへ度々《たびたび》吮《すう》べし」と対処法を教えている。

また、味噌づくりの重要性、魚・獣肉など動物性蛋白を摂取する必要性も強調されている。

この本の著者・莅戸善政《のぞきよしまさ》（一七三五～一八〇三）は米沢藩の中老職《ちゆうろう》で、「鷹山侯《ようざんこう》」として知られる上杉治憲と共に天明《てんめい》三年（一七八三）の大飢饉《ききん》を乗り切った人物である。彼は、『かてもの』の草稿を藩主の典医《てんい》団に配り、書中の全品目を彼らと試食、検討したといわれる。表記も仮名を主体に平易なものにするなど、庶民にとっての使い勝手のよさが重視されている。

本書完成の三一年後の天保四年（一八三三）に近世最大の飢饉が東北地方を襲うが、この本の効果か、米沢領内の死者は皆無であり、他藩を救う余裕すら見せている。

〔参考〕
・岡博編『かてもの』（原本覆刻）米沢市役所、一九五六年
・石井泰次郎・清水桂一『かてもの』泉書房、一九四四年
・高垣順子「米澤藩が遺した救荒書『かてもの』について」、『全集日本の食文化11　非常の食』雄山閣、一九九九年

『夷蛮漂流帰国録』に綴られたカメハメハ大王治下のハワイ

ハワイといえば、近代に移民した日系人が数多く住み、今なお日本人の海外旅行先のトップを占めるなど、日本人にとって最もなじみの深い「海外」のひとつである。

そんなハワイに初めて足跡を印した日本人は、遠州灘で遭難、漂流し、米国船に救助されてハワイへ送られた、安芸国豊田郡木谷浦《きだにうら》（木谷村、広島県豊田郡安芸津町大字木谷）の廻船《かいせん》「稲若《いなわか》丸」の乗組員たちであったという。彼らのハワイ上陸と四五日間の滞在は、文化《ぶんか》三年（一八〇六）のことであり、キャプテン・クックによる欧米人のハワイ諸島「発見」から二八年後の出来事だった。

この「稲若丸」乗組員の漂流と帰国について書かれた文書は幾つかあるが、ここでは、高山純《たかやまじゅん》著『江戸時代ハワイ漂流記――「夷蛮《いばん》漂流帰国録」の検証――』で紹介された、文化五年（一八〇八）に成立した『夷蛮漂流帰国録』の記述から、彼らの航跡をたどってみることにする。

まず、五〇〇石《こく》船の「稲若丸」は、岩国藩の御用で、畳表《たたみおもて》や馬の飼葉《かいば》などを江戸・品川へ運ぶために文化二年（一八〇五）十一月二十七日に木谷浦を出帆し、無事目的をとげ、十二月二十七日に品川から帰途についた。しかし、翌文化三年一月六日、下田出帆の後、遠江《とおとうみ》灘（遠州灘）で荒天に遭い、太平洋上を漂流しだす。二月二十八日には粮米《ろうまい》も尽きたが、魚を釣るなどして持ちこたえ、三月二十日、「ワヘイ国ト云《いう》所ノ船」に八人が救助され、五月五日「ワフ国」に着いた。「ワフ国」とは、現在、ハワイ州都ホノルルがあるオアフ島にほかならない。当時、オアフ島は、ハワイ島出身の王カメハメハの支配下に置かれて一一年目であった。そして四年後の文化七年（一八一〇）、カメハメハはハワイ諸島全域に支配権を確立、統一ハワイ王朝の初代の王「カメハメハI世」（大王）になる。「稲若丸」の人々がこの王に会ったかどうかは定かではない。

ちなみに『夷蛮漂流帰国録』の語り手は、「稲若丸」の水主《かこ》の一人、平原善松《ひらはらよしまつ》（文化二年当時、三十四歳）だが、彼は、「ワフ国」は「至《いたっ》テ暖国ナリ、四季ノ差別ナシ、常に日本ノ六月土用《どよう》前ノ位ノ暖気ナリ」といい、主食は「カロ（タロ）ト云物」で「日本ノ小芋《こいも》ノ如《ごと》」きものだなどと、かなり正確な情報をもたらした。

その後、善松らは、東洋へ向かう「メレケン船」（米国船）でオアフ島をたったが、船長のデラノウは、嵐の危険から彼らを日本本土へ送り届けるのを断念、清国の広東《カントン》方面をめざした。結局、善松らは、マカオから「ジャガタラ国」（インドネシア）へと大廻りしたすえ、文化四年（一八〇七）六月に長崎へ帰り着く。

『夷蛮漂流帰国録』によれば、六月十七日、生きて日本の土を踏めたのは善松以下三名のみ、残る五人は病死であった。翌日から公儀による「御改め」が開始されたが、一人が病死、一人が自殺して、二十一日には善松ただ一人になってしまう。ただし、公儀の扱いは必ずしも悪くなかったようだ。善松が広島藩の使者に引きとられ、故郷木谷村に帰ったのは十一月下旬のことだった。その後、善松は藩主・浅野斉賢によび出され、ご褒美を貰ったほか、生涯の扶持を約束されたが、故郷を出ることを禁じられ、二度と海へ出られぬまま、帰国からわずか一年後の文化五年（一八〇八）六月、三十七歳で病歿している。この『夷蛮漂流帰国録』は、木谷村の庄屋・吉郎次が、善松からの聞き書きと、関連する公文書などをまとめたものである。

〔参考〕

・高山純『江戸時代ハワイ漂流記――「夷蛮漂流帰国録」の検証――』三一書房、一九九七年

・池澤夏樹『ハワイイ紀行』新潮社、一九九六年

「天狗小僧」にインタビュー　『仙境異聞』の異界に魅せられた知識人たち

「山人《やまびと》の歳《とし》を定むる事は、いかにして定むると云《い》ふことは知らねども、まづ千歳とも万歳とも定めて、其《そ》の数を百に割りて、其の一を一歳と定めたる物なり。其は譬《たと》へば万歳の定めなれば百歳を一歳とす。我が師は六百歳を一歳とせらるれば、定命《じょうみょう》は六万歳と見えたり。右の如《ごと》く定めて其の一念を少しもたじろがさず、生涯善行をつみ、行をたてゝ、其の願《ねがい》を通す事なり。さて其の定めたる年数畢《おわ》りては、身を隠して真の神となるとぞ」（子安宣邦校注『仙境異聞』上の二之巻より）

文政《ぶんせい》三年（一八二〇）秋、「天狗《てんぐ》」に導かれて山中で修行し、「仙境《せんきょう》」を見てきたという少年が江戸に現れた。この「天狗小僧」こと、下谷《したや》七軒町《しちけんちょう》（台東区元浅草一丁目）の越中屋《えっちゅうや》与惣次郎《よそじろう》の二男・寅《とら》

吉《きち》は、七歳のとき、上野山下で怪しい「老翁《ろうおう》」がたずさえていた壺に吸いこまれ、そのまま空を飛んで常陸国《ひたち》（茨城県）の南台丈《なんだいだけ》（難台山）に連れ去られたという。以来、彼は人界である「此《こ》の世」と、「天狗」と人が呼ぶ「山人」の世界である「彼《か》の世」を往き来するようになり、「山人」を師として修行を積んだという。

そんな寅吉を、国学者で神秘主義者《オカルティスト》でもあった平田篤胤《ひらたあつたね》（一七七六〜一八四三）は自宅へ招き、種々の質問をあびせて「彼の世」のことを訊《き》きだそうとした。その一部始終は、平田が文政五年（一八二二）に書き上げた『仙境異聞《せんきょういぶん》』に詳しいが、寅吉は、ほとんどの質問によどみなく答え、平田を狂喜させた。冒頭に引用したのは、「山人」の寿命と年齢の数え方を訊かれたさいの寅吉の回答である。

それにしても、当時数《かぞ》えで十五歳というから、今の中学生ほどの一少年の周囲に、四十五歳の分別盛りの平田をはじめ、その門人たちや、屋代弘賢《やしろひろかた》、伴信友《ばんのぶとも》、佐藤信淵《のぶひろ》ら当時の大知識人たちが群れつどい、大真面目で質問したり、少年の言動や一挙一動に神経を集中させるさまは、異様というより滑稽である。はては、腕白の気の抜けきらない寅吉のやんちゃや悪戯《いたずら》に手を焼いたりするうちに、平田たち自身、少年化してゆくようにも見える。この本は、平田を中心とする江戸のインテリたちの交遊録としても、なかなか面白く読むことができる。

寅吉少年は、単に空想力豊かで頭の回転が速かっただけで、ただ、質問者の願望に応じて口寄せをする「イタコ」のような〝才能〟の持ち主だったのだろうか？　ただ、彼の語りが「独白《どくはく》」ではなく、彼を取り囲む人々の眼差《まなざ》しと質問とのいわば共同の作業」であり、彼に難病の治療法などを問う質問者にとって、寅吉は救済者でもあったという子安宣邦《こやすのぶくに》の指摘（「『仙境異聞』——江戸社会と異界の情報」、岩波文庫版『仙境異聞・勝五郎再生記聞』巻末解説）は注目に値する。

ともあれ、寅吉の話の中には、明らかに奥深い山中での実体験とみられるものが混じっていることも確かなのである。以下は『仙境異聞』上の三之巻より。

「月夜の事なるが、師の命を受けて山道を通れるに、月の光に見れば、向ふより風呂敷ほどの物ひらく〳〵と飛び来ると見えしが、向ふ二三間と見る程に、素早く、ついと飛び来て顔に掛らむと為る故に、急ぎ両手を顔にあてたるに、其の上に取付きて、頭を悉く覆ひたり。鼬ほどの物にて鰭あるが、風呂敷の如くにて節節に爪ありて、しがみ付き、堅くしめ付けて鼻息を止めむとす……」

それは「鼯鼠《のぶすま》」（ムササビ）というものだろうと平田たちが図を示すと、寅吉は「誠に此の物にて有し」と答えたという。山中での生活や修験道に関する知識など、どうも寅吉の話には、それがまったくの空想の産物とは言いきれぬものも感じられるのである。

〔参考〕
・平田篤胤、子安宣邦校注『仙境異聞・勝五郎再生記聞』（岩波文庫）岩波書店、二〇〇〇年
・子安宣邦『平田篤胤の世界』ぺりかん社、二〇〇一年
・荒俣宏・米田勝安『よみがえるカリスマ平田篤胤』論創社、二〇〇〇年

鉱山経営の心得を説く秘伝集・『坑場法律』の〝逆ユートピア〟

江戸時代、金山をはじめ鉱山は、幕府や諸藩などの収入源として重視され、採鉱や冶金《やきん》の技術も長足の進歩をとげた。その一方で、鉱山に関わる人々は、経営者、労働者とも「山師《やまし》」とか「山内《さんない》者」として特別視され、鉱山は一般社会から隔絶した治外法権の場の傾向を強める。鉱山では、例えば駆

け落ちした男女のように、当時の社会で追われる身の人々も素姓《すじよう》を深く詮索《せんさく》されることがなかったため、アウトローを含む様々な人々が「坑夫《ほりこ》」として身を寄せることになった。そして、経営者である「山主《やまぬし》」は、彼らを機密保持の意味からも、鉱山内に足どめしたまま働かせ続けようとした。

「何《いず》れの国の坑場《こうば》にても不繁昌《はんじよう》に為《なり》て廃山に及ぶは、大抵《たいてい》皆此《この》憲法の善を尽さざるより漸々衰微《ぜんぜんすいび》する者なり」と説くのは、文政《ぶんせい》十年（一八二七）に佐藤信淵《のぶひろ》（一七六九～一八五〇）がまとめた、鉱山経営の秘伝集『坑場法律』の序文である。彼がここで「憲法」とか「法律」と呼ぶのは、おもに山主が坑夫を扱う心得で、山主が給料を支払わなかったり、坑夫の福利厚生に心を払わないなど「憲法の善を尽さ」ないときは、「人夫等其山に永住することを楽《たのしま》ずして離散」したり、「党を結び一揆《いっき》を企《くわだ》て」て反抗するなどして、ついには鉱山が廃鉱になる、と山主を戒《いまし》めている。

ならば、山主はいかなる心得により坑夫を扱うべきか？　この本は、信淵の祖父・信景《のぶかげ》（不昧軒《ふまいけん》）が羽州《うしゆう》・松岡山（湯沢市）の金山開発のさいに考案した「十七ヵ条の憲法」なるものを提案する。

その内容は、外部との出入り口である「門番所」や、山主の居宅であり山内の〝行政府〟でもある「政事所」以下、山内に設けるべき一七の施設を詳述したものだが、見方によっては鉱山を事実上の独立小国家として完璧に統治する策略になっている。

そこには、坑夫たちの衣食住に必要な品々を売る売店から、食堂や酒場、「歌妓《げいこ》、舞妓《まいこ》、娼女《おやま》」を置く「歓楽所」や賭博《とばく》場まであり、医療、教育、冠婚葬祭の便宜《べんぎ》を坑夫とその家族に提供するシステム、はては山内の金融機関もある。山主は、こうして坑夫の歓心を買い、彼らの外界への未練を断ち、一生、山内で嬉々として労働してもらい、感謝の念すらいだかれる、という。

本書は、秋田出身の百科全書的思想家だった信淵が、先祖の名を出しつつ大部分創作したらしいが、これを治者のための究極の産業社会経営プランとして見ると、一種悪魔的な構想を述べた本ともいえないだろうか？　それればかりか、二十一世紀初頭の今日から見ると、一部の独裁国家や統制国家は言うに及ばず、日本を含む現在のどのような社会も、多少なりとも本書の「山内」に似かよって見えてしまうのが無気味である。

なお、信淵は文政六年（一八二三）に著した『混同秘策』の緒言で、江戸を皇都「東京」とし、大坂を副首都「西京」として、全国を八道（地方）一府一三省八二州（国）に再編する大胆な日本改造案を述べている。その中央行政機関は、教化、神事、太政の三台と、農事、開物、製造、融通、陸軍、水軍の六府とから成る。例えば「開物府」は鉱山や林業とその従事者を司り、「教化台」の下には「小学校」があるが、これは単なる教育機関ではなく「社会福祉センター」（稲雄次「佐藤信淵のユートピア」）で、今日の病院や保育所、福祉事務所に相当するものを傘下に置いている。そしてこの三台六府の上に、天子直続の最高機関「大学校」がある、というのが信淵の想い描いた新しい日本の国家機構であった。

〔参考〕

・『坑場法律』、『佐藤信淵家学全集（上）』岩波書店、一九九二年（原版一九二五年）
・森銑三『佐藤信淵――疑問の人物』、『森銑三著作集9』中央公論社、一九七一年
・羽仁五郎『佐藤信淵に関する基礎的研究』岩波書店、一九二九年
・稲雄次「佐藤信淵のユートピア」、赤坂憲雄・菊池和博責任編集『東北学への招待』角川書店、二〇〇四年

盗んだ金を利息つきで返済！『鼠小僧実記』が描く「義賊」像

「昨夜貴殿《きでん》方へ忍び入り、御断《ことわ》りを申さず金子《きんす》九十三両二分借用恐入《おそれい》り候《そうろう》、右に付《つき》家業を被休《やすまれ》候段何とも申訳無之《これなく》、聊《いささ》か乍《なが》ら利分として金五両と元金返金仕《つかまつ》り候、御開店可被成此段《なさるべくこの》申入候、先《まず》は返納金証書 如 件《くだんのごとし》」（『近世實録全書7』より）

江戸・麴町《こうじ》の酒屋「三河屋」に忍びこみ、現金を持ち去った盗賊・次郎吉は、翌日、盗難による多少の損失など痛くも痒《かゆ》くもない大店《おおだな》に見えた三河屋が、実は不幸続きで困窮《こんきゅう》のきわみにあったことを知る。母子で経営する三河屋が、自分の盗みのせいで店も開けられずにいることに胸を痛めた次郎吉は、その夜、再度、三河屋に忍びこんだ。彼は、母子に詫《わ》びを告げるとともに、盗んだ九三両二分に、それを元手《もとで》に博奕《ばくち》で稼《かせ》いだ中から五両をたした九八両二分を手渡したが、右はこのとき、現金に添えて懐《ふところ》から取り出し、母子に渡したという「返済金認書《したためがき》」。

わざわざ盗みを「借用」と言い換えて、五両はその「利分」（利息）だと、ぬけぬけと言ってのけるが、実際、彼は店の者には危害を加えず、商品や建物を損ねてもいない。「義賊《ぎぞく》」鼠小僧次郎吉の面目躍如《めんもくやくじょ》といったところだが、犯行の翌日、盗んだ金を元手に彼が、博奕で得た儲《もう》けは一四、五両だったというから、彼はこの盗みで九両か一〇両の利益は得ているのである。

次郎吉は、元「幸蔵《こうぞう》」といい、神田豊島《としま》町に生まれたが、実の親に捨てられ、博徒「吉兵衛《きちべえ》」に拾われて育ち、悪の道に入った。吉兵衛の通称が「鼠吉兵衛」であることから「鼠幸蔵」、転じて「鼠小僧」と呼ばれた彼は、上方で大盗賊に見こまれるが、夢枕に立った老人の言から江戸に戻り、その道中、継父に女郎に売られかけた娘を救ったのを皮切りに、豪商や大名、旗本を襲って、貧しい者にほどこしをする「義賊」と化してゆく。

と、いうのはあくまでも、天保《てんぽう》三年（一八三二）に獄門となった、盗賊「異名鼠小僧、無宿入墨《むしゆくいれずみ》、次郎吉」をモデルにした『鼠小僧実記《じつき》』の次郎吉像である。そこに描かれた次郎吉伝は、「三河屋」の一件を含め、実在の鼠小僧次郎吉（一七九七?～一八三二）と、天明《てんめい》五年（一七八五）に処刑された別の盗賊「稲葉《いなば》小僧」の物語をもとにしたまったくの創作とされる。本物の次郎吉は、大名屋敷など大物ねらい専門の盗賊ではあるが、別に「義賊」ではなかった。

だが、江戸の人々が選び、胸に刻んだのは、次郎吉の実像ではなく、『鼠小僧実記』の中の「義賊」としての彼だった。かくて「義賊」鼠小僧の姿は、芝居などに焼き直され、後世に語り継がれていったのである。

なお、『国書総目録』には、『鼠小僧実記』の作者は十返舎一九となっているが、怪しいもので、明治・大正になって出版された同書にも作者名はない。匿名の作者による「実録」というかたちで、〝あったような話〟として巷間に読みつがれていったものであろう。そして、これをもとに、講談師の二世松林伯円《しようりんはくえん》（一八三四～一九〇五）は『緑林五漢録――鼠小僧』を演じて評判をとり、それをさらに河竹黙阿弥が歌舞伎台本にして、安政四年（一八五七）、『鼠小紋東君新形《ねずみこもんはるのしんかた》』として上演、幕末の世に義賊ヒーローは、いよいよ熱く受け容れられてゆくのであった。

〔参考〕

・『鼠小僧實記』、坪内逍遙鑑選『近世實録全書7』早稲田大学出版部、一九一八年
・大隅和雄他編『増補日本架空伝承人名事典』平凡社、二〇〇〇年

・『ＮＨＫ歴史への招待9』日本放送出版協会、一九八〇年

黴軍vs.薬軍が人体内で激突！『黴瘡軍談』執筆医師のねらい

国内の民心はやや享楽に傾きがちだったものの、平和だった「助八《すけはち》国」は、「結毒難治《けつどくなんじ》」「蠟燭下疳《ろうそくげかん》」率いる「黴《ばい》軍」の侵攻の前に滅亡の危機に瀕《ひん》していた。最初、陰茎《いんけい》山、鼻梁《びりょう》山を攻めた黴軍は、助八国全土に展開、両山は「山勢次第に陥落」、人々は逃げまどった。

これまで、「六物解毒湯《りくもつげどくとう》」以下の諸将率いる「薬軍」に侵入者を迎え撃たせてきた国王も、「賊徒《ぞくと》強くして勝事《かつこと》あたわず、国家危殆《きたい》に及《およ》ぶ」事態に、篤実《とくじつ》で知られる将軍・淳直《じゅんちょく》を元帥《げんすい》として敵にあたらせようとした。が、淳直は目下、「万吉《まんきち》国」で黴軍との戦闘の指揮を執っており、すぐには動けない。そこで、まずその部下の「延寿丸《えんじゅがん》」を「黴賊追討の大将軍となし、不日《ふじつ》に合戦を催《もよお》す」ことになった。

天保《てんぽう》九年（一八三八）、伯耆《ほうき》国（鳥取県）米子出身の医師・船越敬祐《ふなこしけいゆう》（一七八〇？～一八五〇？）の作になる『黴瘡軍談《ばいそうぐんだん》』の中のエピソードである。「黴」はかび、「瘡」はでき物のことだが、ここにいう「黴瘡」とは、ずばり性病「黴毒」（梅毒）のこと。右のくだりの「結毒」や「蠟燭下疳」は梅毒の症状で、「六物解毒湯」や「延寿丸」は薬の名、「淳直」は医師であり、「助八」や「万吉」はいうまでもなく患者である。つまり、これは、助八や万吉といった「人躰《じんたい》国」における「黴軍」対「薬軍」の戦いを軍記物風に描きながら、梅毒とその治療法、薬の用法に関する知識を広め、加えて薬の宣伝もすることを意図した物語なのだ。

さて、延寿丸は「黴軍」相手に奮戦するが、敵の二将は分身の術を使うなどしてしぶとく抵抗、淳

直は、代わって「黴効散《ばいこうさん》」に奇襲攻撃を命ずる。この「延寿丸」も「黴効散」も、実は船越自身が製造、取次店を通じて全国に販売していた薬の名で、ともに「一廻り一五日ぶん代銀六匁《もんめ》」であった。淳直が延寿丸と黴効散を交代させたのは、治療の進展にともなう、二種の薬の使い分け方をものがたっているらしい。

かくて、黴軍の二将は黴効散に討たれ、その軍勢も潰滅《かいめつ》した。すかさず、淳直に「後ざらえ」を命じられた「梅肉丸《ばいにくがん》」は、「残賊の諸所《しょしょ》に隠れたるを駆出《かりいだ》し、河水をせきかけて小腸より大腸に流しけるに、賊徒は尽《ことごと》く此《この》水に溺れ死し、肛門《こうもん》道に向ふて流れ落ること滝のごとし」と黴軍を殲滅《せんめつ》する。これは下剤を処方したのであろう。

本当に梅毒が完治できたかは気になるところだが、当時の人々の「闘病」のイメージは、このような「薬軍」と「病軍」の合戦といったものだったのかもしれない。

船越敬祐（啓祐とも）は商家に生を享けたが、父母を梅毒で喪い、自身も梅毒のために苦しんだことから、発憤して医学を学び、梅毒の特効薬「延寿丸」を発明するにいたった、と別の著書『黴瘡雑話』で告白している。

彼と同じ米子出身の医師、医学史家である森納《おさむ》は、船越の梅毒関連書について、「宣伝臭」を指摘しつつ、「梅毒の先天性、後天性の区別。遺伝梅毒、潜伏梅毒の存在を認め、当時の梅毒書としては画期的な専門書でもあり、庶民の啓蒙書でもあり、梅毒史に特筆されるべきものといえよう」（『因伯医史雑話』）と評価している。

〔参考〕

・『黴瘡軍談』『黴瘡雑話』、石井研堂校訂『続帝国文庫32　校訂萬物滑稽合戦記』博文館、一九〇一年

・森納『因伯の医師たち』(私家版)、一九七九年
・同『因伯医史雑話』(私家版)、一九八五年

「化粧は礼儀」からスタート! 岩瀬百樹の『歴世女装考』の視点

「およそ女中の燕脂《べに》鉛粉《おしろい》を顔に装《よそお》うは敢《あえ》て好色の為にはあらず、是《これ》礼儀なり、祝事《いわい》なり。(中略)仮粧《けしよう》(化粧)を祝事とし素顔《すがお》を不吉とす。是御国《みくに》のみならず唐国《もろこし》共に古今の通儀《つうぎ》なり。さるからに、女としてべにおしろいをつけざるは忌《いま》わしき事ぞかし。そのけしょうするに、第一の必要なるは鏡なり。ゆえに鏡は女の守りとも女の魂《たましい》ともいうは俗言にあらず、縁故《よし》ある事なり」

高貴な家に仕える女性が入念に化粧をするのは、セックスアピールのためではなく、縁起《えんぎ》をかつぐ礼儀なのである。日本や中国では、もともと、吉事《きちじ》を願って化粧をし、素顔は凶事《きょうじ》のものだったので、女が化粧をしないのは不吉なこととされた。その化粧にまず必要なのは鏡。だから、鏡を女のお守りとか魂とかいうことは、まんざら俗信《ぞくしん》でなく、理由があるのだ……。

弘化《こうか》四年(一八四七)に出版された、女性の装いについての考証《こうしょう》書『歴世女装考《れきせいじょそうこう》』全四巻は右のような出だしで、まず「鏡」の歴史と、それにまつわる習俗や伝承を取り上げる。書いたのは岩瀬《いわせ》百樹《ももき》(山東京山《さんとうきょうざん》=一七六九~一八五八)、戯作《げさく》者として有名な山東京伝《きょうでん》の弟で、たまたま友人から、古画の中の女性が遊女か堅気《かたぎ》の女かを問われたのを機に女性風俗史の研究に入ったという。

が、十代末から兄に随《つ》いて遊里《ゆうり》に遊び、遊女を妻とした彼には、こういったテーマに対する格別なセンスのようなものがあったのかもしれず、その視線に女性差別的なものが感じられないのも彼の特

徴である。「鏡」や「髪」についての彼の考証には、古典や同時代人の著作が豊富に引用され、多くの図版の使用や、中国や琉球などの異文化への丹念な目配りに感心させられる。

しかし、そういった文献学的な勉強家ぶりのみならず、例えば、自宅に遊びに来る近所の童女の髪形をいじったために、その祖母の怒りを買った失敗の経験から、小児の髪についてのタブーを知ったことなど、この本の記述には、岩瀬が〝生きた学問〟をする人だったことが感じられるのである。

また、江戸初期以前の身分の高い女性のロングヘア、「おすべらかし」に関する考証では、そんな髪形の女性がトイレに入るときどうしたかにまで疑問を持つ。これは、侍女《じじょ》が後ろについて髪をたばね持って帯に挟《はさ》んだのだそうで、夜は、侍女が先に厠《かわや》に入って鼠などがいないかを確認し、その後は主人の「遠くなく近くなく控えて」いたのだという。

なお、岩瀬は、一時兄京伝の許に教えを乞いに訪ねて来ていた二歳年長の戯作者、滝沢（曲亭）馬琴とも親しかったが、のちに絶交する。馬琴は岩瀬を「あたり作なし」、「いよいよ天狗に成り」、「老拙きらひに御座候」とけなし、岩瀬は馬琴を兄から受けた恩義を忘れた口先の達者な「生質高顔のもの」と互いに罵り合っている。そんな岩瀬が書いた馬琴評（随筆『蜘蛛の糸巻』および鈴木牧之に贈った『蛙鳴秘録』）は、当然ながら厳しい内容のものになっているが、馬琴や京伝たちの一面をリアルに伝える文献になっている。

〔参考〕

・『歴世女装考』、『日本随筆大成　第1期6』吉川弘文館、一九七五年
・大原梨恵子「解題」、『江戸時代女性文庫18』大空社、一九九四年
・森銑三「京山の書いた馬琴傳」「曲亭馬琴の自撰自集雑稿」、『森銑三著作集1』中央公論社、一九七〇年

薩摩藩「お由羅騒動」流刑者が記録！　奄美大島の見聞記『南島雑話』

嘉永《かえい》三年（一八五〇）三月二十七日、薩摩藩士・名越《なごや》左源太《さげんた》時敏《ときとし》（一八一九～八一）は、前年に起こった藩のお家騒動「高崎崩《くず》れ」に連座《れんざ》、奄美大島へと遠島《えんとう》になり、鹿児島城下前之浜《まえのはま》港より「大祥《だいしょう》丸」で島へ護送された。藩主・島津《しまづ》斉興《なりおき》から世子《せいし》の斉彬《なりあきら》への襲封《しゅうほう》をめぐっての、斉興の愛妾《あいしょう》・お由羅《ゆら》の方の子・久光《ひさみつ》を擁立する一派による妨害であることから、「お由羅騒動」とも呼ばれるこの事件に、左源太は何ら積極的に関わっていない。

だが、たまたま騒動の首謀者たちと交際があったことから彼は事件に巻きこまれ、代々藩の要職についてきた名越家の家系につらなる者としての物頭《ものがしら》の職を解かれた。そして四月二十九日、左源太たちは島の名瀬間切《なぜまぎり》に到着、五月八日、左源太は名瀬の小宿《こしゅく》村の住人・藤由気《ふじゆき》氏の家に引き取られることになった。時に左源太は、数《かぞ》えで三十二歳だった。

ほどなく、左源太は、島の地理風俗や見聞、動植物にいたるまでを、文章と絵図の両方で克明に記録しだす。服役囚としての左源太の生活態度は、謙虚で実直そのもので、他の同囚《どうしゅう》の中には、上流武士の身分から島民を見下す者もいたのに対し、彼は一般島民にも礼儀正しく、村の子どもたちに勉強を教えなどした。島民の間では「名越様とは音にも聞《きい》た　おふて（会うて）みたればよか御人《おひと》」と、彼への賞讃の歌さえ唄われたという。

さらに、彼の記録作業の価値は大島代官所の認めるところとなり、嘉永五年（一八五二）、左源太は「島中図書調方《ずしょしらべかた》」として、小宿村外での調査取材活動も許されるにいたった。こうして、彼が安政《あんせい》二年（一八五五）に赦《ゆる》されて島を離れるまで書きためた手記の原本は散逸《さんいつ》したが、数種の写本として伝わり、今日『南島雑話《なんとうざつわ》』と総称されて、当時の奄美を知る基本史料、民俗誌、自然誌となっている。

その内容であるが、例えば島の特産品のひとつ、芭蕉布《ばしょうふ》について「芭蕉を織事《おること》は琉球《りゅうきゅう》、先島《さきしま》を初めとし、大島、徳ノ島、喜界《きかい》島、沖永良部《おきのえらぶ》島に限《か》ぎりたる名産にして、上製は越後《えちご》などにも勝りて美しく、着すれば、涼しく軽く至てよろし。島中皆此服にして、家々の婦人手製困苦を尽せり。芭蕉製法、績織等の次第、図絵に顕して巨細に記す。其便利なること一覧あるべし」（『大嶹《だいとう》便覧』、平凡社東洋文庫版『南島雑話』による）以下、芭蕉の栽培と収穫、繊維としての加工法、布の織り方から、衣服としてのデザインまで、用語解説や加工器具の図解もまじえ、詳述される。

だが、もっと興味深いのは、彼の記録対象がこうした産業・経済的な有用事項にとどまらず、島民たちの酒の飲み方や、ガジュマルの大木に登って用をたす変わった排泄《はいせつ》習慣にもおよび、たまたま漂着したヨウスコウワニと思われる珍獣や、沖縄、八重山《やえやま》など奄美以外の地の伝聞にもおよんでいることだ。

奄美大島の島民が信仰する神の一つ「奈麻戸奴加奈之《なまとんかなし》」について。

「耕作の神、八角八足、腹とも、とに白き星あり。是を島人生神と云。声チヤウメラ《（ママ）》の如し。みだりに大和人を近づくれば大いにきらはると云。常の牛より大なり。庭火をたき其光に徘徊《はいかい》す。西間切、東間切にかぎる。ナマントカナシ《（ママ）》は真須知《ますち》の一派に限る。島人は此神出れば頭を地につける故に、まさしく見ることあたはず。是を看《みる》に全く造りものなり。是をつくりものなりと云《いえ》ば大に島人きらふ事也。故に大和人を近づく事を忌《いむ》か」（『南島雑話　前篇』、同）

また、名越には自分の就寝《しゅうしん》中に見た夢を記録した『夢留《ゆめとどめ》』という手記もあり、その知的欲求の広範さが偲《しの》ばれる。

〔参考〕

・名越左源太、國分直一・恵良宏校注『南島雑話（全2）』（東洋文庫）平凡社、一九八四年
・名越護『南島雑話の世界』南日本新聞社、二〇〇二年
・鹿児島県立大島高等学校南島雑話クラブ編『挿絵で見る「南島雑話」』奄美文化財団、一九九七年

Ⅸ　江戸4

ペリーの黒船に便乗した〝元過激派〟ハイネ、横浜でバクーニンと再会す！

安政《あんせい》元年（一八五四）三月三十日、横浜に上陸したペリー一行と幕府応接掛《がかり》との交渉が開始されてまもなく、米艦隊から出た最初の死者の埋葬が行われた。死亡したのは「ミシシッピー号」乗り組みの海兵隊員、ロバート・ウィリアムズで、横浜の寺院所有地での埋葬には一〇〇〇人余りの日本人が詰めかけたという。

このとき、埋葬地へ向かう葬列に同行を願い出た一人の日本人僧侶があった。艦隊にスケッチ画家として随行したペーター・ベルンハルト・ヴィルヘルム・ハイネ（一八二七〜八五）は、その著書に次のように記している。

「ジョーンズ博士（隊付き牧師）が通常の祈りを唱え終ったとき、仏僧は自分も儀式を執《と》り行なってもよろしいかと、非常に控え目な調子で尋ねてきた。祈禱《きとう》を記した二、三枚の紙を焼くことと、茶、米などの奉献をするだけだからと言うのである。これは快く受け入れられたが、このことは、かなり多く集まった日本人に非常に良い印象を与えたようだった」（中井晶夫訳『ハイネ世界周航日本への旅』第九章より）

多くの動植物画を含むペリー艦隊の公式報告書の挿画や、幕府側の出迎えを受けるペリー一行の水彩画で知られるハイネは、この後、文久《ぶんきゅう》元年（一八六一）にも単独で来日し、横浜に七月三十日から九月十七日まで滞在している。彼は英国の測量船に乗り込んで、江戸湾の測量を行ったりしていた。

その間、ハイネの逗留する「横浜ホテル」（澤護『横浜外国人居留地ホテル史』によると、横浜居留地には少なくも三つの「横浜ホテル」があった由だが、ハイネが泊まったのは居留地七〇番にあったそれではないかと思われる）には、ロシアの革命家で無政府主義者のミハイル・バクーニンが宿泊していた。バクーニンはシベリアの流刑地をまんまと脱走した直後で、九月五日より十七日まで一二日ほど横浜ですごした後、アメリカへ去っている。実は、ハイネはバクーニンとはかつての〝同志〟であった。

　ドイツのドレスデン生まれのハイネは、当時より一二年前の一八四九年五月、バクーニンらの指揮のもと、同地で起きた武装蜂起に参加、アメリカへ渡ったのも、蜂起失敗後の当局の追及を逃れてのことだった。横浜でハイネとバクーニンが再会したのは確実と思われるのみならず、両者は九月十七日、アメリカ船「カーリントン号」に一緒に乗って、サンフランシスコへ向かったことがわかっている。が、両者とも記録は残していない。なお、バクーニン来日については、新村出が『南蠻更紗』の中でふれ、ハイネ、バクーニン両者の因縁と再会については、中井晶夫による『ハイネ世界周航日本への旅』の「解説」および板橋倫行「『横濱ホテル』逸事」に詳しい。

　その後、元〝過激派〟ハイネは、南北戦争のさい、北軍に加わって米軍の准将《じゅんしょう》にまで昇進する。波瀾万丈の生涯を送ったハイネだが、日本に終生強い興味を持ち、日本学者《ジャポノロジスト》を自任していた。しかし、彼の日本関係の著作には、過去の他の欧米人の書物への無批判な追従《ついしょう》もかなりあり、そんな彼の〝研究〟態度は、存命だった老シーボルトを憤慨させたといわれる。実は、ハイネとバクーニンが横浜で〝再会〟したのと同じ文久元年の三月から五月と、十月十五日からの二回、シーボルト父子も「横浜ホテル」に滞在していた。と、いっても、この四人が鉢あわせになることはありえなかったが、十月にホテルへ戻ったとき、シーボルト父子は、ハイネとバクーニンの噂を耳にしたらしく、息子アレクサンダー・シーボルトは『シーボルトの最終日本紀行』の中で彼らのことに触れ、ハイネの『ハイネ世界周航日本への旅』を、父親が「日本に対する荒唐無稽の誤解」と見做していたことを記している。反面、引用したような、自分の目と耳による日本の記述には、観察者としてのハイネの冴《さ》えがかいま見られる。

〔参考〕

・中井晶夫訳『ハイネ世界周航日本への旅』（新異国叢書）雄松堂、一九八三年
・板橋倫行「『横濱ホテル』逸事」、早稲田大学史学会編纂『浮田和民博士記念史学論文集』六甲書房、一九四三年
・澤護『横浜外国人居留地ホテル史』（敬愛大学学術叢書）白桃書房、二〇〇一年
・新村出『南蠻更紗』改造社、一九二五年
・アレキサンデル・フランツ・フォン・シーボルト、小澤敏夫訳注『シーボルトの最終日本紀行』駿南社、一九三一年

オカルティストぶりを発揮！　宮負定雄『地震道中記』の奇談

安政《あんせい》元年（一八五四）十一月四日、一陽来復《いちようらいふく》（冬至）の吉日であるこの日、国学者・宮負定雄《みやおいやすお》（一七九七～一八五八）は、単身伊勢参りのため下総《しもうさ》国松沢村（千葉県干潟《ひかた》町）の自宅をたった。当時、宮負は数えで五十八歳であった。まず江戸へ向かおうとした彼は、家から一〇町（約一・一キロ）ほど行ったところで大きな地震に遭った。道行く人々が道にまろび倒れるほどの揺れであったが、家屋の倒壊もなく、彼はそのまま旅を続けた。

江戸をすぎ、小田原あたりまでは目立った被害もないようだったが、筥根《はこね》（箱根）にさしかかった

とき、彼はこの地震が尋常ならざる規模のものだったことを思い知らされる。以後、西へ進む宮負は、ちょうど安政東南海大地震の最も激しい被災地、東海地方を横断することになり、彼は翌安政二年（一八五五）、通過した宿場ごとの被害状況を綴った手記を『地震道中記』として出版した。

「金谷宿、大かた潰れ砕けたり。御救《おたすけ》小屋七ケ所、かゝる日々御粥《かゆ》を下さる。大地のさけたる事恐ろし。殿中、上下の御大名、野陣《やじん》を張て三日位野宿せしよし。（……）爰《ここ》より峠を上り下りて菊川宿無難なり。坂を上りて、佐夜《さよ》の中山、飴《あめ》の餅の茶屋一軒も残らず、皆潰れたり」

「掛川宿、残らす潰れて出火となり、焼原となる。死人尤《もつと》も多し。御城（掛川城）ハ大手御門くだけ、御矢倉大抵潰れ、御天守の三階上の一階崩れ落たるよし（……）」

「袋井宿、残らずゆり潰れて丸焼となる。死人九十七人、其内に遊女を土蔵に入れて数多焼殺しさるもあり、憐むへし。此宿三州某の大寺の坊主、当年御朱印御書替相済、江戸より帰り、此宿に泊り、遊女を買ひて自分も焼死、御朱印を焼たりとぞ（……）」（那智篤敬・宇井邦夫校注『地震道中記』より）

平田《ひらた》篤胤《あつたね》の門下だった宮負は、『国益《こくえき》本論』や『下総名勝《めいしょう》図絵』を著したほか、『民家要術』では、結婚、出産、育児、教育、労働、教養にいたる庶民の暮らしの心得を具体的に説くなど、日常生活を重視する思想家だった。

　同時に、師の平田と同様、宮負は神秘主義にも強い関心を示し、安政元年の伊勢行きも、実は同じく平田門下の「神仙界」研究家である紀州藩士・参沢《さんざわ》明（宗哲《そうてつ》）らに会うのが本当の目的であった。

　そんなオカルティスト、宮負の記録した安政東南海大地震の見聞には、建物の被害状況などにまじって、被災地で囁かれた奇談や神秘的な現象の話がかなり見られる。

　例えば、三島宿にあって、倒壊した「丸屋」という薬問屋では、下敷きになって絶望視されていた孫娘の「志げ」が無事救出されたが、彼女は、こわい顔のお爺さんに呼びとめられ、抱き守られていて救かったと語ったという。同様の話はほかの土地にもあり、地元の神社に祀られた神が姿を現して、津波などから集落を救ったという話も各地にあった。

また、宮負が安政東南海大地震の見聞に、過去の大地震の記録や地震対策を加えて安政四年（一八五七）に出版した『地震用心考』は、地震除けの護符《ごふ》や予知装置（?）の紹介をする一方で、地震を大地に必然的な自然現象ととらえる視点もあって興味深い。早い話が、大地における地震とは、男女の交合《セックス》と同様に、ときどき、無くてはならないものだというのだ。すなわち、地震は「地中の水火交接」で、人間の男女が合体し「人躰《じんたい》の地震」を起こすことで「躰《からだ》も育ち、子も孕《はら》む」のと同じように、「地震すれば、水火の鬱滞《うったい》を発散し、水気昇《しょう》して雨となり、降りて五穀草木を養《やしない》にして、或ハ風となりて狭霧《サキリ》を払ひ皆草木人民の養にして地神の所為にて無くて叶《かな》わぬ神業《かみわざ》」だと宮負は考えたのである。

なお、宮負は郷里松沢村の村長《むらおさ》（名主）を八～十年ほど務めたが、窮民救済や農業振興に熱心に取り組む村落指導者であったという（川名登「草　の国学者・宮負定雄小伝」）。

〔参考〕

・宮負定雄『地震道中記』・『地震用心考』、那智篤敬・宇井邦夫校注『安政東海大地震見聞録　地震道中記』巌松堂出版、一九九五年

・川名登「草　の国学者・宮負定雄小伝」、鈴木信雄・川名登・池田宏樹編著『過渡期の世界』日本経済評論社、一九九七年

・川名登編『宮負定雄下総名勝図絵』国書刊行会、一九九〇年

埋もれていた手写本から蘇ったドキュメント「越中安政大地震」

安政《あんせい》五年（一八五八）旧暦二月二十五日（新暦四月八日）の晩、富山藩士・昇平堂寿楽斎《しょうへいどうじゅらくさい》は、国内を揺るがす異国船来航についての、江戸から新着した資料に眼を通していた。その中の、オランダ交易に関する幕府の政策変更を記した文書を写し終え、床についたのは夜半。すでに日付は二十六日に変わり、隣の布団では知人方での読書会の後、酒を飲んで帰ってきた息子の主税《ちから》が寝息を立てているかたわらで、寿楽斎は様々な物思いに寝つかれずにいた。

八つ（午前二時）少し前、どこからともなく地鳴りがしたかと思うと大きな地震が襲ってきた。飛び起きて障子を開けようとしたが開かない。力まかせに障子と雨戸を押し開けて土間へ飛び出し、妻子を呼んだ。

幸い、妻子は全員無事脱出し、母屋が倒れることもなかったが、それからの寿楽斎の行動は、一家の主としてまことに冷静沈着だった。彼はまず、妻子を庭の木の下に集めておき、自分は家の中へ戻って炬燵など火のもとの始末をした。そして、寝巻き姿のまま呆然としている、家中に詰めていた侍たちに、火事装束の着用と馬に鞍をつけることを命じ終えた頃、八つ刻を知らせる鐘が鳴った。当時、大きな火災は起きていなかったにもかかわらず、夜空が「一面に赤く、星近く見えて尤《もっと》も赤」かった、と寿楽斎は上空の異変を書きとめている。

以上は、寿楽斎の手記『地水《ちすい》見聞録』からの要約である。このときの、いわゆる「越中《えっちゅう》安政大地震」の規模は推定でマグニチュード六・八、被害は越中、飛驒《ひだ》両地方におよび、飛驒で二〇〇人を超える死者が出、金沢でも橋が落ちるなどの被害があった。富山城下では、大きな出火こそなかったが、家屋倒壊などで死者が出たほか、立山の大鳶《とんび》・小鳶両山の崩壊による土砂が常願寺《じょうがんじ》川の流れをせき止め、その結果、旧暦三月十日、四月二十六日の二度にわたって泥流が流域を襲い、多数の犠牲者を出した。

さて、寿楽斎とは筆名で、藩の重役だったと思われるが、その本名や地位は不明とされてきた。だが近年、すでに隠居の身だった瀧川海寿一瓢《かいじゅかずひさ》（八〇〇石取り）であることが判明した（廣瀬誠『地震の記憶』）。また、挿画は木村立嶽《りつがく》（一八二五～九〇）の手になるものだが、被災時の状況や被災者の生活をリアルに伝えている。

自家中の人々の安全を確保した後、寿楽斎はただちに藩主のもとへ参じ、城中と城下の被害状況の確認に乗り出すが、一般の町人はおろか牢内の囚人にまで心配と深い同情を寄せる姿勢が印象に残る。

「偖《さて》横通り町並の家々に八人々助け合ふ声々は、火の本《もと》要心せよとの事にて、四方《よも》の人々色々ニ呼びさけぶ有さま譬《たと》ふるに物なし、其内我舎《わがや》より西南なる隅にあたりて、悲しき人声にて頻《しき》りと呼立るは、若《もし》火ごとにやあらんと聞定むれど、火の手も見えず、何事ならんと考ふれば、獄舎の人々震動に恐れ、出し呉よとの泣さけぶ声ならんかし、いと悲しき有様きくに忍びざる事どもなり」（『越中安政大地震見聞録』より）

さらに、一七日間にわたって、余震の回数や規模をも克明に記録する、この『地水見聞録』が、まったく偶然に古書店で発見された手写《しゅしゃ》本だったことは面白い。

〔参考〕

・『地水見聞録』、富山県郷土史会校注『越中安政大地震見聞録――立山大鳶崩れの記』KNB興産出版部、

一九七六年
・廣瀬誠『地震の記憶――安政五年大震大水災記』桂書房、二〇〇〇年

物見遊山の『剣術修行日記』が桜田門外の変に触れた〝部分〟

万延《まんえん》元年（一八六〇）三月十八日、土佐出身の奥宮保馬正孝《おくのみややすままさたか》は、剣術修行の旅先の徳島で、去る三日、江戸、桜田門外で起きた井伊大老暗殺の報を知った。

譲成郷士《じょうせいごうし》であり、土佐藩の鯨方引請作配《くじらかたひきうけさはい》として室戸で「津呂組《つろ》」を率い、捕鯨を行う「元《もと》奥宮家」七代、貞吉正利《さだよしまさとし》の長男として生まれた保馬は、八代目を叔父《おじ》・守馬正好《もりままさよし》に譲り、自身は武芸（剣術）で身を立てようとした。

そして、ペリー艦隊が再来航し、室戸沖にも外国船が出現した翌年の安政《あんせい》二年（一八五五）、保馬も藩から異国船打払《うちはらい》御用を命じられて沿岸防備に動員されるが、役人との間に暴力沙汰を起こした彼は、まもなく解任されている。

そんな保馬らが、室戸の「津呂組」の本拠地を出発したのは三月十一日。修行の旅とはいえ、捕鯨に使う勢古《せこ》の舟二艘《そう》に保馬ら八人の剣術修行者と舟を操る勢古・水主《かこ》ら一六人が分乗しての団体旅行である。一行は、甲浦《かんのうら》ほか二カ所に上陸、宿泊して、同十六日、徳島に到着した。道中、道場があれば仕合を申しこむが、あとはおおむね酒宴と物見遊山《ものみゆさん》に明け暮れ、宿泊などの便宜をはかってくれた人々に塩漬けにした鯨肉などを贈って去る。

「桜田門外の変」を知る前日も、一行は「剣術の音がしたら行って仕合を申しこもう」などと語ら

いつつ徳島城下を徘徊し、買い物や人形芝居見物で暇をつぶしたことが保馬の『剣術修行日記』には綴られている。

「……金比羅様へ参詣致し、八幡様、八須賀様、新と観音様へ参詣候上、又々楠太郎、只兵衛、剣術のおといたし候処へ参り御試合を願ましようふと申出、徳島は壱人も他人に出逢者はないと申出極、先生の心持ち色々おかしく義有之《これあり》候へ共難記《しるしがたし》。保馬は小出先生へ出懸け、外《ほか》一同は買物諸々見物のよし。晩景、一同二軒茶屋へ寄り集り、人形芝居有之《これある》に付見物に参ろうふと申合せ、併《しか》し壱人前木戸銭百文のよしにて一同参り込候処、敷風とんも取り不申《もうさず》、立見に而《して》退屈致し候場合、金兵衛がく屋へ参り候処、咎めも不申《もうさず》諸々見物面白よしに付、一同参り見物の上……」（『土佐群書集成2　奥宮保馬剣術修行日記』より、句読点および振り仮名を引用者の判断で追加した）

が、「桜田門外の変」の報に接した翌三月十八日の項では、保馬は何を思ったか蓮田《はすだ》市五郎ら大老襲撃者たちの氏名を列挙したり、大老の遺文を引用したりしている。

実をいえば、保馬の実弟、猪《い》惣《そ》次《じ》正芳《まさよし》は坂本龍馬（一八三六〜六七）の同志であり、前年、龍馬と共に水戸藩の密使と接触するなどしており、保馬の身辺にも時代の激動の渦が音を立てていた。

しかし、風雲の時代に一見悠長なこの武者修行についての保馬の記述は、すぐに以前のトーンにたち戻る。備後・福山（広島県福山市）の道場「誠之館《せいしかん》」などで剣術に励む一行の姿もかいま見られるものの、最終目的地の大坂にいたるまで、酒肴《しゅこう》の中の珍味や女性の器量のよしあし、宿の主人夫婦の喧嘩の内容や、紀州の鯨方の女性スキャンダルなど、一見らちもない記述が続く。前の引用からほぼ一カ月後の閏《うるう》三月十四日の記述より、

「稽古四つ過に参り、夫より堀多宮（渡船の事）より案内有之《これあり》、雨天に而《して》断り候へ共、毎々家来参候に付、無拠《よんどころなく》参る。右多宮妻初め数々女共酒席へ出候へ共、壱人もきれいなるもの無之《これなく》、其前日兵

庫先生、三浦文左衛門方へ参り候処、数々娘同人妻抔《など》と杓《しやく》に出候処、皆々寄麗（ママ）候よし咄《はな》し有之《これあり》……」
（同）

保馬自身は、まだしもその土地土地の「先生」と称する剣術家の許へしばしば通っているものの、勢古や水主を含むその他大勢にとっては、この旅は、保馬たちの「剣術修行」のお供を名目にした、「津呂組」の慰安旅行のようなものだったのかもしれない。

伊豆川淺吉『土佐捕鯨史』および平尾道雄『土佐藩漁業経済史』によると、津呂浦の郷士・多田氏を中心に組織された津呂、浮津両浦の捕鯨組が出漁しだしたのは万治三年（一六六〇）頃で、その漁法は銛《もり》突きによるものだった。その後、紀州熊野浦の大地氏らの漁網捕り法を学び、この漁法で漁をしだしたのが天和三年（一六八三）で、この年、津呂組と浮津組が分離独立している。津呂組は、寛政四年（一七九二）から奥宮氏が捕鯨方頭元を務めるようになり、保馬の叔父・守馬正好がその八代目であることは前に記した。そして伊豆川淺吉『土佐捕鯨史』には保馬についてこんな記述がある。

「捕鯨技術の改革につき、特筆すべきは、津呂組の奥宮保馬正孝である。彼は嘉永年間（一八四八～一八五四）、九州大村藩の剣客斎藤勧之助に武術を学び、武者修行の途中、平戸藩にて長須鯨《ナガスクジラ》を捕獲する由を聞き得た。元来、土佐地方に於ては、長須鯨は最も獰猛《どうもう》強力にして、到底網を以ては捕獲し難いとされてゐた為、彼保馬は翌年、早速平戸藩に趣（ママ）き、その捕鯨場に至り、実地長須鯨捕獲の状況を視察研究して帰国した。かくて彼は、普通網（巾十二尋《ひろ》、海立二十尋前後）の外に、新に、長網と称し、腰網四尋半を普通網に加へて、巾十二尋、海立二十四尋位の網を、三十八反作り、之に桐あばを結附した。此の網の製作後、長須鯨をよく捕獲し得るに至り、業務頓に振興し、捕鯨収得の利、前代其比を見ざるの盛況を呈したといふ。網具のみならず、彼は又勢子の船をも大改造し、長八尋五寸、幅六尺三寸のものを、長八尋一尺、幅六尺七寸となしたとある。時に安政五年（一八五八）」（『土佐

捕鯨史』第五章第三節より）
その『剣術修行日記』を見ると、激動の時代を尻目に、武者修行にことよせて、諸国を漫遊し、酒色にうつつを抜かしているようにしか見えない保馬だが、彼はけっしてそれだけの人ではなかったことが右の記述でわかる。
だが、もはや保馬に多くの時は残されていない。『日記』は五月三日で終わっているが、それからまる一年後の文久元年（一八六一）五月二十七日に彼は世を去っている。
なお、津呂組は、慶応二年（一八六六）、土佐藩の「開成館捕鯨局」に吸収されるかたちで消滅した。

〔参考〕
・高知地方史研究会編『土佐群書集成2　奥宮保馬剣術修行日記』高知市立市民図書館、一九六五年
・伊豆川淺吉『土佐捕鯨史（上・下）』、『日本常民生活資料叢書23』三一書房、一九七三年（原版一九四三年）
・平尾道雄『土佐藩漁業経済史』（市民叢書）高知市立市民図書館、一九五五年

仮名垣魯文『滑稽冨士詣』に見る幕末の慾望と好奇心の今日性

万延《まんえん》元年（一八六〇）庚申《かのえさる》の年は、六〇年に一度、富士の女人禁制《きんせい》が解ける年にあたった。信仰を集めてきた富士山は、旧暦四月朔日《ついたち》から八月晦日《みそか》まで、各地から講中《こうじゅう》を組んで訪れる女性をまじえた人々でにぎわった。

そんな特別な年の江戸っ子たちの富士詣《もう》でを題材にした、仮名垣魯文《かながきろぶん》（一八二九〜九四）の『滑稽《こっけい》冨士詣』全一〇篇は、この年から翌文久元年《ぶんきゅう》（一八六一）にかけて刊行された。魯文といえば、『西洋道中膝栗毛《どうちゅうひざくりげ》』『安愚楽鍋《あぐらなべ》』など、明治になってからの作品のほうが今日では有名だが、『滑稽冨士詣』は戯作《げさく》者としての魯文の出世作である。当初、版元の用意した案内記（旅行ガイドブック）をもとに執筆を開始したものの、それに飽《あ》きたらず、六篇以後はみずから現地取材を敢行するなど、作者の力の入れようには並々ならぬものがあった。

とはいっても、その内容たるや、当時の大衆にウケたであろう、多くの下ネタを含む悪ふざけの連続である。四篇上之巻では、やっと八合目まで登ってきた、「おのミ」「おきり」「おくぎ」の女性三人組は、のっけから着物の前をからげて、大自然の中でこらえてきた「小用《ちょうず》」をおっ始める始末。

また、一〇篇上之巻では、下山しての帰途、神奈川宿に宿をとった「亜墨蔵《あめぞう》」「拂郎助《ふらすけ》」「蛇賀《じゃが》太郎」「髭《ひげ》吉」の男四人組（アメリカ、フランス、……にかけたこのネーミングを見よ！）が、昼間、折から沖に停泊中のペリーの黒船見物の舟から「髭吉」を海に突き落とした「六十ばかりのがんじやう親《おや》仁《じ》」に仕返しをして溜飲《りゅういん》を下げる。この「親仁」、八王子の農夫だが博奕好きで、娘の「おなめ」を「横はまの異人」に二〇両で売りとばそうとして失敗するが、それを見て喜ぶ四人には、「おなめ」を人身売買から救うなどという正義感は、ほとんどゼロ。そもそも、「髭吉」が海に叩きこまれた原因が、大勢の客を乗せた舟の上で、「おなめ」に痴漢行為をはたらこうとしたためとあっては、いやはやである。

それにしても、今日学校で学ぶ〝歴史〟の常識では、黒船ことペリー率いる合衆国艦隊の来航は、日本国中に衝撃と緊張をはしらせ、人々は、脅威と不安のうちに息をころして事態を見守った……はずではなかったか？　ところが、当時の市井の人々は、たとえ一部だったにしろ、「黒船」をも、多分にこわい物見たさも手伝っての期間限定の〝観光〟アイテムもしくはスポットにしてしまっていたことが、この作品からわかる。

「君が代のゆたけき時に相生《あいおい》の。二葉の松もとこしへに。枝をならさぬ国津風。波しづかなる四ツの海。東夷南蛮北狄西戎。ちんぷん漢土もはるぐ〳〵と。萬里の波濤をしのぎつゝ。貢《みつぎ》を捧げたてまつる。その民としも生れきて。飽までくらひあたゝかに。着て寝る果報ぞありがたき。去程《さるほど》に富士同者ハ。巡り〳〵て大山の。石尊詣のもどり道むらさき匂ふ藤澤も。足をはやめて江の嶋に。喰合ないとこ唐人を。見物せんといつさんに。横にかすつて神奈川の。宿に一夜をうちあかし。翌朝ゆるりと起出て。爰より行衣をぬぎ捨つゝ。宮の河岸より舟に乗らんと……」（興津要校、古典文庫版一〇篇之上より）

といった具合に、黒船も「ちんぷん漢土」から貢ぎ物を持って来た、ぐらいに思われている始末、これにはさしものペリーもかた無しであろう。

黒船来航や「桜田門外の変」など、幕府や諸藩、知識人、志士らを深刻にさせる事態が続発する一方で、ふてぶてしいまでにあっけらかんとして、享楽的で勝手な人々もいる。そんな幕末の大衆像を伝える、この作品のオムニバス構成は、どこか今日の「コント」を思わせる。また、脳天気《のうてんき》で悪乗りしすぎるところは、テレビのバラエティー番組のようでもある。

男の「後生《ごしょう》大事やかねほしや」、女の「衣裳だいじや櫛《くし》ほしや」といった、四篇上之巻の富士山頂で御来光《ごらいこう》を仰ぐ人々の祈りの文句を見ると、幕末が妙に今日的に思えてくるのである。

〔参考〕

・仮名垣魯文、興津要校『滑稽冨士詣（上・下）』（古典文庫）古典文庫、一九六一年

・興津要『仮名垣魯文――文明開化の戯作者』（有隣堂新書）有隣堂、一九九三年
・野口武彦「富士女人開帳の事」、『江戸のヨブ――われらが同時代・幕末』中央公論新社、一九九九年
・平塚良宣『假名垣魯文』講談社出版サービスセンター、一九七九年

五十歳をすぎてゲリラ戦へ！　伴林光平の戦記『南山踏雲録』

文久《ぶんきゅう》三年（一八六三）旧暦九月二十五日、巳《み》の刻（午前十時前後）をすぎた頃、生駒山中の田原村（奈良県宇陀《うだ》郡大宇陀町田原）にある一軒屋の茶店に異様な風体《ふうてい》の男が現れた。ぼろぼろの法衣《ほうえ》に大小を差したその〝客〟は、前夜の残りものしかないからと断ろうとする主人に、それでもかまわないからと食事を乞い、もそもそと食べ始めた。

折から、この年八月、攘夷《じょうい》親征の詔勅《しょうちょく》に応じて挙兵し、五條代官所《ごじょう》を襲撃するなどして吉野一帯で遊撃戦を繰り広げた天忠組《てんちゅう》（天誅組）は、幕府側の追撃の前に潰走《かいそう》しつつあった。天忠組の残党狩りをする奈良奉行所は、京都へ通じる街道沿いの田原村にも目を光らせ、茶店で食事をする怪しい男は当然チェックされる。しかし、男の顔を見た役人たちは、はっとして息を呑んだ。

男の名は伴林光平《ともばやしみつひら》、文化《ぶんか》十年（一八一三）河内国の一向宗の寺に生まれた彼は、当初、仏道に帰依《きえ》して西本願寺学寮の教授にまでなるが、しだいに国学に転じ、伴信友《ばんのぶとも》に師事、荒廃した天皇陵の調査に乗り出す。熱烈な勤皇家となった彼は、尊皇《そんのう》攘夷派の志士たちとも親交を深めていった。

その一方で、詩歌をよくした光平は、住職を務めた寺などで国学や和歌を講じ、門人は河内、摂津、大和の三国はもとより、それ以外にもおよんだという。田原村で彼を発見した奉行所の役人たちの中

にも、彼の教え子がいたのだった。

光平が天忠組の挙兵に加わるため、滞在先の大坂・薩摩堀をたったのは、八月十六日。法隆寺に近い駒塚の自宅にも立ち寄らず、天忠組に合流した彼は、組の軍議方兼記録方として、道もない山中でのゲリラ戦に加わった。

その間の克明な記録である『南山踏雲録《なんざんとううんろく》』は、田原村から奈良に護送された光平が獄中で記したものである。天忠組のファナティックな勤皇思想を知るうえでも貴重だが、数えで五十歳をすぎてゲリラ戦に従軍した知識人のドキュメントとして、世界的にも特異なものといえるのではないだろうか。以前彼が辞世のつもりで詠んでいたという歌の一首「くづをれてよしや死すとも御陵《みささぎ》の小笹分けつつ行かむとぞ思ふ」さながらの山中行軍であった。

この手記の中に、田原村で捕らわれる数日前、光平がひそかに駒塚のわが家を見に行くくだりがある。彼には再婚した妻と三人の子があり、長男以外は家にいたはずだが、妻は子らを捨てて実家へ帰ったと噂され、子らの姿もない。信念のためとはいえ、父にも母にも見捨てられた子らの行く末を案ずる光平の記述は、短いが胸に迫る。

九月二十二日、人の気配なく、荒れはてたわが家に立った彼は、木立の陰にその後二日間もひそんで子らの帰りを待つのだった。

「斯《か》くて、廿三日、廿四日、駒塚の木がくれに籠居《こもりい》てそこら見廻《まわ》すに、吾子信丸等は、いづちゆきけん。兎角《とかく》ものせし事跡《あと》どもを見るにも、つと胸塞《ふたが》りて、もとより棄《すて》し我が身なれば、命一つは露ばかりも惜しからねど、悲しき稚子《おさなご》の、行《ゆく》へ何所《いづこ》ともしられぬこそ、今はの際《きは》にも心残るべきわざなりければ、今よりおもひやらるゝも、且《かつ》はいさみなき老の心癖《ぐせ》なりや」（保田與重郎「評註南山踏雲録」、『南山踏雲録』所収による）

光平が京都で処刑されたのは、翌元治《げんじ》元年（一八六四）二月十六日のことだった。

〔参考〕
・佐佐木信綱編『伴林光平全集』湯川弘文社、一九四四年
・保田與重郎『南山踏雲録』、『保田與重郎全集21』講談社、一九八七年
・同『同』（保田與重郎文庫）新学社、二〇〇〇年
・村上一郎『非命の維新者』、『村上一郎著作集3』国文社、一九七七年

近江商人で〝心情攘夷派〟！ 日記「見聞日録」の社会への視線

慶応《けいおう》二年（一八六六）一月、数えで三十歳になった小杉屋元蔵《こすぎやもとぞう》（小杉基蔵または元蔵、本名・真杉芳治郎）は、京都・道祐町《どうゆう》の自分の店で新年を迎えた。近江国彦根の善利《せり》村に生まれ、幼くして孤児となった彼は、位田村《いんで》（滋賀県五個荘町《ごかしょう》竜田）の商人、[久]小杉甚右衛門《じんえもん》家へ丁稚《でっち》奉公にあがり、典型的な近江の旅商人の人生を歩み出す。[久]で扱ったのは、おもに絹糸、服連《フクレン》（毛織物）、生金巾《かなきん》（綿布）などの繊維製品で、元蔵は商品の買い付けなどに東奔西走《とうほんせいそう》する生活を送ってきた。

そんな努力が主人の甚右衛門に認められて[久]京都店をまかされることになったのは、前年の慶応元年のこと。元蔵にとっては、ようやく手に入れた自分の〝城〟で迎えた最初の春だが、正月三日には、位田村の甚右衛門の許にはせ参じ、年頭の挨拶をしている。三月、元蔵は甚右衛門の正式な養子となった。

元蔵は、「見聞日録」と称する大量の日記を遺《のこ》したが、この年の記述には、不穏な事件や、社会情勢への不安に言及したものが少なくない。例えば、旧暦七月二十四日の項、「大樹公《たいじゅ》が御出陣中に御他界になるやら、〇へ盗人《ぬすっと》が入るやら、兼源《かねげん》両人入牢《にゅうろう》やら、娑婆《しゃば》というものはあわれはかなきものである。長州表《ちょうしゅうおもて》もどうも納まりがつかないようで、仏法《ぶっぽう》・王法《おうほう》とも千万迷惑の折節《おりふし》になった」（佐藤誠朗『近江商人　幕末・維新《いしん》見聞録』の釈文より）

少々解説すると、右は将軍・家茂《いえもち》が「長州征討《せいとう》」の途上大坂で客死《かくし》したこと、商売仲間の〇が強盗に八〇両盗まれたこと、郷里の兼吉と源左衛門が悲田院《ひでんいん》の牢に入ったことなどに触れたもの。ちなみに、この時期、元蔵は長州贔屓《びいき》で、心情的には攘夷《じょうい》派だった。

この「見聞日録」が興味深いのは、米国の南北戦争の結果が日本国内の綿相場に影響したことなど、経済や流通についての記述のせいもあるが、それ以上に、一町人・元蔵の信仰（浄土真宗）や書物への関心、世間への感想といった精神生活に触れられる点である。さらに、元蔵はこの日記の中で、自身の酒色がらみの遊興について、わりとオープンかつ律義に語っている。

また、彼が一八六四年二月二十日（旧暦）の文久《ぶんきゅう》から元治《げんじ》への改元《かいげん》を二月二十七日に知ったとか、商品の運搬のさいに牛車で石橋を壊してしまったとき、弁償は町年寄《まちどしより》に対して行ったといったさりげない記述は、流行病《はやりやまい》の記述などと相俟《あいま》って江戸時代の暮らしの意外なディテールをリアルに伝えており、はっとさせられる。

次に引くのは、京都の商家に相次いでお札が降り、「ええじゃないか」の〝大踊り〟がしきりにわき起こった、慶応三年（一八六七）十一月二日の記述より。

「昨夜町年寄近茂様方へ御札が降り、御祝いに上がった。近茂様でも、田中様でもまたまたお酒を呼ばれ、家の庭でこけて、額を少し擦りむいた。八月以来酒を断っていたが、このたびの踊りで一時

破禁、大酒、大酔いした。「ヨイジャナヒカ〱」（同）

元蔵が妻うたを迎えたのは、その約二週間後の十一月十五日のこと。元蔵、うたは数えでそれぞれ三十一歳と十七歳であった。

「御納めの盃が夜明けに済んで、親類中皆々様はお引き取りになった。嫁は居泊まり、納めの御盃を元蔵と千秋万歳めでた申し納めた。未明のころより、妻うたと初めて枕を交わす。いかなる宿縁の然らしめるところだろうか、不思議なことである。妻となり、夫となること、前世の宿縁浅からぬを思えば、一生睦《むつ》まじく暮らしたいものである」（同）

その後、戊辰《ぼしん》戦争下の東北を舞台に商売をした元蔵は、東京で福沢諭吉と会い、蒸気船を用いた商いを成功させる。

「見聞日録」は明治三十年（一八九七）で終わるが、当時、元蔵は京都第四十九国立銀行取締役だった。なお、現在東京大学史料編纂所が所蔵するこの純然たる私的な日記「見聞日録」七四冊以外にも、元蔵は「見聞集」、「続見聞集」という見聞や風説の記録全一〇冊（京都大学蔵）も遺している。

〔参考〕

・佐藤誠朗『近江商人　幕末・維新見聞録』三省堂、一九九〇年
・同『幕末維新の民衆世界』（岩波新書）岩波書店、一九九四年

狂乱の騒動の参加者・目撃者が語るドキュメント『阿波え丶ぢやないか』

慶応《けいおう》三年（一八六七）夏、現在の愛知県豊橋市近郊に始まったとされる「ええじゃないか」の騒ぎは、その後各地に飛び火したが、特に盛り上がりを見せたのは「阿波踊り」の本場、徳島地方であった。阿波の「ええじゃないか」はまず、同年十一月末に始まり、翌十二月なかばには阿波国中に拡って、二十日頃から年末にかけて「ありとあらゆる狂態のかぎりを尽くした」という。

そんな阿波の「ええじゃないか」騒ぎから六三年後の昭和五年（一九三〇）に、まだ存命だった「ええじゃないか」の参加者や目撃者の証言を集めた『阿波え丶ぢやないか』という薄い本が発行された。これは、「徳島史学会」の会員だった著者・山口吉一《よしいち》（市役所職員）らが、当時六十代末から九十代までの古老五〇人余にインタビューし、地元紙『徳島日日新報』に連載したものを一冊にまとめたもので、人類学の泰斗《たいと》・鳥居龍蔵が序文を寄せている。

さて、同書には、「ええじゃないか」で踊り狂う人々の、半裸や全裸、あるいは男性が「花よめ姿」、女性が「武家姿」「俠客風」「関取姿」などになる、〝コスプレ〟といった「狂態」の様々が紹介されている。中には、上半身裸で踊り狂う女性の左右の「たらりさがつた胸部の隆起が触れあつて、妙にあやかに鳴つた」などという、生々しい証言も少なくない。

この騒動の中での女性の行動には、（一）男性との共同行動、（二）男装、（三）騒ぎへの能動的関与、といった特徴が見られると伊藤忠士は「『ええじゃないか騒動』における女性」（『「ええじゃないか」と近世社会』所収）で指摘している。

いまひとつ興味深いのは、「御降《おふ》り」に関する証言の数々である。「御降り」とは、神仏が出現したり、神仏の御札や像といった品々が人家に降るなどの現象で、「神異《しんい》」「奇瑞《きずい》」とされ、「ええじゃないか」の騒ぎが起こる直接の引き金となったものである。

ある男性は「何処《どこ》かに御降《おふ》りはないものかと、三人も四人もが大空をじつと眺めてゐ」たときに、またある女性は「うちには父娘ふたありも踊りよるのに、なァんぢや御降りがない」と不平をこぼした翌朝、それぞれ「御降り」を目撃したという。人々の間に「御降り」への積極的な期待がたかまっていたことがうかがえる。また、知人を踊りにさそったら、多忙を理由に断られたので、その人の家に御札などを投げこんで騒ぎを演出したとの証言もある。

なお『阿波え丶ぢやないか』の口絵には、「御降り」の遺物三点（日本刀、金の輪、大黒天像）の写真が収められている。

その中のひとつ、大黒天の塑像《そぞう》は徳島市籠屋町の井川家に投げこまれたものだが、ちょうど同じ頃、同町の小間物屋の店頭から大黒天像などが盗まれる事件が起きており、「御降り」のとんだ実態がかいま見られる。

「ええじゃないか」の踊りに参加した古老・伊藤佐次郎の談話より……。

「ほして、踊ッりよつて、着物でも道具でも喰べもんでも何んでもえ丶もんがあつたら、此方《こつち》から「え丶ぢやないか」ちうたら、向うもえ丶ぢやないかちうけん、「これ、呉れてもえ丶ぢやないか」ちうたら、向うはちつとぐらい惜しいもんでも「うん、上げてもえ丶ぢやないか」ッちうて、何でも持つて戻れた。ほれに、ちようど節季前であつたけに、餅搗ッきよる家があつて、其処イ行たとき儂《わし》やかいは、餅搗ッきよる奴の杵取ンりやげて「餅やかい搗かいでもえ丶ぢやないか」ちうて踊つたら、そいつらも「え丶ぢやないか」ちうて搗くんを止めて踊る。ほなけん、儂やかいはえ丶ぢやないかちうて踊つたら、何してもかんまん（かまわん）けん、つね日頃憎い奴や権柄なもんのとこイ、わざとに踊りこんで「え丶ぢやないか、え丶ぢやないか」ちうて、畳建具を破つたりめいだり、大事さうな道具類を取つて踊つたりしてやつた。はははははは……」（『阿波え丶ぢやないか』より）

〔参考〕
・山口吉一『阿波え丶ぢやないか』徳島史学会、一九七一年（原版一九三〇年）
・伊藤忠士『「ええじゃないか」と近世社会』校倉書房、一九九五年
・西垣晴次『ええじゃないか――民衆運動の系譜』新人物往来社、一九七三年
・佐伯修「幕末・乱痴気騒ぎ」、『オフサイド・ブックス12　大江戸小説・実況中継』彩流社、二〇〇〇年

いくつもの〝世界の崩壊〟を生き抜く〝賊軍の子〟柴五郎の「遺書」

川べりで遊んでいた鍛冶屋《かじ》の飼い犬が、よそものの猟師に撃たれて死んだ。五郎は父の言いつけで死骸をもらい受けに行き、戻ってみると、もう斗南《となみ》ケ丘の開拓小屋から人が聞きつけて来て、犬の肉を半分わけてほしいという。

以後、約二〇日間、父・柴佐多蔵《しばさたぞう》と兄嫁と共に、五郎は半頭分の犬の肉を食べた。主食兼副食で、味つけは塩ばかり。不味《まず》さにもどしかけると、父はこう叱《しか》った。

「やれやれ会津《あいづ》の乞食藩士ども下北《しもきた》に餓死して絶えたるよと、薩長《さつちよう》の下郎《げろう》武士どもに笑わるるぞ、生き抜け、生きて残れ、会津の国辱雪《こくじよくそそ》ぐまでは生きてあれよ」（「柴五郎の遺書」の「餓死との戦い」の

項、石光真人《いしみつまひと》編著『ある明治人の記録』より）

明治元年（一八六八）九月、会津・若松城落城のさい、藩士の息子、柴五郎（一八五九〜一九四五）は数えで十歳だった。城下の生家では、母たちが自害してはてたが、茸狩《きのこ》りの名目で親戚の家へ行かされていた五郎は生き延び、西軍（官軍）と戦った父と兄三人も、俘虜《ふりよ》として生還した。そんな兄の一人、四朗は、のちに東海散士《とうかいさんし》として政治小説『佳人之奇遇《かじんのきぐう》』で明治文壇に名を残した。

五郎は、やがて陸軍に入り大将にまで昇進したが、晩年、ひそかに「賊軍《ぞくぐん》の子」と呼ばれた自分の少年時代を綴った「遺書」をしたためた。冒頭のエピソードは、その中にある、旧会津藩士の斗南移封《いほう》により、父らと下北半島の田名部《たなぶ》（現・むつ市）で飢えと寒さと戦った明治四年（一八七一）の早春頃の話である。

以上は、石光真人《まひと》編著『ある明治人の記録』第一部「柴五郎の遺書」に拠りながら述べてきたのだが、実はこのテキストには大いに問題がある。石光は巻頭の「本書の由来」で、この「遺書」が、柴五郎が死の三年前直接貸してくれた原本をもとに、「さらに聞きとったものを補足して整理」し、「本筋から離れた単なる身辺の些細な記憶に類するものは割愛」して、全体を「リライト」するなど、相当なアレンジを加えたものであることを明らかにしている。早い話が、この「遺書」は、石光の手で大幅に書き換えられたり、書き足されたりしたもので、しかも読者にとってはどこがどう変えられているか皆目見当がつかず、あたかもこれが全篇五郎自身の書いた文章であるかのように錯覚させられてしまうものなのである。

これは、とても厄介なことだ。一例を挙げれば、冒頭に紹介した犬肉をめぐるエピソードそのものは実話だが、父親の言葉は石光の創作だという。そういった点を指摘する襲田健《おそだたけし》「柴五郎」によると、石光が底本として用いたのは、今日五郎の遺族の許に遺された「戊辰殉難回顧録」と「柴五郎略歴」

の二つの肉筆手記のようである。

なお、石光真人（一九〇四～七五）は、新聞や雑誌の「部数公査制度」をつくった新聞業界人だが、軍事探偵として知られる父親・石光真清《まきよ》陸軍少佐が世話になった縁で、晩年の柴五郎の許に出入りしていたという。したがって、五郎から直接聞いた話も〝加筆〟には用いられているだろうし、〝脚色〟や〝書き換え〟もおそらく石光なりの〝善意〟によるものではあるだろう。しかし、たとえ〝善意〟の結果であっても、こういうかたちで出版することは、やはり史料の勝手な改竄《かいざん》以外の何物でもない。せめて「ノンフィクション小説」としての「創作」と銘打つか、原文を活かした部分を「　」でくくるなどの処理ができなかったか、と惜しまれる。さもなければ、この「遺書」も、一種の「偽書」になってしまう。そして、「偽書」はしばしば〝善意〟からも生まれるのである。

そんなわけで、いささか難儀な代物だと知ったうえで、今しばしこの「遺書」につき合うことにしよう。

明治五年、単身上京した五郎は、寄食先と職を求め新時代の混沌《こんとん》状態にある東京を転々とするが、翌六年、陸軍幼年生徒隊（のちの陸軍幼年学校）に入隊し、誕生まもない帝国陸軍幹部への道を歩みだす。

「遺書」の中の生徒隊時代のエピソードとしては、歴史もフランス史しか教えられなかったので、のちに日本史の知識不足に悩んだというほどの極端なフランス式教育と、西南戦争直後に起きた近衛砲兵の叛乱「竹橋《たけばし》事件」の生々しい体験が印象的である。「遺書」は同事件終熄までで終わっている。

五郎は、その後砲兵士官となり、日清戦争では大本営陸軍参謀心得を、戦後は駐英武官を務めるなどしたのち、明治三十三年（一九〇〇）五月から八月にかけて、大清帝国の首都北京で日本公使館附武官（中佐）として「義和団」の包囲下で籠城を体験した。その間の体験記が、口述筆記『北京籠城』として出版されているが、この「義和団事件」（北清事変）後の混乱の中で治安維持にあたった日本軍の指揮官として、五郎は現地住民から、その徳の高い行いに対し、格別の敬愛をうけたという。

こうしてほとんど、建軍以来の帝国陸軍とともに生きてきた五郎は、大正十二年（一九二三）現役を退いたが、昭和の中国との戦争に関しては「中国という国はけっして鉄砲だけで片づく国ではありません」と、批判的な発言をしていたことが、石光の本にも、他の文献にも見える。そして、帝国陸軍が解体した直後の昭和二十年（一九四五）の年末、五郎はひっそりと息を引きとったのである。

「会津藩士」の誇りを胸に逆境に耐えた少年の物語、柴五郎の「遺書」をそう読むことは別に間違いではない。しかし、「武士の子」としての恥を捨てて下僕《げぼく》として働いたり、軍のフランス式教育からドイツ式教育への急変に戸惑ったりした彼の「遺書」を読むと、これはむしろ、世界観の崩壊を繰り返し体験しながら、いかに己れを失わず生きたかを綴った稀有《けう》な体験記であり、その体験ゆえに柴五郎は、昭和の軍人にない柔軟さを身につけられたのであろう。

五郎の生涯については、今日、村上兵衛の労作『守城の人』等によってかなり詳しく知ることができる。だが、五郎の「戊辰殉難回顧録」や「柴五郎略歴」の早期の公刊を望みたい。

〔参考〕
・石光真人編著『ある明治人の記録——会津人柴五郎の遺書』（中公新書）中央公論社、一九七一年
・柴五郎『北京籠城』、大山梓編『北京籠城／北京籠城日記　付北京籠城回顧録』（東洋文庫）平凡社、一九六五年
・村上兵衛『守城の人——明治人柴五郎大将の生涯』光人社、一九九二年
・襲田健「柴五郎」、小桧山六郎・間島勲編『幕末・会津藩士銘々伝（下）』新人物往来社、二〇〇四年

龍馬暗殺から箱館戦争へ！ 今井信郎『蝦夷之夢』のはて

明治元年（一八六八）十月初旬、会津の攻防戦に敗れた旧幕府側（同盟＝奥羽《おうう》越列藩《えつれっぱん》同盟）の諸隊は石巻港に集結、海軍総督・榎本武揚《えのもとたけあき》の総指揮のもと、北海道をめざした。旧幕府軍歩兵隊を中心に編制され、上信越の各地から会津を経て転戦してきた「衝鉾《しょうぼう》隊」約四〇〇人も、彰義《しょうぎ》隊員らと共に軍艦「長鯨《ちょうげい》」に乗って十二日に出帆、二十日、箱館（函館市）から一三里の鷲《わし》ノ木（茅部《かやべ》郡森町）に到着する。

その直後の二十二日、同盟側の軍使を南軍（官軍）が襲ったことから道内でも戦端が開かれた。そして、上陸した衝鉾隊の一部を含む約五〇〇人の部隊が土方歳三の指揮のもと箱館を奇襲、二十六日、まずこれを陥《お》とす。

次いで同盟側は北海道における官軍の最大の拠点、松前《まつまえ》を攻略するが、このとき、軍艦「回天《かいてん》」に衝鉾隊一個中隊を率いて乗りこみ、洋上から南軍拠点を砲撃した人物こそ、今回紹介する『蝦夷之《えぞの》夢《ゆめ》』の著者、今井信郎《のぶお》（一八四一～一九一八）だった。

江戸の湯島天神下に幕府直参《じきさん》の長男として生をうけた今井は、のちに京都見廻《みまわり》組に入り、慶応《けいおう》三年（一八六七）十一月五日、坂本龍馬と中岡慎太郎が暗殺された同組による近江屋襲撃に参加したことで知られる。のちに彼は、この一件で明治政府から禁錮《きんこ》刑を言い渡されたが、罪状は襲撃のさい、見張り役を務めたことだったという。だが、この〝裁判〟は公判・審理の過程のみならず判決そのものが非公表というもので、いつしか今井の名は「竜馬を斬った男」として伝説化する。そんな今井の衝鉾隊内での地位は「頭並《かしらなみ》隊長」で、総督に次ぐ隊のナンバー2であった。

さて、同盟軍は十一月十五日、全島平定を祝して箱館で「百発零一発の祝砲を発放《（ママ）》し、船檣《せんしょう》（マスト）に各国の旗章及び五色の旗を掲げ、徹夜華灯《かとう》（提灯飾り）を満街中に懸」け、榎本は各国の領事や「船将」らの前で、事実上の新政権樹立を宣言、朝廷への書簡を「船将」に托す。しかし、それもつかの間、翌明治二年（一八六九）一月、明治政府は軍事制圧を宣言し、五カ月間の凄惨な戦闘の火《ひ》蓋《ぶた》が切って落とされる。

「二股口には土方歳三、吉沢勇四郎、今井信郎衝鉾隊（二小隊）、伝習隊（一小隊）、中根豊三乙兵隊を率い嶮に拠り壁を十六ケ所に築き、また天狗岩に胸壁四ケを築きて敵の寄するを待つに、（四月）十日午後三時頃、敵大挙（薩、長、福、松前）進み来りて天狗岩の壁に迫りおおいに戦う。吾兵且つ戦い、且つ退き敵を嶮にいざなない、かねて築きし十六ケ所の壁より十字に射撃す。敵兵また死憤の勇を発し死人を楯に取りて悪戦す。夜に至りて大雨滝のごとし。彼（南軍）は兵を入れ替え入れ替え戦う。我（北軍）は二小隊に十六ケ処を守り、代る可き兵なし。急に彼を破らざれば支うること能わざるを謀り、決死の兵を選び衝鉾隊半小隊（頭取友野栄之助）夜十時頃、沢を渉り山を攀じ、彼の横背に出でて暗中より喇叭を吹きかつ乱射す。敵兵不意を撃れ驚潰乱走し「テンツ」（天幕）および器械を捨て去る若干（此の時東方已《すで》に白む）」

だが、北軍は遂に箱館に追い詰められ、本拠である五稜郭《ごりょうかく》庁舎（閣殿）にも南軍の砲弾が着弾する。次に引くのは五月十二日の記述だが、その前日の十一日、土方歳三らはすでに戦死していた。

「これよりさらに空弾なく郭中に飛落、壁を貫き棟を挫き、室中に破裂し、屋瓦皆震い砕け飛び死傷数十人、一室中にて酒井兼三郎、河井〔合〕卓郎（衝鉾隊）、松村五郎（士）、大沢修三外卒四人死し、古屋佐久佐衛門〔後、箱館病院で死す〕、友野栄之助、梶原雄之助、浅井陽、高木（と）藤吉の卒二人重傷を受る有り。あるいは一弾の為に四、五人ずつ死傷し手足弾飛《だんぴ》、身体粉砕し紅桃《こうとう》の風に散るごとし」

南軍の砲撃が命中した五稜郭閣殿の惨状を『蝦夷之夢』はこのように伝えている。また、箱館病院では無抵抗の傷病兵が惨殺された。今井はみずからの「夢」の内容を詳しく語らなかったが、自分たちの「夢」が潰《つい》えるさまを克明に書きとめた。なお、彼には別に『北国戦争概略衝鋒隊之記』という手記もある。

晩年の今井はキリスト教に入信、静岡で農民となって、大正七年（一九一八）、七十八歳で歿した。

さて、本当に今井は龍馬を斬ったのか？　これについては、今井信郎の孫にあたる今井幸彦（一九一八〜八一）が『坂本竜馬を斬った男――幕臣今井信郎の生涯』で、今井家に伝わる口伝なども紹介しながら検討している。それによると、信郎は平生から口数の少ない人で、若い頃の事件を得意になって語るタイプではなかったが、断片的な発言の中に、やはり襲撃の実行者でなければ語れないような内容が含まれており、少なくとも坂本龍馬一人については、彼が斬った可能性が高いようだ。けれど、会津から箱館にいたる凄惨な戦場《いくさば》で、彼が戦って仆し、あるいは最期を看取った夥しい死者のことを想えば、龍馬は彼にとって記憶の海に漂う大ぜいの死者の一人にすぎなかったかもしれない。

〔参考〕

・今井信郎『蝦夷之夢』、菊池明解説『南柯紀行・北国戦争概略衝鋒隊之記』新人物往来社、一九九八年
・今井幸彦『坂本竜馬を斬った男――幕臣今井信郎の生涯』新人物往来社、一九八三年

X　近代・明治

首謀者と刑部省とで挑発合戦 「隠岐騒動」取り調べの顚末！

明治四年（一八七一）二月、三年前の慶応《けいおう》四年（一八六八）に起こった「隠岐《おき》騒動」の中心メンバー三人が、東京の刑部省《ぎょうぶ》に呼ばれて取り調べを受けた。「隠岐騒動」とは、旧幕府時代、松江藩の支配下にあった隠岐島の島民たちが、藩から派遣された郡代《ぐんだい》を追放、島内を自治するにいたった事件である。「騒動」そのものは、松江藩の出兵により、島民側に一四人の死者を出して終わるが、島内には、「会議所」をはじめとする立法・行政機関が成立し、旧暦三月十八日から、閏《うるう》年のため二度の四月をはさんで、五月十日まで、八一日間にわたって、島は小さな独立国の様相を呈した。これを「隠岐島コミューン」と呼ぶ人もいる。

この「騒動」の首謀者は、おもに国学者、神官、庄屋からなる「正義党」の人々だったが、彼らに強い思想的影響を与えた人物に、島の出身者で、勤皇《きんのう》家の儒者《じゆしや》だった中沼了三《なかぬまりようぞう》（一八一六～九六）がいる。彼は京都烏丸に「学舎」（私塾）を開いていたが、弘化四年（一八四七）に孝明天皇により「学習院」（現在の学習院大学の前身）が開かれるとその講師（儒官）に抜擢され、同天皇の侍講も拝命した。また元治元年（一八六四）現在の奈良県の十津川に、郷士たちに皇漢学と撃剣を講ずる郷校「文武館」（奈良県立十津川高校）を設立する。十津川は勤皇意識旺盛な土地で、前年の文久三年（一八六三）にはみずから進んで「天朝御領」（皇室直轄領）となることを願い出て認められており、「十津川郷士」たちは京都御所を守るボランティアの警備兵を務めた。さらに、同年に起きた「天誅組」（天忠組）の武装蜂起にも、十津川の郷士たちが加わっている。

そんな十津川の「文武館」設立を知った、隠岐在住の中沼の門人たちの間に、隠岐にも「文武館」を創ろうとの動きが起こったが、松江藩はこれを認めず、「騒動」の引き金のひとつとなる。「正義党」の人々としては、隠岐も十津川同様の「天朝御領」にせねば、と強く願ったのだった。その許諾をめぐるいざこざと、「ここは天子様の土地であり、松江藩の土地ではない」と松江藩の役人を島民が排除しようとしたことが「騒動」の直接のきっかけだという。

東京の刑部省で訊問《じんもん》を受けた野津与平太《のづよへいた》、中西毅男《たけお》、横地官三郎《よこちかんざぶろう》も、全員「正義党」のリーダー格で、特に中西は、中沼の直弟子であった。

さて、三人への訊問の模様は、「正義党」側の人間によって記された「明治四辛未《しんび》二月五日より五月廿七日迄東京刑部省問答留」という文書で詳しく知ることができる。

その中で、鎮圧を正当化するために、無理にでも島民側に発砲の意思があったことにしたい刑部省側は、しきりに島民側がなぜ松江藩の鎮圧部隊に発砲しなかったのかにこだわり、「いゝ腰ぬけだな」などと三人を挑発する。一方、三人は、鎮圧が新政府の当初からの方針で行われた疑いを追及。三月十二日、刑部省側は「あれは出先の隊長の失策にて候《そうろう》」などと言い逃れていたが、中西が、これでいよいよ島民側が発砲しなかったことへの「御疑念晴れましたで御座《ござ》るか」といったとたん、係官は激昂《げっこう》して怒り出した。

「其方共《そのほうども》は朝廷の御役場を軽蔑《けいべつ》する（か）。あづけた団子《だんご》を取る様に思うか。（中略）我一人で刑部省がすき（勝手）になるなら大勢の役人はいらぬ者だ」（『日本庶民生活史料集成13　騒擾』より）と。

この冷静さの失い方は、武装反逆の意思ありとして「正義党」を罪におとしいれる計略が、三人の証言で崩されたための狼狽《ろうばい》といわれる（藤田新「政府に利用された民衆革命」）。

十一月、隠岐島を管轄《かんかつ》する浜田県より、横地に一年半の徒刑《ずけい》、中西に杖《じょう》百叩き、野津に無罪の判決が申し渡された。

なお、中沼了三は京都にいて直接事件には関与せず、慶応三年（一八六七）、新政府参与、同四年（一八六八）、征夷大将軍営参謀として鳥羽伏見の戦いに出陣する。明治二年（一八六九）には明治天皇の侍講となるが、同三年（一八七〇）の年末、政府要人と衝突、官職を去って、以後、市井の教育者となった。政府要人との衝突の真相ははっきりしないが、天皇を西洋の王のように軍人に仕立て、「大元帥」にすることに強硬に反対したといわれる。のち、日清戦争の勃発直後の明治二十七年（一八九四）九月、中沼は広島の大本営を訪ね、かつての〝教え子〟明治天皇に拝謁した。このとき、天皇は老師の来訪をことのほか悦んだが、中沼は、天皇のねぎらいの言葉に感激しつつ、その軍装をなげいて涙したとの〝伝説〟がある。真相は不明だが、近代国家の軍の統帥者というような天皇のあり方を、文武両道の勤皇家である中沼が、けっして良く思っていなかったことも確かなようである。

このような中沼の反近代的な「勤皇」の思想には興味深いものがあると思う。

〔参考〕
・「明治四辛未二月五日より五月廿七日迄東京刑部省問答留」、『日本庶民生活史料集成13　騒擾』三一書房、一九七〇年
・藤田新「政府に利用された民衆革命」、『隠岐国維新史』（ふるさと文庫）山陰中央新報社、一九八六年
・中沼郁・斎藤公子『もう一つの明治維新――中沼了三と隠岐騒動』創風社、一九九一年
・藤田新編『隠岐騒動関係資料』（私家版）、一九八一年

警察予算獲得の口実にされた「サンカ」と「島根県邏卒文書」

かつて、日本の各地には、「サンカ」と呼ばれる独特の暮らし方をする人々がいた。人里近くの河原や林の中などに、仮設住居をいとなむなどして、野営に近い住まい方をし、川魚などを捕ったり、箕《み》など竹細工製品を作ったり、修繕して生活を立てることが多かった。また、季節や、その折々の事情に応じて、しばしば生活拠点（セブリ）を移動させるため、「漂泊民」の一種に数えられてきた。

その起源はつまびらかではないが、確かな記録が残っているのは江戸末期からで、第二次世界大戦後の昭和三十年代頃までに、ほとんどが一般的な定住生活を送るようになり、姿を消したようである。むしろ、世間一般に「サンカ」の名が広く知られたのは、昭和十年代に爆発的に流行した三《み》角寛《すみかん》（一九〇三～七一）による「山窩《さんか》小説」のためで、由来不明の「山窩」の表記とともに、ヨーロッパの「ジプシー」（ロマニー民族）になぞらえられるような、伝奇ロマン的な「サンカ」像が広められた。

このような「サンカ」の実像は、民俗学なども正面から取り上げることがないまま放置される一方、警察関係者らは早くから「サンカ」を、「犯罪予備集団」と見做して警戒してきた。ここに紹介する明治八年（一八七五）の「島根県邏卒《らそつ》文書」（『松江《まつえ》市誌（初版）』所収）は、「山窩」という表記の初出であるとともに、「サンカ集団を「掠奪《りゃくだつ》」「強姦《ごうかん》」「殺人」「放火」を行う凶悪な犯罪者集団と断定した初めての資料」であると、沖浦和光《おきうらかずてる》は『幻の漂泊民・サンカ』でコメントしている。

この「文書」の前半は、諏訪《すわ》某なる県民からの「居所不定の無籍乞丐《こつがい》の徒」で「常に賭《と》博窃盗其他《ばくせっとうその》の悪行を為《な》」す「山窩」の取り締まり強化の要請書で、後半は、それを受けての警察側の取り締まり実施を示す公文書である。後半には、「山家乞食《こつじき》の徒」は行商をよそおって犯行の下見をしており、「実に可嫉《にくむべき》の悪漢にして、人類を以て之《これ》を視《み》るべからざる者」との露骨な偏見の字が躍《おど》り、四月十日を期して、邏卒（警官）を動員した「サンカ」の一斉捕縛《ほばく》を行うことを謳っている。

実は、この文書、四月十四日に県から内務《ないむ》・大蔵両大臣に警察予算と人員増強を要請したときのためのものらしい。そして、十一月には、同県の警察改革（強化）が開始される。「サンカ掃蕩《そうとう》を口実として、警察システムの改革と増強をはかろうとした」との沖浦の指摘は、図星《ずぼし》であろう。さらに、文書中に「サンカ」に同情する県民が絶えぬことを非難するくだりがあるが、「サンカ」に同情的な人々は、「サンカ」に対し「一飯一銭も恵与」するなとの布達に反して、「無謂妄言《いはれなく》を信じ、飯銭を恵投するのみならず、或は窃《ひそか》に其地に潜匿せしめ、貸すに厨具等を以てするものあり」と言っている。もし「サンカ」たちが、みなこの「文書」が謳うような兇悪犯罪者から成る集団なら、人々がお上の指示にそむいてまで、こんな行動をとるだろうか。ましてや、来訪者の行動にうるさい農山漁村で、である。すなわち、こんなことを書き添えねばならないことこそ警察側の「サンカ」観の虚構性を証してはいないだろうか。

沖浦の前掲書には、安政二年（一八五五）の広島藩の「触書《ふれがき》」をはじめ、幕末から明治維新直後にかけての「サンカ」に触れた公文書や新聞記事数点が紹介されている。いずれも現在の広島県を中心とした中国地方のものだが、「サンカ」のことを「サンカト唱無宿非人」、「山家之族」、「サンカモノ」などと呼び、その放浪生活や無籍、中に盗みをはたらく者があること等を問題にしてはいるが、「邏卒文書」のように、彼らをことさらに兇悪だとか、「人間だと思ってはいけない」などとは言っていない。沖浦によれば、「サンカ」に「山の盗賊を意味する「山窩」というような漢字」をあて、「凶悪な犯罪者集団」のイメージひと色にして語ったのは、今のところこの「邏卒文書」が初めてであるという。

そして、この「邏卒文書」は、特に「官」側の「サンカ」イメージが形づくられてゆくうえで、ひとつのターニング・ポイントを示すものらしいのである。沖浦によれば、官側報告書の表記には、明治十三年（一八八〇）頃までは「山家」が見られたが、明治十八年（一八八五）以後のものは「山窩」になったという。同時に、「サンカ」という呼称は、中国地方のローカルなものから、全国的なものになり、「山窩」という表記とともに、多分に「犯罪予備集団」的なイメージをともないながら広まっていったらしい。

なお、沖浦は「サンカ」の起源について、従来臆測の域を出ない様々な説が行われていたのを一蹴して、比較的新しく近世末期に発生したのであろうと大胆な説を提唱した。具体的には、天明（一七八一〜八九）から天保（一八三〇〜四四）にかけての飢饉と農山村荒廃によって難民化した人々が、山中で生活しだしたのがその起源ではないかというのである。これに対しては、賛否両論あり、より古い時代に起源をたどれるとの主張も出ている。また、沖浦が全否定する「犯罪集団」的な部分が、「サンカ」の中に実際に皆無ではなかったとする説も見られる（例えば礫川全次『サンカと三角寛』）。

だが、ここでもう一度確認しておかねばならないことは、「サンカ」という呼称をどのように表記しようと、それは欧州の「ジプシー」、アメリカの「インディアン」同様「他称」であり、当の「サンカ」と呼ばれた人々が、みずからを心からそう呼んだという例は皆無だということである。同時に、「サンカ」という名称はひとり歩きして、あまりにも広くの、直接には関係ない対象に使われ、混乱を招いている。例えば、三角寛の「山窩小説」に登場する「山窩」は、あるときは巡回する箕職人や川魚漁師であり、あるときは窃盗団・強盗団であり、あるときは、スラムの木賃宿に出入りする種々雑多ななりわいの底辺の人々である。同様に、警察やマスコミは、明治中期以後、第二次世界大戦の直後頃まで、〝怪しい〟と見做した者たちを、相当恣意的に「山窩」ときめつけてきたように思われる。つまり、「サンカ」という呼称は、時と場所により別の対象をさす可能性のあるものであり、しかもそう呼ばれることは、筆者（佐伯）の知る限り本人たちにとっては不本意な場合がほとんどで、使用には、もっと慎重にならねばならない言葉なのである。

　沖浦の著書の巻末には、広島の山間部に今も暮らす、幕末・明治初期の文書に「山家」として出てくる人々の暮らし方を受けつぐと思われる一家についての、貴重なルポが収められているが、ここで彼らこそ「サンカ」（の典型）だと言ってしまっては、明治中期以来警察やマスコミ、三角寛の小説などが不用意に「山窩」という用語を使って混乱をひきおこした轍を踏むことになりはしないだろうか？　それは、筆者（佐伯）がかつて報告した、昭和戦後期に関東地方で「サンカ」と呼ばれていた「移動箕直し」たちを、やはり彼らこそ「サンカ」（の典型）だと主張するのがおかしいのと同様である。「サンカ」が、ほんらい定義づけの曖昧な他称にすぎない以上、「サンカとはこういうものだ」という像《イメージ》を一つに絞りこむことは、無理があると思う。では、「サンカ」と呼ばれた、例えば右のような人々を、何と呼べばいいのだろうか？

　少なくとも学問として「サンカ」を扱う場合、これからは如何に「サンカ」という呼称を解体し相対化して、この呼び方から離脱するかということこそが必要になってくるのではなかろうか。「他称」ということの難しさを痛感させられる問題である。

〔参考〕

・松江市編『松江市誌』松江市、一九四一年
・沖浦和光『幻の漂泊民・サンカ』（文春文庫）文藝春秋、二〇〇四年

・礫川全次『サンカと三角寛』（平凡社新書）平凡社、二〇〇五年
・佐伯修「「サンカ」とよばれた人々――移動箕直しノート」、赤坂憲雄編著『漂泊する眼差し』（叢書・史層を掘る）新曜社、一九九二年
・筒井功『サンカの真実　三角寛の虚構』（文春新書）文藝春秋、二〇〇六年

『琉球見聞録』が綴る「琉球処分」―「王国」にとっての日本と清国

明治十二年（一八七九）三月二十五日、日本政府の琉球処分官・松田道之《みちゆき》（内務大書記官）は、官吏《かんり》約五〇人、警部巡査約一〇〇人、陸軍歩兵約四〇〇人をともなって、汽船「新潟丸」で那覇に到着した。翌々日の二十七日、松田は官吏、警察官一〇〇人余を引き連れて旧王宮の首里城府に現れ、病床にある旧国王の尚泰《しょうたい》に代わって政務を担当する、藩王代理の今帰仁《なきじん》王子と、三司官《さんしかん》（浦添《うらぞえ》、池城《いけぐすく》、富川《とみかわ》の各「親方《うえーかた》」）の前で、琉球藩を廃し沖縄県を置くなどの布告を読みあげ、旧国王は三十一日正午をもって首里城を退去すべきことなどの別紙通達を琉球側に手渡した。

次いで、松田は、「随来《ずいらい》の官吏を分遣《ぶんけん》し、（中略）各所の帳簿、文案及び大台所、倉庫を封緘《ふうかん》し、属《ぞく》吏《り》を置き看守《かんしゅ》せしめ、亦《また》巡査をして三門を守らしむ」という行動に出たが、琉球側は「此《この》時、我が衆官吏は智南殿に参会《さんかい》し、藩王は病褥《びょうじょく》に臥《ふ》し、深宮《しんきゅう》に在《あ》り」との状況だった。

さて、智南殿に集まっていた琉球藩というより旧王国の官吏たちは「清《しん》国、若《も》し我が廃藩《はいはん》と為《な》りたるを聞かば、必定火速《ひつじょうかそく》に師《し》（軍隊）を率ひ来つて援助するに付《つき》、国家中興《ちゅうこう》すべきを予想し居たれども、実際処分せらるる惨状に遇《あ》うに迨《およ》んで苦慮傷心《しょうしん》に勝《た》へず」、だめを承知で那覇の松田のもとに押しか

け、「廃藩置県の御処分御仁免《じんめん》」を求める嘆願《たんがん》書を提出したが、松田はこれを読まずに突き返した。翌三月二十八日から、旧国王の退去のため、首里城では「数百年来経営聚蔵《しゅうぞう》せられたりし百般《ひゃっぱん》の器具物件を、悉《ことごと》く中庭に持ち出し、倚畳堆積《いじょうたいせき》すること山の如し」という騒ぎで、その搬出《はんしゅつ》のさい、本土から来た巡査の手荒な扱いにより王家秘蔵の貴重品が一部破損した。

以上は、琉球王家の遠戚《えんせき》で、王府の書類保管係などを務めた喜舎場朝賢《きしゃばちょうけん》（一八四〇〜一九一六）が遺した『琉球見聞録』全四巻の中の巻之四が伝えるいわゆる「琉球処分」当時の模様である。この本は、「処分」の全過程を伝える唯一の琉球側の記録で、明治政府の手で琉球王国が「琉球藩」とされ、国王が「藩王《はんおう》」となった明治五年（一八七二）に筆を起こし、日本側と琉球側の交渉の全過程が採録されている。この交渉は、琉球側の言うところの、日本側の「ヤマトグチ」と琉球側の「ウチナーグチ」の通話が自由にならぬことから筆談で行われた。

とりわけ、日本の「明治五年」と清国の「同治《どうじ》十一年」と琉球の「尚泰王二十五年」が並行して用いられ、清国に朝貢《ちょうこう》していた琉球側が、清国の年号使用や清国への臣従《しんじゅう》を、日本側から禁じられたさいの動揺と反撥ぶりに見られる清国への帰属意識は、注目に値する。旧王国の官吏たちの中には、黄色く塗装した清国の軍艦が王国の危機を救いに来てくれると本気で考える者もあったという（長堂英吉『黄色《ちぃる》軍艦』）。だが、いわば〝属国〟の政府官僚としての彼らが抱く、〝宗主国〟清国に対するそういった感情を、琉球の一般の人々が抱いていたかと言えば、大いに疑問である。

なお、喜舎場は首里の儀保《ぎぼ》村の生まれ、唐名《からな》（清国名）を向廷翼《しょうていよく》といい、東汀と号した。明治元年（一八六八）、二歳年下の尚泰王の側仕えとなり、のち王の侍講を務めた。また、同五年（一八七二）、伊江王子や宜野湾親方らが明治維新の成功を祝賀する「慶賀使」として東京に派遣されるさい随行員を務める。「琉球処分」と同時に官を離れ、旧王国の「士族」二〇名と共に久米島で開墾生活をするかたわら、不公平の改善などで請願や陳情を行うなど、社会運動も続けた。『琉球見聞録』は、「処分」直後の明治十二年冬の完成だが、公刊は大正三年（一九一四）である。他に近世琉球の疑獄事件の記録『琉球三冤録』、随筆集『東汀随筆（正・続）』などの著書がある。

〔参考〕
・喜舎場朝賢『琉球見聞録』至言社（発売・ぺりかん社）、一九七七年
・大城立裕『小説琉球処分』、『大城立裕全集1』勉誠出版、二〇〇二年
・長堂英吉『黄色軍艦』新潮社、一九九九年

自由民権と「大塩の乱」を結ぶ実録小説モデルの数奇な運命

明治十五年（一八八二）、新聞記者で政治小説家でもあった半痴《はんち》居士《こじ》こと宇田川《うだがわ》文海《ぶんかい》（一八四八〜一九三〇）が書いた『在《あ》りし吾家《わがや》乃《の》面影《おもかげ》——浪華《なにわ》異《い》聞《ぶん》・大潮《おおしお》餘談《なごり》』という実録小説がある。天保《てんぽう》八年（一八三七）二月に大坂で起きた、儒《じゅ》者・大塩平八郎《おおしおへいはちろう》の武装蜂起に参加した河内国志紀郡弓削《ゆげ》村（八尾《やお》市）の農民・七右衛門すなわち西村履三郎《りさぶろう》という人物の家族が、事件後たどった数奇な運命を、履三郎の長男・常太郎《つねたろう》（一八三一〜一九〇四）の話をもとに書かれたものである。

大塩の私塾「洗心洞《せんしんどう》」の門人だった履三郎は、窮民の救済を旗印とした大塩の挙兵に当初から加わっていた。

本書の発掘・紹介者である森田康夫の『大塩平八郎の時代』によると、「洗心洞」門人として確認

されている七四名のうち、履三郎のような農民（主として豪農・地主）は一六名で、武士（与力・同心や諸藩士など）が三六名、医師が一三名、町人二名、その他（神官など）七名で、履三郎はもと塾に寝泊まりする寄宿生だった。

そんな履三郎は、二月十九日の蜂起のさいは、前日から大坂天満の「洗心洞」に泊まり込み、市街戦に参加する。だが、蜂起は失敗し、履三郎はいったん弓削村の自宅に立ち寄ったあと、捕方の捜査の及ぶ前に姿を消した。

蜂起のさい、河内のいくつかの農村では、大坂市中での大塩ら本隊の蹶起《けっき》に合わせて、悪徳庄屋を焼き討ちして、貧しい人々に米などを分ける計画があった。この計画は実現しなかったが、履三郎はそのさい襲撃する〝標的〟の選定などに関与したらしい。弓削村の貧農の中には、大坂の街で火の手が上がったら村で行動を起こすよう、履三郎から指示されていた者もあった。

「頃は天保八年丁酉《ひのととり》二月十九日の朝五時《いつゝ》頃、遙《はるか》に大坂の方に当りて頻に大砲の音の聞えければ、菊枝ハスワこそと長男常太郎（このとき九才）、長女雪江（たうじ五才）、次男健三郎（たうじ三才）の三人に夫々衣裳《いしやう》を調へさせ、吾身も身軽に装束《いでたち》て常太郎と雪江の手を取り健三郎をば乳母のおかねに抱《いだか》せて書院の椽側《えんがわ》に立出つゝ、西の方を見渡せば、今や戦争《たゝかい》の最中《もなか》と覚しく、処々に黒烟《けむり》の立上《たちあがり》て頻に大小砲《ぢう》の音するにぞ、菊枝は其方を指示《ゆびさ》して三人の小児に打向ひ、「彼《あの》火の手の様子といひ烈《はげし》き鉄砲の音といひ、弥々《いよ〱》大塩殿が兼ての企望《くわだて》を発し賜ひしと思ハれたり、定て所夫《をつと》利三郎殿にも彼黒烟《かのくろけむり》の中を奔走《かけある》き、日頃の武勇を顕《あらわ》し賜ひて世にも人にも優れたる功名《こうめい》手柄《がら》を成し賜ハん（……）」」（森田康夫『浪華異聞・大潮餘談』より）

『在りし吾家乃面影』によると、履三郎（作中では「利三郎」）の留守宅では、挙兵が失敗に終わり、幕府の討手《うちて》に踏みこまれる恐れの中で、妻のゆみ（同「菊枝」）が「三人の小児を指殺《さしころ》して自害《じがい》するか又ハ生長《いきながらへ》経て家名《かめい》を立《たて》るか二ツに一ツの分別《ふんべつ》」に苦悩するが、やがて、幼い常太郎に言い聞かせる。

「此度《このたび》父上にハ日本六十余州の細民等《さいみんら》が饑凍《うえこごへ》て途炭（ママ）の苦《くるしみ》とやらに陥《をちい》るを見るに見兼て天に替《かは》りて道を行うの義兵《ぎへい》を起し、奸商猾吏《かんしょうかつり》を誅伐《ちゅうばつ》せんとて今日の事を起し賜《たま》ひしに、不幸にして其《その》事成らず（中略）若《も》し仮令《たとい》謀叛《むほん》人の子孫にても、十歳未満の者故《ゆえ》其罪を問わずと云う公《おおやけ》の沙汰《さた》あらんも計《はか》り難けれバ、其時にハ生命を保て文学武芸《ぶげい》を飽迄《あくまで》励み再び家名を起し賜へ。且《かつ》ハ利三郎殿が数千万の細民の為に身を犠牲《いけにへ》にしたまいし志《こころざし》を承続《うけつ》ぎて、国の為世の為に天晴《あっぱれ》志を尽しねかし……」（同）

結果的には、履三郎は逃走中に江戸で病歿、常太郎は隠岐《おき》に流され、ゆみは村にとどまることを許されたが西村家は廃絶となる。また、履三郎の逃走を助けたり、逃走中に履三郎と関わりを持った人々は、ことごとく公儀に捕らえられ、罰せられた。

常太郎は流刑地・隠岐で左殿貫《さどのとおる》の名で医師となり、人望を得るが、慶応《けいおう》四年（一八六八）の「隠岐騒動」のさい、島民側の蹶起に関与することになる。実は『在りし吾家乃面影』は、その常太郎が明治十三～十四年（一八八〇～八一）頃宇田川文海に依頼して書かせたもの（同十五年（一八八二）三月完成）なのだが、森田も示唆するように、当時、文海は、大阪の自由民権運動の熱気の中にいたらしい。興味深いのは、この作品の中で、文海が大塩の蜂起や「隠岐騒動」を、自由民権の精神的な先駆として共感的に描いていることだ。

なお、西村家は、分家筋により再興され、その経営する「西村旅館」は、神戸で一時「西の帝国ホテル」と呼ばれるほどの成功をおさめたという。また、常太郎と、弟で五島《ごとう》へ流された謙三郎（作中では、「健三郎」）は、無事に河内へ戻った。

〔参考〕

・宇田川文海『在りし吾家乃面影――浪華異聞・大潮餘談』、森田康夫『浪華異聞・大潮餘談』（和泉選書）

和泉書院、一九九六年
・森田康夫『大塩平八郎の時代――洗心洞門人の軌跡』校倉書房、一九九三年
・宮城公子『大塩平八郎』（朝日評伝選）朝日新聞社、一九七七年
・幸田成友『大塩平八郎』東亜堂、一九一〇年

仏人宣教師の迫害体験が生む『日本聖人鮮血遺書』の〝熱気〟

「今を距《さ》る廿余年前《ぜん》、長崎に初《はじめ》て天主《てんしゅ》堂を建設し、大勢《おおぜい》見物に来《きた》る中に数《す》名《めい》の婦人あり、聖母マリヤの像の前に立《たち》て、傍《かたはら》に在《あ》る祭司《さいし》に向ひ、我々は基督教人《きりすとけうじん》にて昔時《むかし》より密《ひそか》に公教会の正しき信仰を守り伝へ、今尚異《いまなおい》端《たん》を信ぜざるものなりと告げたる一条の物語あり」

右は、明治二十年（一八八七）に京都で出版された、仏人宣教師・ヴィリヨン（ビリオン、一八四三～一九三二）の著書『日本《やまと》聖人《ひじり》鮮血遺書《ちしおのかきおき》』の「三月十七日　聖母マリヤ取次《とりつぎ》の謝礼《しやれい》是《これ》即《すなわち》日本教会の復活《よみがえり》」という一篇より（引用は、松崎實『考証切支《きりし》丹鮮血遺書《たんちしおのかきおき》』による）。ヴィリヨンは、慶応《けいおう》元年（一八六五）三月、完成後まもない長崎の大浦天主堂で、約二世紀にわたって浦上地区でひそかにカトリック信仰を続けてきた、いわゆる「隠れキリシタン」たちが名乗り出たことと、カトリックでは、これを記念して三月十七日を「日本教会復活の謝日」と定めたことを紹介している。ヴィリヨンは、この事件こそ、「馬太《マタイ》伝一八章」にある、「地獄の門」（この場合は徳川幕府の迫害をさす）は教会に勝てないという「基督の金言」を実証したものにほかならないと説くのだった。

ヴィリヨンが来日したのは、浦上の信徒の一件から三年後の明治元年（一八六八）十月である。年

号は明治となったが、新政府のもとでもキリスト教迫害は続き、ヴィリヨンも教会内に監禁されるなどして、明治五年（一八七二）にやっと自由の身になった。だが、のちに彼は、外国人ゆえ特別扱いされた自分と異なり、日本人の一般信者には拷問による死者も出ていたことを知る。

『日本聖人鮮血遺書』は、そんな彼が明治十七年（一八八四）から京都で行った日本語による説教を、信者の加古《かこ》義一《ぎいち》がまとめたもので、主としてパジェスの『日本基督教史』にもとづいて、日本におけるカトリック教会の殉教《じゅんきょう》の記念日とその由来を説くものである。ヴィリヨンは、初版巻頭の「目録」の中で、本書を「日本教会の系図と云ふべき者なり」と言い、「聖人」や「福音」を記念する祭日を記した暦は、世間の家庭における家系図に相当し、「宝物の如《ごと》く大切に保存す」べきものであると説いている。

ヴィリヨンが掲げる日本カトリックの「記念日」の筆頭は、二月五日の「日本二十六聖人の祭礼」すなわち、慶長二年（一五九七）二月五日、前年キリシタン弾圧にふみ切った豊臣秀吉による、長崎での宣教師や信徒二六名の処刑の日である。本書の「第一篇」は、日本へのキリスト教伝来からこの「日本二十六聖人の殉教」までを一息にものがたり、以後「第十六篇　日本教会の最後」まで徳川幕府のもとでの弾圧と殉教のさまが詳しく説かれる。そして「第十七篇」で、明治に入ってからの、ヴィリヨン自身がその中で活動した「日本教会の復活」が取り上げられているが、その末尾は「嗚呼《ああ》尊崇すべき殉教聖人よ其取次《そのとりつぎ》に依《よっ》て日本帝国に天主の御国《みくに》を来らせたまへ亜孟《あめん》」と、高い調子で結ばれている。さらに、原本第四版以後には附録として、ローマのイエズス会本部で作製された、これまた詳細な「日本殉教者一覧」が添えられている。

そんなこの本に、一種異様な〝熱気〟をもたらしている源《みなもと》は、やはりヴィリヨンが来日当初経験した迫害の記憶なのだろうか？　ちなみに、本書原本には、仏教やプロテスタントへのかなり激しい否定の言辞《げんじ》も見られる。

なお、ピエール・アマトゥス・ヴィリヨンは、日本の天保十四年にあたる一八四三年、南仏リヨン近郊の村に生まれ、小学校卒業後「小神学校」に進んでカトリック聖職者への道を歩みだす。慶応二年（一八六六）イエズス会から日本布教に派遣されるが、二年あまり香港で待機ののち長崎へ上陸した。おもに関西で布教活動を行い、愛馬に跨がって巡回布教をしたという。そのかたわら、布教上の大先人であるフランシスコ・ザビエル（書中では「ザヱリヨ」、「ザベリヨ」）の足跡発掘や、京都の智恩院附属僧侶学校（浄土宗）への入学をはじめ、高野山（真言宗）や見延山（日蓮宗）で修行を体験するなど、日本仏教研究もしきりに行った。晩年は奈良で布教したが、昭和七年（一九三二）四月、外出先の大阪市港区「川口カトリック教会」で歿、数えで九十歳であった。

〔参考〕

- ・ヴィリヨン『日本聖人鮮血遺書』、松崎實『考証切支丹鮮血遺書』改造社、一九二六年
- ・入江浩訳『現代語訳・切支丹鮮血遺書』燦葉出版社、一九九六年
- ・池田敏雄『現代日本カトリックの柱石ビリオン神父』中央出版社、一九六五年

本草学と進化論の橋わたし！　大著『両羽博物図譜』の体系性

明治の「文明開化」は、学校教育における動植物学を、欧米から直輸入したリンネの分類法やダーウィンの進化論に沿ったものにする一方、それまでの本草学《ほんぞう》の知識などを事実上お払い箱にした。こ

のような学問的伝統の断絶は、ひとり動植物学に限らないが、一方で、近世以前と近代の橋わたしともいうべき動植物学を独自に展開させた人物として、松森胤保《まつもりたねやす》（一八二五～九二）がいる。

庄内藩士の息子として鶴岡（山形県）に生まれた松森は、庄内藩の支藩・松山藩の家老となり、戊《ぼ》辰《しん》戦争では、奥羽《おうう》列藩《れっぱん》同盟軍の司令官の一人として官軍と戦った。明治になってからは、松山藩が改称した松嶺《まつみね》藩の大参事や、山形県の県会議員などを務めている。

同時に、幼いときから小鳥の飼育、採集に熱中していた彼は、成人後も公務のかたわら珍しい鳥のスケッチや狩猟の記録などを取り続けた。そして、明治十年（一八七七）モースによる大森貝塚発見に触発されて化石や土器の発掘をしたり、進化論の勉強をするかと思えば、チョウやガの魅力に取りつかれて、五十七歳にして初めて捕虫網《ほちゅうあみ》を手にし、昆虫採集に明け暮れたという。

松森の動植物学関係の研究成果は、明治十五～十六年（一八八二～八三）から、世を去るまで執筆を続けた『両羽《りょうう》博物図譜《ずふ》』に集大成されている。全五九冊のこの大著は、動物三一冊、植物二八冊からなり、それぞれ二一一六点と二八五八点のスケッチを収める。なお、『両羽博物図譜』全巻の構成は、『両羽獣類図譜』（哺乳類）二冊、『両羽禽類図譜』（鳥類）一四冊、『両羽爬虫図譜』（爬虫・両棲類）一冊、『両羽魚類図譜』（魚類）四冊、『両羽貝螺図譜』（貝類など水棲無脊椎動物）二冊、『両羽飛虫図譜』（昆虫、蜘蛛など陸棲節足動物）八冊、『両羽植物図譜』（植物）二八冊である。

例えば、『両羽獣類図譜』に収められた明治時代に絶滅したとされるニホンオオカミ（ヤマイヌ）のスケッチ四点のうちの一つには、それが「明治十四年三月八日、鶴岡に於《おい》て死したる売物を見」て描いたもので、「里犬にしては大」きく、「口はやや目下（に）達」している、などと特徴が記されている。また、その下には、野生化した「里犬」である「野犬」も図示されて、両者の客観的な比較を助けている。

科学史家の磯野《いその》直秀《なおひで》は、松森の学問の特徴として「旺盛《おうせい》な枚挙《まいきょ》の精神と体系化への強い意志」（『彩色江戸博物学集成』松森胤保の項）をあげているが、彼はこの分野での専門教育を受けず、スケッチも自己流だった。ただ、ありのままに観察し記録する心構えと、江戸の好事《こうず》家に通ずるコレクター的な好奇心を具えていたことは疑いない。

松森には『胡蝶録』という蝶の採集日記（磯野によると「現存する日本最古の蝶採集日誌」）があるが、息子の岩雄と共に、〝国蝶〟オオムラサキを捕獲したときの記述は次のとおり。

「七月廿五日　晴天弥《いよいよ》大暑……午後二、三時頃、先日の大蝶が居たる樫に着す（道々心付《づけ》参りたれども、此蝶は一羽も見当らず）。然るに岩（岩雄）、下に居た居たと云ふ。見るに小き分、葉の上に羽を開き居る。腰かけ場に上るに丁度能《よく》届く。大に心配《こころくばり》して大手網《たもう》にてなぐるに、あやまたずかかる。道に掩《おお》て之を見るに、豈《あに》計らんや背上本紫に真白なる生《ふ》（斑点）ありて、天下の至品と見ゆ。然とも網に余りからみ過て、惜哉《おしいかな》大羽少しいたむ……」（磯野「松森胤保と『両羽博物図譜』」より）

時に明治十四年（一八八一）、数えで五十七歳の彼が、少年のように胸躍らせて蝶を追う姿が彷彿とされる。

こうした松森の収集家としてのアンテナと執念は、例えば『両羽禽類図譜』の前身である『大泉《おおいずみ》諸鳥写真画譜（境外諸島之部）』の中のカンムリツクシガモ（リキウ鴨）や、『両羽魚類図譜』の中の淡水魚、ウケクチウグイといった、今日から見て非常に珍しい生物の貴重なスケッチに結実している。

さらに、彼は早くから動植物の異なる種の間に有機的な類縁関係を見出し、「万物《ばんぶつ》一系理」と呼んでいた。それにもとづく松森オリジナルの進化系統樹は、下等から高等、単純から複雑へと直線的に進む欧米のそれと異なり、クモの巣のように複雑なものであった。

「万物一系理」は、「二つの種類のあいだにはかならず中間の存在があり、万物は連続した存在である」（磯野「松森胤保と『両羽博物図譜』」）という考えにもとづくもので、そこから松森が独自にあみだした動植物の分類体系は、『両羽博物図譜』の部立てにも見られるように、本草学のそれとはまったく別の、むしろリンネの分類体系に近いものだった。リンネの「目《もく》—科—属—種」という分類レベルに相当するものとして、松森は「部—属—類—種—品《ひん》」という分類レベルを独自に考案して使用、今日の生物学で言う「属」が松森の「種」に相当し、今日の生物学の「種」は、松森の「品」に相当する。

また、『両羽博物図譜』の中の昆虫を扱った部分の題名にもあったように、松森は「昆虫」のことを「飛虫」と呼んでいたが、これについて、昆虫学者の江崎悌三は、「松森胤保と『両羽博物図譜』」において「すこぶる卓見であると思う」と賞讃し、その理由として「意味の全く不明瞭な「昆虫」よりは遙かに適切である。無脊椎動物で飛ぶものは昆虫に限られているからである」と述べている。

さらに、さらに、実は松森には動植物関係以外にも、開物学（工学）や究理学（物理学）、鉱物学、考古学、園芸などについての膨大な著作があり、その中には、実現性はともかくとして、ミシン、自転車、飛行機などの発明もあるという。そんな松森の著作のうち、今日までに公刊されたのは、『両羽禽類図譜』が完全覆刻されたのを除けば、『両羽博物図譜』全体のごく一部のダイジェスト版のみで、あとはことごとく手稿のまま眠っているのである。せめて『両羽博物図譜』全巻が誰にでも読めるようになることを、期待したい。

〔参考〕

・磯野直秀解説『鳥獣虫魚譜——「両羽博物図譜」の世界』（博物図譜ライブラリー）八坂書房、一九八八年
・平凡社編『彩色江戸博物学集成』平凡社、一九九四年

・松森胤保『両羽禽類図譜（全14・補2）』（原本覆刻）両羽博物図譜刊行会、一九九三～九五年
・磯野直秀「松森胤保と『両羽博物図譜』」、『両羽禽類図譜』第一回配本解説（別冊）、同、一九九三年
・江崎悌三「松森胤保と『両羽博物図譜』」、『江崎悌三著作集2』思索社、一九八四年
・中村清二『幕末明治の隠れたる科学者　松森胤保』自文堂、一九四七年

「南進論」の先覚者と顕彰された鈴木経勲『南洋探検実記』の虚実

「今を距《さ》る九年前、すなわち明治十六年の冬英国漁《ほ》鯨《げい》船エーダ号は我が横浜港を解纜《かいらん》し、捕鯨のため遠く南太平洋を回航せしのち、濠洲《ごうしゅう》メルボルンより北帰するの途次《とじ》、すなわち翌明治十七年三月渺《びょう》茫《ぼう》たる海中において遥かに島嶼《とうしょ》の点在するを認めたり」（東洋文庫版『南洋探検実記』より）

　この島、マーシャル諸島のラエ島に、飲料水などの補給のため上陸した「エーダ号」の乗員たちは、和服の切れ端や、人骨を発見、同島で日本人漂流民が殺害されたらしい、との報を母港・横浜へ持ち帰った。明治十七年（一八八四）七月のことである。外務省は、後藤象二郎の長男猛太郎《たけたろう》と鈴木経勲《つねのり》の二人に現地調査を命じた。

　この調査行の記録「マーシャル群島探検始末」は、鈴木経勲（一八五三～一九三八）が明治二十五年（一八九二）に出版した『南洋探検実記』に収められ、話題を呼んだ。冒頭の引用は、その書き出し部分である。

　「始末」によれば、鈴木たちは明治十七年九月一日に「エーダ号」で横浜を出港、二十三日にマーシャル諸島に着き、その三日後にはアイリングラパラプ環礁のオジャ島で、同諸島の支配者である

「島王」ラーボンと会見、日本人殺害犯六人を特定したうえ、処罰をラーボンにまかせ、十二月三十日マーシャル諸島を離れ、翌十八年（一八八五）一月十八日に横浜に帰着、とある。

この調査行には、同諸島領有の野心をいだいた鈴木たちが、独断で現地に日章旗を立ててきたことが発覚、二人はその回収を命じられるというおまけまでついた。が、これ以後、「南洋」探検の第一人者として鈴木は注目され、相次いで著書が刊行され、交易さらには植民へと「南洋」熱をあおることとなる。戦時中、彼は「南進論」を主張した先覚者として顕彰《けんしょう》されるまでになった。

以下は、同書に収められた「マーシャル群島の地勢風俗および物産」の「島王の即位法および殉死」の項、

「王位は王族これを襲《つ》ぐ。すなわち王死すれば王弟位に即《つ》き、王弟死すればその次弟また位に即く。かくのごとくにして王弟の尽くるに至れば、こゝにはじめて王の長子に及ぶ。長子死すれば次子これに次ぎ、かくのごとくして王子の尽くるに至れば、またその長子位を継ぐ。これを要するに年齢のもっとも長ずる者王位を襲ぐの制なり。而して婦人の王位に昇ることはけっして許さざる所なり。また本島には王妃殉死の事あり。今王ラーボンのごときは王妃九人を有し居れるが（王妃は定数なく幾人を有するも自由なり）、王死するときはこの九人の妃はことぐく殺さるゝを例とす。しかれども王もし殉死に及ばずと遺言するときは、新王の妃となるの式なりと云う」（同）

また、「衣食住の有様」の項より、

「土人また一種の糧食を製す。その名を「ジエノクニ」と云う。これは椰楕の実の中にある芋を砕き、パンダナの実の汁とバナナとをもって甘味を添え、食するなり」

ところが、鈴木たちのマーシャル諸島への二度の渡航も、そもそも日本人殺害事件も、すべて虚構ではなかったかとする説も根強く囁《ささや》かれている。高山純は『南海の大探検家鈴木経勲』で、鈴木の

「始末」は、米国人ハンフレーが書いて、明治二十年（一八八七）に出版された『レイニア号の難破――ある船員の物語』という本を〝種本〟とする創作と断定している。

そう言いきってしまっていいのか、慎重に検討する必要があると思うが、マーシャル諸島に関する記述には、鈴木が実際に見聞したこととそうでないことが混在している可能性はあるかもしれない。また、『南洋探検実記』に収録された文章でも、明治二十三年（一八九〇）に、軍艦「金剛」に便乗して、ハワイ、グアム、サモア、フィジーなどを巡ったときのものは、マーシャル諸島についてのものとは、少し印象が違っている気がする。なお、鈴木は『南洋探検実記』のあと、明治二十六年（一八九三）に『南洋巡航記』、『南島風物誌』を相次いで出版、これらを「南島探検三部作」と称した。

鈴木経勲という人物にしても、元彰義《しょうぎ》隊兵士、外国人のラッコ密漁団に加わり、それを密告して外務省に職を得、ロシア公使館にスパイとして潜入するなど、本人の語る経歴からして、かなり怪しげである。だが、そんな怪しげな人物の怪しい著書が、一面で「南洋」の自然や文化、そして海洋への純粋な関心をかきたてたことも事実で、そこに明治時代の奇妙な活力が感じられなくもない。

〔参考〕

・鈴木経勲『南洋探検実記』（東洋文庫）平凡社、一九八〇年
・高山純『南海の大探検家鈴木経勲――その虚像と実像』三一書房、一九九五年
・竹下源之介『太平洋探検家鈴木経勲』（伝記叢書）大空社、一九九七年（原版一九四三年）

原本は未公開のまま焼却！　軍人・福島安正が見た「ユーラシア」

明治時代の日本人による海外旅行記の中で、今なお比較的広く関心を持たれているものとしては、河口《かわぐち》慧海《えかい》のチベット紀行と並んで、福島安正《やすまさ》（一八五三〜一九一九）のユーラシア大陸横断記をあげることができる。

明治二十七年（一八九四）に出版された、朝日新聞社記者・西村天囚《てんしゅう》（一八六五〜一九二四）がまとめた『単騎《たんき》遠征録』によって詳細が知られ、その記述にもとづく落合直文《なおぶみ》と与謝野寛《よさのひろし》合作の軍歌「波蘭《ポーランド》懐古《かいこ》」によってより広く知られたこの旅は、同二十五年（一八九二）二月から翌二十六年（一八九三）三月にかけて行われた。出発時少佐で、旅の途中に中佐に昇進した現役の陸軍軍人・福島によるこの旅は、当然のことながら軍事偵察の任務を秘めており、仏典を求めての河口の旅とは大きく性格が異なる。しかし、単独行で、かつ「秘境探検」である点は共通する。

愛馬「凱旋《がいせん》」でベルリンを出発した福島は、途中、馬を替えながら、ワルシャワ、ペテルブルグ、モスクワを経て、ウラル山脈を越え、キルギス平原《ステップ》からアルタイ山中に入り、清《しん》国領とロシア領を縫うようにして、モンゴル、満洲、シベリアの一部をかいま見て、ウラジオストクで旅を終えた。

旅行記からは、その間に彼が見て感じた、ロシア支配下のポーランドの悲哀、ロシア農民の純朴《じゅんぼく》さと生活の悲惨さ、ユダヤ商人の暴利を貪《むさぼ》るさま、キルギス人との交流などが具体的に読み取れるが、彼が各地に駐留するロシア軍部隊から非常に厚遇されているのが印象的である。それは、「仮想敵国」の軍人の通過に対する監視の意味もあったに違いないが、軍人どうしの「騎士《きし》道」の名残とも受けとれる。

さて、旅行記中、中央アジアの都市、セミパラチンスク（現・カザフスタン領）の公園風景を福島はものがたる。

「規模狭小《きようしよう》なれども、数種の花卉《かき》あり。此辺《このへん》一帯砂地にして、青草緑樹《せいそうりよくじゆ》を見る能《あた》はざるが故《ゆえ》、日暮《ひぐれ》に至《いた》れば老幼相携《あいたずさ》へて此処《ここ》に遊び、花下に眼を楽ませ、緑蔭《りよくいん》に涼を納《い》るるもの多し」（「信義無きキルギス人」の項、『福島将軍遺績《いせき》』より）

約一世紀後、この地の住民が、旧ソ連による長年にわたる核実験で出た放射能の影響に苦しむことになろうとは、さしもの軍人・福島にも想像できなかったに違いない。

なお、福島の旅行記には、西村編集のもの以外に数種のバリエーションがあるが、今回の引用は、福島の歿後、福島自筆の「単騎遠征報告書」に、西村のものや、福島が第一次世界大戦中にこの旅を振り返ったコメントを併せて、太田阿山が編集した『福島将軍遺績』による。そして、実は、福島が参謀《さんぼう》本部に提出したこの旅の記録の原本は、多くの軍事機密を含んでいたため、未公開のまま昭和二十年（一九四五）の敗戦で処分され、灰になったという。

さて、このような福島の「単騎遠征」の目的と意味を正確に理解することは、当時よりもむしろ今日のほうが難しいのかもしれない。旅行記の冒頭で、福島自身が述べている旅の目的は次のとおりである。

「抑《そもそ》も天下の大勢列国の実力を熟察し、細心精密予め之に備ふるの雄略を画策するに非れば、焉《いづくん》ぞ能《よ》く蚕食併呑の今日に在て屹然として東亜の形勝に独立するを得ん。況《いは》んや交通不便の為め暫く伏在せし禍機十年を出でずして将に破裂せんとする勢あるに於てをや、（中略）今日に際し世界の変局に処す可き方策を案じ、国家の前途をして過無からしめ、大に発展の素地を作る可きは、上下朝野を問

はず国民一般の任務なり」（「欧亜大陸横断」の項、同）

つまり、国家間の侵略、併合、植民地化といった事態が頻発していた当時にあって、国家が独立を維持することは容易なことではなく、細心の注意を払いながらの大胆な政策決定が必要とされた。そのためには、国際情勢とりわけ紛争の火種を秘めているような辺境に関する知識が必要不可欠であり、自分はそのような、日本の政策決定を過たせないための知識（情報）を入手するためにこの旅に出た、と福島は言おうとしているのだ。

国家の独立を維持し、国際関係上の政策決定を過たせない、ということには、外交だけでなくその延長としての軍事（武力行使）も当然含まれている。だからといって、福島のこの〝軍事偵察〟が、例えばロシアという一国家との戦争を目的とするものであるとか、シベリアや満洲の占領・侵略をめざしたものであるとか考えるのは誤りであると思う。彼が手に入れようとしたものは、もっと大局的かつ長期的な日本の政策決定のための総合的な情報《インテリジェンス》であり、最終目的は、日本の独立維持だったはずだ。そして、彼にとって日本の独立維持こそ〝平和〟と同義だったに違いない。

したがって、彼の「単騎遠征」から一〇年後に日露戦争が起こったことも、晩年の福島が満蒙などへの日本人の移民を奨励したことも、あくまでも彼の旅の目的ではなくて、結果だったととらえるべきだろう。こうした福島のことを、野戦型の豪将・猛将でも、計略型の智将でもない、日本には珍しい「情報《インテリジェンス》の鬼」である「知将」とする評価もある（篠原昌人『陸軍大将福島安正と情報戦略』）。

参考までに言えば、樋口一葉の日記にも、福島の旅行の成否を案ずる記述があり、当時の国民にとってのこの旅の意義の大きさがうかがわれる。

〔参考〕

・太田阿山編『福島将軍遺績』（伝記叢書）大空社、一九九七年（原版一九四一年）
・同『中央亜細亜より亜拉比亜《アラビア》へ（福島将軍遺績・続）』（伝記叢書）大空社、一九九七年（原版一九四三年）
・西村天囚編『単騎遠征録』、『明治シルクロード探検紀行文集成12』ゆまに書房、一九八八年（原版一八九四年）
・福島安正『剛健主義』東京川流堂、一九一九年
・島貫重節『福島安正と単騎シベリア横断（上・下）』原書房、一九七九年
・坂井藤雄『シベリア横断福島大将伝』葦書房、一九九二年
・篠原昌人『陸軍大将福島安正と情報戦略』芙蓉書房出版、二〇〇二年

僧形でインドシナ半島踏査！　元陸軍軍人の『三国探検実記』

明治二十九年（一八九六）十二月二十日の早朝、シャム（タイ）の首都・バンコクを流れるチャオプラヤ河（メナム河）のほとりで、下流から来る便船をそわそわと待つ二人の僧があった。二人の所持品は「鉄鉢《てっぱつ》一個、毛布一枚、蝙蝠傘《こうもりがさ》一本、キニーネ、コロダイン各一瓶《びん》、宝丹《ほうたん》一個、磁《じ》針《しん》器一個、地図一葉《よう》、および日記用の紙筆墨」だけである。

「ソモこの両僧を誰とかなす、鉄脚坊《てっきゃくぼう》、三無《さんむ》坊《ぼう》とは世を忍ぶ仮の名、実は大日本帝国の臣民《しんみん》にして多年対暹《せん》（シャム）策に浮身を窶《やつ》しつつある岩本千《ち》綱《づな》、山本鋠介《しんすけ》の両人なりき」

鉄脚坊こと岩本千綱（一八五八〜一九二〇）は、土佐出身の元陸軍軍人だが、自由民権運動の活動家との交際をとがめられ、軍を飛び出し、「東亜経綸《とうあけいりん》」すなわち東アジア政策についての民間活動家

となる。彼は、フランスの植民地化が進むインドシナ半島で唯一独立を保つシャムに注目、同国を西欧植民地主義に対する抵抗拠点ととらえ、日本とシャムの間を往復して両国の連携を画策してきた。

　この年、明治二十九年は、日暹通商条約が締結されるなど、彼が多年望んできた両国の外交関係成立が実現する一方で、彼自身の企てた貿易事業がまたも挫折した年でもある。反省した岩本は、これまで欧米人もほとんど単独で立ち入ったことのないタイの内陸部や、同二十六年に仏領になったばかりのラオス、そしてベトナム北部をみずからの脚で歩いて実情を確かめようと考えたのであった。

　彼は、バンコク在住の山本鋠介と、現地で優遇される僧形《そうぎよう》に身をやつし、バンコクを出発、というところで冒頭のシーンへ戻る。

　帰国後、明治三十年（一八九七）に岩本が著した『暹羅《シヤム》老撾《ラオス》安南《アンナン》三国探検実記』によれば、水路、アユタヤまで行った二人は、以後、徒歩で「イサーン」（タイ東北部）を縦断し、翌明治三十年一月二十二日、メコン河を渡って仏領ラオスに入った。

　住民はほぼラオス系、糯米《もち》を主食とし、蛙や昆虫も食材とすることなどは、現在も変わらぬイサーンからラオスにかけての農村のさまだが、記述からうかがわれる、当時のこの地域の、虎、盗賊、マラリアの被害の多さには驚かされる。また、にわか僧侶だった岩本が、マイナピヤンという村の「一貧寺」に宿泊したおり、現地の僧にまじってお経の代わりに「梅が枝の手水鉢《ちようずばち》」を唱えるシーンがおかしい。

「本堂なる上座《じやうざ》に招《しやう》せられたる鉄脚、先つ咳一咳《がい》して最《いと》も重々しく音調穏かに「梅が枝の手水鉢」を誦《じゆ》す。之を繰返すこと凡五六回、三無は此間頻りに心経を誦《じゆ》す。而して寺僧の読経は中々盛《さかん》にして何時《いつ》果つべきとも見へざれば、二坊愈々《いよ〳〵》困《こう》し果て、鉄脚は終に音頭を真似て、是より大津絵節を始むべしと、三無に通じ聲を揃へて「オーイ、〳〵、老叟《をやじ》どの」を一誦す。次に面白半分に『太閤記』十段目のさはりに移り、恰も「もっそふ飯の切米《きりまい》も百万石にまさる」といふ処に至り、衆僧の読経漸く終りし体なれば、二坊亦《ま》た「南無――」と唱へて看経を終へたり。此時若し一人の日本語を解するものあらば、其人の感情果して如何。今日より当時のことを回想すれば、有繋《さすが》の鉄脚も冷汗《ひやあせ》の腋下に滴るを覚えざる《(ママ)》なり。看経終りて衆僧托鉢に出《い》づ。二坊亦之に従はざるを得ず。嗚呼《あゝ》明治三十年一月八日は是れ如何なる日ぞ鉄脚三無の二坊は終に此日を以て正式の乞児《こじき》仲間に入り了《をはん》ぬ。帰院後、朝飯を終へ本寺を発す」（初版本に句読点、濁点を追加）

なお、三無坊こと山本鉦介は、明治以後、シャムに住んだ最初の日本人といわれ、四月二日に岩本とベトナムのハノイで旅を終えたが、同二十一日、数え二十六歳で病歿した。

岩本の『探検実記』は、インドシナ半島の風土、民俗などを活写した〝旅行記の古典〟として、今日この地域に関心をもつ人々に珍重されているが、同時に、彼の「探検」が特にフランスの植民地に対する隠密の軍事偵察ではなかったかという疑問も囁かれている。潜入の困難な仏領の軍事調査をするために、岩本は敢えて軍を去ったのではないか、というのだ。その可能性もまったくは否定できないと思う。と同時に、彼の自由民権運動への共感や、シャムなど東南アジア諸国との連携の意志も、偽りのものではなかったと考えられる。（元）軍人としての使命感、自由民権の理想、それにのちの「アジア主義」に通じるような「東亜経綸」への情熱、この三つが岩本の中では矛盾なくドッキングしていたのではなかろうか。そして、おそらく岩本の生きた時代にあっては、右の三者が合体することは、けっして奇異なことではなかったのではないかと思われる。

〔参考〕

・岩本千綱『シャム・ラオス・安南三国探検実記』（中公文庫）中央公論社、一九八九年

・同『暹羅老撾安南三国探検実記』（初版本覆刻）、『明治シルクロード探検紀行文集成13』ゆまに書房、一九八八年
・紀田順一郎『名著の伝記』東京堂出版、一九八八年

「艮の金神」の託宣を伝える！ 大本教・出口なおの「お筆先」

「艮《うしとら》の金神《こんじん》が出《で》口直《ぐちなお》の手を借りて、何彼《なにかれ》の事を知らすぞよ。今迄《まで》は世の本の神を、北の隅《すみ》へ押籠《おしこ》めておいて、北を悪いと世界の人民が申して居《お》りたが、北は根《ね》の国、元《もと》の国であるから、北が一番に善《よ》くなるぞよ」（平凡社　東洋文庫版『大本神論　天の巻』第一輯より）

子だくさんの大工の女房だったが、夫に先立たれた、京都府綾部《あやべ》在住の出口なお（一八三六〜一九一八）が最初に神がかりになったのは、明治二十五年（一八九二）の節分、なおが数えで五十七歳のときだった。

幼くして実父を失い、奉公に出て、出口家の養女となった彼女は、夫の浪費、発病、そして破産、長男の自殺未遂、夫の死、次男の出奔《しゅっぽん》、長女との不和など、苦労の半生を耐えてきた。そんな彼女はまた、三女の乱心や長女の発狂を機に、金光《こんこう》教や能勢《のせ》（大阪府）の妙見菩薩《みょうけんぼさつ》、稲荷明神《いなりみょうじん》などへの信仰にはまりつつあった。

さて、神がかりとなったなおは、男声でおごそかに「艮の金神」の託宣を告げ、きちんと座った姿勢のまま身体を上下に揺らしながら腹中に宿った神との対話に入ったという。最初の神がかりのとき、彼女は二月の寒さの中、水ごりをしながら一三日間断食を続けた。

その後、なおは彼女を狂人扱いする娘婿《むこ》の手で座敷牢に監禁されるなどの憂き目を見たが、「艮の金神」の託宣は、口頭によるものから文字による「お筆先《ふでさき》」へと変化していった。同時に、周囲には「艮の金神」を崇拝する自然発生的なグループも形成されていく。それがのちの「大本教《おおもと》」（現・大本）の原形であり、最初の神がかりは「大本開教」と呼ばれるにいたった。

冒頭に引用したのは、明治三十二年（一八九九）のなおの「お筆先」の一篇（月日不明）の冒頭部分だが、その少し後に次のようなくだりがある。

「モウ是《これ》からは、世に落《おと》されて居《お》りた活神《いき》の光りが出て、日の出の守護《しゅご》となるから、其処《そこ》ら中が光り輝いて、眩《まぶ》うて目を明けて居れんように、明《あきら》かな神世になるぞよ」（同）

これらの言葉の中には、のちに国家権力に警戒心をいだかせ、大正十年（一九二一）と昭和十年（一九三五）、弾圧を受けるにいたった「大本教」の熱烈なユートピア志向を、すでにうかがうことができる。

また、この年（明治三十二）の別の「お筆先」（旧六月十日）には、「直の御世継《およつぎ》は末子のお澄殿《すみ》であるぞよ。因縁《いんねん》ありて上田喜三郎《きさぶろう》、大望《たいもう》な御用を致《いた》さすぞよ。然《さ》る代りに御大将に致さすぞよ」（同第二輯）とある。

この上田喜三郎こそ、なおの五女・すみの婿となり、なおの「お筆先」を『大本神諭《しんゆ》』として世に出す出口王仁三郎《おにさぶろう》（一八七一〜一九四八）なのだった。ここで出口王仁三郎こと上田喜三郎について一言しておくと、彼もまた綾部の生まれで、貧しい農家に育ったが、祖母から読み書きを教わり、少年時代から「言霊学《ことだま》」に興味を抱いたという。その後、郷里近くの山にこもって神秘体験を経験、静岡の稲荷講社で「鎮魂帰神法」を学ぶなどしたといい、なおの許を初めて訪ねたのは、前年の明治三十一年（一八九八）八月のことである。両者の出会いは、喜三郎が稲荷講社に所属していたせいもあって「かならずしも順調なものではなかった」（安丸良夫『出口なお』）といわれるが、まもなく双方は接近、三十二年、なおを教主、喜三郎を会長として「金明霊学会」を設立する。翌三十三年（一九〇〇）喜三郎は出口すみ（澄）と結婚、喜三郎は同三十七年（一九〇四）から王仁三郎と名のり、大正三年（一九一四）、教団名を「皇道大本」とする。現在の「大本」では、出口なおを「開祖」、王仁三郎を「聖師」と呼んでいる。

なおの「お筆先」は、このような教団にまま見られるごとく、時期を特定した「世」の「変り目」や「切替」、「立替」といった〝終末〟の予言を繰り返し、それは、明治三十年（一八九七）以後、ほとんど一、二年おきに期限を先へ先へと〝更新〟していった。だが、日露戦争が日本の勝利に終わると、さすがに終末予言が外れたことに失望を禁じえない信者が続出、しだいに教団の主導権は王仁三郎に移ってゆく。晩年のなおは、経済的には困らなかったが、衣食は質素で、「お筆先」も死の直前まで書き続けたそうである。

〔参考〕

・出口ナオ、村上重良校注『大本神論　天の巻』『同　地の巻』（東洋文庫）平凡社、一九七九年
・安丸良夫『出口なお』（朝日評伝選）朝日新聞社、一九七七年
・伊藤栄蔵『大本　出口なお・出口王仁三郎の生涯』（新宗教創始者伝）講談社、一九八四年

あとがき

偽史、いつわりの歴史を綴るとは、いったいどういう行為なのだろうか？

しばしば、記述されたあらゆる歴史は多少なりとも〝偽史〟であるという意見を耳にする。一種の反語《アイロニィ》だが、そこには主観（主義主張）に曇らされない客観的な歴史叙述などというものは、ついに存在しえないのだという、歴史への不信の響きがある。それはともかく、過去を語ろうとするとき、いかに事実のみを語ろうとしても、最小限度の自己弁護や保身、贔屓や肩入れ、恥隠し、そして遺恨や憎悪や反感といったものを回避することは容易ならぬことであろう。それは、語り手が戦乱や争いごとの当事者ならなおのことである。また、大災害などの渦中にいる人がそうであるように、現場に身をおくゆえの全体の状況の把握しにくさ、そこに由来する誤解も生じる可能性がある。そんな理由からやむをえず生じた歴史叙述の歪みを、とりあえず「無意識の偽史」と呼ぶことにする。

だが、この「無意識の偽史」が「偽史」と呼ばれることはあまり無い。「偽史」と言えば通常何らかの目的のため、意図的につくられたものをさす。それは、ほとんどの場合、血族《ファミリー》なり地域なり結社なりといった集団にとって都合のよい歴史の捏造なのだが、大別すると、勝者による支配など既得権の正当化と、敗者による名誉回復や汚名挽回ということになる。加えて、歴史に仮託した主義主張の提唱、それにひょっとすると売名や金儲けの意図が重なる場合もありうる。

これを、「無意識の偽史」に対して「意図的な偽史」と呼ぶなら、「意図的な偽史」のむこうに見えてくるのが「妄想的な偽史」である。「妄想的な偽史」とは、本来、目的や意図があって着手されながら、綴り手みずからの中で物語が自己増殖を遂げ、ついには目的や意図が不明瞭になり、霞んでしまうほど荒唐無稽な〝作品〟になってしまったもの、ととりあえずは定義しておこう。いったいに、「偽史」は短いものほど目的や意図がはっきりしているように思われ、偽系図や偽書簡といったものは、今日のいわゆる「怪文書」に相当するだろう。反対に、「妄想的な偽史」の多くは長大であり、そのぶん目的や意図は曖昧化するようである。

「妄想的な偽史」の綴り手（と目される人）たちは、時に彼らの「偽史」をものがたる行為の中に自身の生涯を埋没させてしまうこともあり、そうして生み出された「偽史」には、綴り手の無意識の願望や不安、その人の摂取した時代精神といったものが混沌とした姿のままちりばめられる。そこには、人が「ものがたる」という行為そのものの根柢に横たわる、ある原初的な衝動と、病理のようなものが、二つながら垣間見られるような気がする。

それに加えて、しばしば「妄想的な偽史」は、現実離れした内容にもかかわらず、それを信奉する支持者や〝信者〟を獲得してきた。近くは、昭和時代の前期、ある種の「妄想的な偽史」群が、軍人や右翼的な人々によって信奉され、昭和時代の後期、また別の「妄想的な偽史」群が、左翼的な人々から好意的に受け容れられた。前者は、超国家主義的な動きが盛んになりかけのときで、その後戦時体制が整うと、逆に「妄想的な偽史」は当初の支持者から見限られ、弾圧を受けるものも現れた。また、後者も、左翼〝運動〟の絶頂期ではなく、退潮期の現象だったようである。以上のことは、何となく、人がおのれにとって〝耳ざわりの良い物語〟を求めるのがどういうときで、反対に不要になるのはどんなときかを暗示しているではないか。それにしても、「歴史の終焉」という文句も流行した後で、人々がなおも「偽史」に頼ってまで自分たちの拠りどころを歴史に求めることはあるのだろうか？　また、もしあるなら、それはどのような「歴史」なのか？

もうひとつだけ「妄想的な偽史」について述べておくと、私自身はひさしく、正直なところ「妄想的な偽史」の綴り手たちが膨大な時間とエネルギーをこれらの物語に注ぎ込んできたことを、特殊（異常）な人々による特殊（異常）な行為だと考えがちであった。しかし、その考えを今は改めた。人は、どんなに現実的な人生の送り方をしていようとも、ほとんど常に、家族・友人・恋人・同僚・上司や部下らとの人間関係や、事業、金銭、地位などについて、「できればこうあってほしい」という希望的観測にもとづく物語を、実現可能か不可能かにかかわらず内心紡ぎ続けるものなのではなかろうか。その見えない行為に費やされる時間とエネルギーは、実は一部の書き手たちが「妄想的な偽史」を綴るためのそれとほぼ同じなのではないか、と思えてきたのである。

そうかと言って、「偽史」を無害安全なものと見做して野放しにしておいてよいのかといえば、それは大間違いである。二十世紀から二十一世紀への変わり目にこの世界で起きたいくつもの悲劇、すなわちテロと戦乱の周辺には、例外なくある集団にとって都合よく捏造された「歴史」つまりは「偽史」のたぐいが介在しているように思われる。そのことを考えるなら、「偽史」は如何に興味をそそるものであろうとも、それがいつわりのものだと明確にしておく〝毒抜き《デトックス》〟のプロセスを経ることなく、うかつに扱うことは危険である。「偽史」の扱いには油断は禁物であると言いたい。

一方、奇書に関しては、もっとおおらかな気持ちで接することができたつもりである。私にとって「奇書」とは、「変わった本」という意味もあるが、それ以上に「面白い本」、「興味深い本」であり、往々にして「愛すべき本」であった。それらの「奇書」群に対する私の見方も、本書を書く前と後では、根本的に変化したように思う。本来、いささか天邪鬼《アマノジャク》なところのある私は、これら「奇書」群のマイナーなところにかえって惹かれ、日本の文化的伝統の本道から外れた異端的なところに価値を見出して面白がっていたところがあった。たしかに、私が「奇書」として掲げた書目には、「異端」も無いとは言えぬ。だが、本書を書き終えてみると、私にはむしろ本書で取り上げた「奇書」群の背後に、それぞれの「奇書」につらなる、文化的伝統の本道（それは時に単一ではない）が見えてくるように思われた。一見瑣末なところから、文化的伝統のオーソドックスなものに気づかされるという点で、これは私にとって貴重な体験だった。その感覚が、わずかでも読者に伝われば幸いだと思う。

なお、本書の原型になったのは平成十三年（二〇〇一）五月から、同十五年（二〇〇三）五月にかけて、週刊の歴史ムック『再現日本史』（講談社）に連載されたコラム「偽史と奇書」である。古代から十九世紀末にいたる日本の各時代にまつわる表題の書物一〇〇種をピックアップしたものだが、今回、全面的に手を加え、中にはほとんど原型を止めないまでになった項目もある。連載時から数年間のうちに、取り上げた書物に関連した研究書などが意外に多く新たに出ていたのが驚きであり、少し嬉しくもあった。ちなみに取り上げた書目一〇〇篇の内容は、連載時のままである。

また、おそらく、本書は十中八九「偽史と奇書」の内容に関するダイジェスト本として読まれるだろうと思われる。それでも構わないのだが、著者である私の本当の意図は、本書の姉妹篇というべき『外国人が見た日本の一世紀』（洋泉社新書y）と同様、その存在を忘れられがちな書物の「ブックガイド・ブック」であった。その意味で、本書で取り上げた書物を、本書を読んでくれた読者が実際に手にとってくれることを望みたい。話題をしぼる意味から私が無理に単純化した部分や、偏った解釈をしている箇所について、読者各々の別の読み方を試みてもらいたい。

さらに、一言つけ加えておくと、本書は連載時から今回の単行本化まで、ほぼ完全にインターネットの助け無しに書き上げられた。別にネットを避けたつもりは無いのだが、自然にそうなってしまったのである。アタリをつけては一冊ずつ本を引っぱり出し、本と遊び戯れながら、目的とは無関係な興味深い文献に出会い、それをつみ重ねてゆく作業は、はてしなく、悠長なものであったが、また至福の体験でもあった。そんなわけで、本書は私にとって、インターネットを用いずに書く最後の本になると思われるが、今後もこんなのびのびとした幸福感にみちた仕事ができるか一抹の不安もある。

『再現日本史』連載時の編集長・近藤達士氏と、常世田智、梶慎一郎、山室秀之、浅井健太郎の各氏（講談社総合編纂局）、今回の単行本化にあたっての、現代書館・村井三夫氏のご尽力と励ましに心から感謝したい。なお装丁は中山銀士氏だが、同氏には十二年前、『上海自然科学研究所』をデザインしてもらったご縁があり、いささか感慨を禁じえぬ。

平成十九年（二〇〇七）三月十二日

佐伯　修

＊地名については『再現日本史』の連載時のものです。

佐伯 修（さえき おさむ）
昭和三十年（一九五五）東京生まれ。北里大学水産学部卒。著書に、日中関係史と科学史の空白を埋める『上海自然科学研究所』（宝島社）、本書の姉妹篇『外国人が見た日本の一世紀』（洋泉社新書y）、共著に、「サンカ」についての実証的研究に先鞭をつけた『漂泊する眼差し』（新曜社）、『いま、三角寛サンカ小説を読む』（現代書館）、聞き書きに、花見薫『天皇の鷹匠』（草思社）がある。

偽《ぎ》史《し》と奇《き》書《しょ》の日本史

二〇〇七年四月二十日　第一版第一刷発行

著　者　佐伯　修
発行者　菊地泰博
発行所　株式会社 現代書館
東京都千代田区飯田橋三―二―五
郵便番号　102-0072
電　話　03（3221）1321
FAX　03（3262）5906
振　替　00120-3-83725
組　版　コムツー
印刷所　平河工業社（本文）
　　　　東光印刷所（カバー）
製本所　黒田製本所

校正協力・岩田純子

ISBN978-4-7684-6945-3

http://www.gendaishokan.co.jp/